中國學術思想 研究輯刊

二五編

林慶彰 主編

第6冊

禮圖考略

周聰俊 著

花木蘭文化出版社

國家圖書館出版品預行編目資料

禮圖考略／周聰俊 著 — 初版 — 新北市：花木蘭文化出版社，
2017〔民 106〕
序 2+ 目 2+174 面：19×26 公分
（中國學術思想研究輯刊 二五編：第 6 冊）
ISBN 978-986-404-917-2（精裝）
1. 三禮 2. 研究考訂
030.8   106000983

ISBN-978-986-404-917-2

中國學術思想研究輯刊
二五編　第 六 冊　　　　　ISBN：978-986-404-917-2

禮圖考略

作　　　者	周聰俊
主　　　編	林慶彰
總 編 輯	杜潔祥
副總編輯	楊嘉樂
編　　　輯	許郁翎、王筑　美術編輯　陳逸婷
出　　　版	花木蘭文化出版社
社　　　長	高小娟
聯絡地址	235 新北市中和區中安街七二號十三樓
	電話：02-2923-1455／傳眞：02-2923-1452
網　　　址	http://www.huamulan.tw 信箱 hml 810518@gmail.com
印　　　刷	普羅文化出版廣告事業
封面設計	劉開工作室
初　　　版	2017 年 3 月
全書字數	151492 字
定　　　價	二五編 20 冊（精裝）新台幣 38,000 元

版權所有·請勿翻印

禮圖考略

周聰俊　著

作者簡介

周聰俊，1939 年生，台灣台北人。台灣師範大學國文系畢業（1965）、並獲得國文研究所碩士（1975）、博士（1988）學位。主要學術研究領域爲文字、先秦禮學以及三禮器物。曾任台灣科技大學、清雲科技大學教授。著有《說文一曰研究》、《饗禮考辨》、《祼禮考辨》、《三禮禮器論叢》、《禮圖考略》等書。

提　要

　　納蘭成德序聶氏《三禮圖》云：「九經，禮居其三，其文繁，其制度古今殊，學者求其辭不得，必爲圖以象之，而其義始顯，即書以求之，不若索象于圖之易也」，禮圖之爲注釋三禮之一支，而與文字之注疏相輔相成者，蓋亦有以也。宮室、車旗、服飾、器用，非圖無以示隱頤之形，明古今之制，委曲繁複之節文，若不佐之以圖，則進退之度，揖讓之節，升降周旋之儀，勢必迷失其方。是故自古圖書並重，相資爲用。凡書所不能言者，非圖無以彰其形，圖所不能畫者，亦非書無以盡其意，書之與圖，譬諸經緯，不可偏廢。

　　考禮之有圖，前儒多謂始自鄭玄。其後阮諶、夏侯伏朗、梁正、張鎰繼作。宋初聶崇義博採三禮舊圖，參考六本，而爲《三禮圖集註》，乃現存禮圖最早之作。自茲以降，禮圖撰述，日益繁富，非但宮室、儀節、服飾、器用等各有專編，而附諸禮學著述者，尤能兼圖名物器用與行禮之節次。清初朱彝尊撰《經義考》，輯錄自鄭玄、阮諶以下，所列禮圖（譜），即近百種，而清儒之作，固多非朱氏所及見者。惟前儒著述，或存或佚，或爲專書，或附諸禮學專著，或分著於他編之中，而未見有作系統之紹述。爰不揣寡陋，竊願裒集昔賢碩儒之餘緒，董理歷來禮圖之書目，俾使學者可以按目求書，以作進一步之探索。

　　本書凡分三章：一曰禮圖之緣起與價值：論述禮圖興起之緣由及其價值。二曰禮圖之發展：綜述禮圖肇始於東漢，奠基於兩宋，式微於元明，復興於清代四期之發展。三曰禮圖之著述：詳列鄭玄以降，以迄清末，有關禮圖書目，卷數，作者及其存佚情形。其可考見者，則悉撮其旨要，使一目而知其內容。藉此以見歷代禮圖著述之梗概，俾便有志研治禮學者之索覽云耳。

禮圖考略序

　　禮圖爲注釋三禮之一支，與文字之注疏相輔相成，王應電曰「古稱左圖右書，凡書所不能言者，非圖無以彰其形，圖所不能畫者，亦非書無以盡其意，此古人所以不能偏廢也」，其言是已。

　　禮圖之製作，其來已久。自鄭注三禮，且爲之圖，於是有阮諶繼之，其後賡續爲圖者，有隋夏侯伏郎、梁正、唐張鎰，至宋初聶崇義而集其大成。宋儒奠定禮圖發展之基石，開後世寬廣研究之門徑，厥功至偉。元、明二代，經學既衰，禮圖亦趨式微。降及有清，古書漸出，經義大明。隨經學之復興，禮圖著述亦蓬勃而臻極盛。朱彝尊《經義考》所列譜圖書目，即達百種，而清儒禮圖之作，尚多有非朱氏所及見者。非但宮室、儀節、服飾、器用，以及溝洫、井田、宗法等各有專著，而附諸禮學著述者，尤能兼圖名物器用與行禮之節次，其他零篇散論，分麗他編，由書名而不知其附有禮圖者尚多。約略估計，自東漢鄭玄、阮諶以下，以迄清末，禮圖之作，不下三百種，其爲治禮者之所重視，由是可見。惟其書或存或佚，或傳或不傳，迄無薈萃貫串之總集，是禮圖書目之董理，俾學者可按目求書，作進一步之探索，其事不可廢也。

　　往歲一田先生於台灣師範大學國研所講授「三禮研究」，特別強調禮圖。余嘗飫聞緒論，遂有研究禮圖之發想。爾後，余承乏上庠，即以「禮圖考略」，申請國科會專題研究之補助，得獲通過，此一九九八年秋之事也。夫禮圖資料，多爲古籍，其書兩岸各有庋藏，然以大陸爲多。余雖嘗數次往來北京、杭州、上海、蘇州、南京各大圖書館，搜集相關資料，但停留時間有限，手鈔亦極廢時，部分祇得假藉影印之便，但遇善本古籍，亦唯鈔寫一

途。因此資料搜集緩慢，撰述時停時續，始終未竟其事。邇來退居稍暇，因重理舊業，勉成是編。上距草創之時，已近二十寒暑矣。所愧學殖荒落，疏謬挂漏，固知難免，尚祈淹雅君子，有以教焉。

二〇一六年冬周聰俊宜魯識於台北

目次

凡　例

一、本書收錄自漢至清宣統三年（1911），有關研究三禮並附有禮圖之專著與單篇文章論著，日本學者以中文寫作之論著，亦酌收錄之。群經圖中之三禮專圖，亦為收錄之範圍。

二、本書著錄各書，雖依《四庫全書總目》禮類書籍區分，但以「通禮」及「雜禮」之內容，實亦兼陳三禮，因以併諸「三禮總義」之後。又群經總義類之書，其中不乏有三禮禮圖相關之作，因亦收錄之。是全書所收，凡分五類：曰周禮類，曰儀禮類，曰禮記類，曰三禮總義類，曰群經總義類。前三類先傳說（圖說）後分篇（〈中庸〉、〈大學〉二篇圖說不錄），所錄各書並依作者時代先後排次。惟作者生卒，或成書刊書年代，限於聞見有未能盡考者，姑就所據，權側其間，容後考正。

三、所有專書，均著明卷數，無卷數者則逕云「無卷數」或「不分卷」。單篇文章論著，則或著明「篇」數。唯《經解》所收各書無單獨卷數，僅有叢書總卷數，則以其總卷數，計其所收卷數為卷數。

四、所有作者均冠以朝代，朝代不可考者則加（□）號。外國作者，則冠以國名。作者不可考者，則云「不著撰人」。作者姓氏或名有不可考者，則以□表著之。

五、著錄各書，悉作扼要之敘述，考其撰人始末，並著明流傳所參見之版本（一或二種），如為館藏，則註明其收藏處，以示有所依據。

六、所錄各書或論文，有為某書之一篇者、或為某書某卷者，亦或為某卷之部分者，大抵皆以其屬於何類，即歸於何類。唯極少數《經解》、《續經解》所收，為歸類方便，則歸之「群經總義類」中。

七、本編收錄各書，幾兩三百種，或佚或存，或爲專書，或附於禮學著述，
　　或分散於其他論著（文集），且偏處海陬，訪書不易，故雖不辭煩瑣，辛
　　勤搜集，而失收挂漏，固所不免，淹雅君子，有以補之。

第一章　禮圖之緣起與價值

　　宋楊甲序《六經圖》云：「古之學者，左圖右書，索象於圖，索理於書，故其義可陳，其數可紀，舉而厝之，如合符節。」《欽定禮記義疏》凡例亦云：「古六經皆有圖，蓋左圖右史，所以按驗而便稽考也。」蓋自古有經皆有圖，其流傳甚遠。左圖右書，相資為用，以備參考，以供覘記。有圖而無書，其義不備，有書而無圖，其制未明，二者不可偏廢。胡渭於《易圖明辨》題辭曰：「古者有書必有圖，圖以佐書之所不能盡也。凡天文、地理、鳥獸、草木、宮室、車旗、服飾、器用、世系、位著之類，非圖則無以示隱頤之形，明古今之制，故《詩》、《書》、《禮》、《樂》、《春秋》，皆不可以無圖。唯《易》則無所用圖，六十四卦二體六爻之畫，即其圖矣。」〔註1〕胡氏之言，蓋有所為而言之，其言治經之不可以無圖，則是矣。

　　夫禮，有禮之意，有禮之具，有禮之文。禮意也者，古聖哲制禮之微意也；禮具也者，《周禮》所謂「辨其名物」是也；禮文也者，節文度數之詳是也。黃季剛曰：「凡吉凶禮樂，自非物曲，固不足以行之。是故祭有祭器，喪有喪器，射有射器，賓有賓器，及其辨等威，成節文，則宮室、車旗、衣服、飲食，皆禮之所寓。雖玉帛鐘鼓，非禮樂之至精，舍之則禮樂亦無所因而見。故曰『德儉而有度，登降有數，文物以紀之，聲明以發之』。知此也，則三禮名物必當精究，辨是非而考異同，然後禮意可得而明也。」〔註2〕吳承仕亦曰：

〔註1〕 胡渭，《易圖明辨・題辭》，《皇清經解續編》，第一冊，總頁520。
〔註2〕 見《黃季剛論學雜著・禮學略說》頁四六五。黃侃（1886－1935），字季剛，湖北蘄春人。師事章太炎，擅長音韻、訓詁，兼通文學，著有《音略》、《説文略説》、《爾雅略説》、《黃侃論學雜著》等數十種。

「禮之事類有四：日禮意，日禮制，日禮器，日禮節。……大而宗廟、宮室、瑞玉、宗彝、車服、旗章，細而几席、枕簟、燕褻之器，凡禮數所施，朝燕之所服御，皆禮器也。登降俯仰之儀，酬酢往復之節，擗踊哭泣之數，皆禮節也。若夫制度器械之事，則宜明其詁訓，別其材性，擬其形容，校其尺度，辨其施用。以法爲分，以名爲表，以參爲驗，以稽爲決，其數一二三四，厥制乃可得而說。此講名物者之所務也。夫禮意易推而多通，禮器難言而有定。然形體不存，則制作精意，即無從所傳離以自表見。故考迹舊事者，應以名物爲本。」〔註3〕皆謂由名物可以考見禮意，其精粗本末有相關聯者也。惟名物去古已遠，書存其名，而實物未必可睹，圖象既已難明，說者勢必各出己意，遂致異論歧出，聚訟未已。若《周禮・司尊彝》犧、象二尊，依鄭司農說，犧尊飾以翡翠，象尊以象鳳皇；鄭玄說：犧尊刻畫鳳皇，象尊飾以象骨；阮諶《禮圖》：「犧尊飾以牛，象尊飾以象，於尊腹之上畫爲牛象之形」；王肅則云：「爲犧牛及象之形，鑿其背以爲尊」〔註4〕。驗諸出土彝器，則王說爲得其實。是知雖漢世去周未遠，而禮經所記禮樂諸器，漢儒箋注已不能無誤，殆即緣但憑耳聞，未嘗目驗，而臆爲之說也。故無圖象則名物無徵，而義蘊亦必強半失據。檢諸《周禮》經文，亦數言「辨其名物」，由知古者於名物之辨，實綦重視。《禮記・少儀》云：「衣服在躬，而不知其名爲罔」，亦謂名物之不可不知也。蓋禮制之行，必假於物，以見等衰，或有所寓義。是故先辨具體之物，然後能明所行之事，能明所行之事，然後乃悉行事之義。此治三禮名物，所以不可以無圖也。

　　若夫時世遷流，古制難復。《禮經》章句，語繁數複，學者每苦其儀文煩碎。故其進退之度，揖讓之節，升降周旋之儀，必佐之以圖，然後能明。此所以叔孫通爲綿蕝野外以習儀，若有圖，似不待綿蕝亦可矣〔註5〕。陳澧稱讀《儀禮》有繪圖一端，其於《東塾讀書記》云：

〔註3〕見〈三禮名物略例〉，《國學論衡》第二期，頁四。吳承仕（1884－1939），字絸齋，安徽歙縣人。清末舉人。曾受業于章太炎門下，研究文字、音韻、訓詁及經學，與黃侃、錢玄同並稱章門三大弟子。著有《三禮名物》、《三禮名物略例》、《經學通論》、《說文講疏》等書。

〔註4〕鄭司農說見《周禮・司尊彝》鄭注引，鄭玄說見《禮記・明堂位》鄭注及疏引《鄭志》，阮諶說見〈詩・閟宮〉孔疏引，王肅說見〈明堂位〉孔疏引。按《周禮》犧字作「獻」。

〔註5〕見《漢書》卷四十三〈叔孫通傳〉，第三冊，總頁2127，鼎文書局。

《儀禮》難讀，昔人讀之之法，略有數端：一曰分節，二曰繪圖，三曰釋例。今人生古人後，得其法以讀之，通此經不難矣。……鄭、賈作注、作疏時，皆必先繪圖。今讀注疏，觸處皆見其蹤跡。如〈燕禮〉「主人盥，洗象觚」，注云：「取象觚者東面。」疏云：「以膳篚南有臣之篚，不得北面取，又不得南面背君取，從西階來，不得篚東西面取，以是知取象觚者東面也。」此必鄭有圖，故知東面取，賈有圖，故知不得北面、南面、西面，而必東面也。〈大射儀〉「搢，以耦左還，上射于左」，注云：「上射轉居左，便其反位也。上射少北，乃東面。」疏云：「知不少南者，以其次在福東南，北面搢時，已在次西面，故知上射少北，乃東面，得東當次也。」此亦鄭有圖，故知少北，賈有圖，故知不得少南。皆確不可易也〔註6〕。

厥後曹元弼《禮經學》亦本陳說〔註7〕，以爲鄭、賈作注、作疏，蓋先繪圖，此說雖是推測之辭，然即經以作圖，即圖以治經，說經之宜有圖以佐之，殆亦事理之所當然。惜乎載籍無徵，陳、曹之說，不免爲學者所疑。

段熙仲嘗有〈禮經十論〉一文，以爲治禮宜如《易》之有圖。其言曰：「大凡節文之委曲繁複者，不可以無圖，無則進退、升降、周旋，必迷其方。名物之文質，因時損益，尊卑異其等威者，亦不可以無圖，無則如冠之組紘，笄之吉凶，筵之脩廣，闌之奇偶，侯之躬舌，饌之要方，凡高下、長短、大小、廣狹、多寡，咸異宜者，昧其制矣。」又曰：「夫執禮者，其人也，所以行之者，必有其器，亦必有其地。不知其器固不可，不知其地尤不可。不知其地，無以定位。此牛里仁所以據旅酬六尸，合十一尸，三十六主，及君北面行事于二丈之堂，爲愚不及此。譏鄭注每室及堂止有一丈八尺云云之誤也〔註8〕。是故有名物之圖，有執禮之圖，名物之圖正，乃可以爲執禮之圖，不然者，難免于牛氏之譏矣。」〔註9〕所謂「理或千言而未了，象則一見而可知」者是已（焦竑序吳繼仕《七經圖》語）。故自宋楊復爲《儀禮圖》，隨十七篇

〔註6〕 見陳澧《東塾讀書記》卷八頁二、三，《皇清經解續編》第十四冊，總頁10667。
〔註7〕 見《禮經學》卷一頁六六至六九，《續修四庫全書》，上海古籍出版社。
〔註8〕 按參見《隋書》卷四十九，列傳第十四〈牛弘傳〉。牛弘（545-610），字里仁。
〔註9〕 見《禮經十論》，《文史》第一輯，北京中華書局，1962。段熙仲（1897-1987），安徽蕪湖人，曾任安徽大學、中央大學、南京師範大學等校教授，爲國學大師柳詒徵之弟子。著有《禮經十論》、《春秋公羊學講疏》等書。

經文次第，畫其宮室，開啓圖解行禮儀節，以專治《禮經》，逮乎清世，張惠言、黃以周諸儒繼起，其所繪圖，尤爲詳密，而圖解《儀禮》儀節，遂爲研讀《儀禮》不可或缺之途徑。

　　納蘭成德序聶氏《三禮圖》曰：「九經，禮居其三，其文繁，其器博，其制度古今殊。學者求其辭不得，必爲圖以象之，而其義始顯，即書以求之，不若索象于圖之易也。」〔註10〕尋繹納蘭氏之意，似以爲禮圖對於三禮之重要，超乎他經與其圖之關係。周一田先生更進而謂：「禮圖爲注釋三禮之一支，與文字之注疏相輔相成」〔註11〕，先生此言實發前人所未發，而愈益彰顯禮圖對於三禮之重要及其價值。自鄭玄兼注三禮，又創爲禮圖，相沿歷代作者亦頗豐富，見於朱彝尊《經義考》所錄，即有九十八種之多，而清人之作，朱氏猶未及見。清儒禮圖，包羅至廣，舉凡宮室、儀節、服飾、器物，以及井田、宗法、天時、疆域、溝洫等莫不兼該。或爲專書，或爲單篇論著，或隨文而間附圖說，其份量幾倍逾於朱氏之所見，禮圖之爲三禮注釋之一支者，豈其虛言哉。

〔註10〕見聶崇義《三禮圖》，納蘭成德序，《通志堂經解》第二十八冊，大通書局。
〔註11〕見周一田先生《禮學概論》，頁83，三民書局。周何（1932-2003），字一田，江蘇鎮江人，國立台灣師範大學國文研究所畢業，獲國家文學博士學位。曾任國立台灣師範大學國文系教授、系主任、國文研究所所長、文學院院長、考試院考試委員。著有《春秋吉禮考辨》、《春秋燕禮考辨》、《儒家的理想國》、《禮學概論》、《古禮今談》等書。

第二章　禮圖之發展

第一節　肇始於東漢

　　禮圖之製作甚早，蓋與注疏同時並行。據今所見文獻資料言之，禮之有圖，學者多謂始於鄭玄。自鄭注三禮，且為之圖，於是有阮諶繼之。其後賡續為圖者，有隋夏侯伏朗、梁正〔註1〕、唐張鎰、宋聶崇義、楊杰、元韓信同、明劉績、許判諸家，至清之孫星衍、嚴可均，亦相繼有作。聶圖取六家圖而刊定之，故其書最著，皆為三禮圖象家也。

　　《隋書・經籍志》有《三禮圖》九卷，題云「鄭玄及侍中阮諶等撰。」竇儼序聶氏《三禮圖》云：「（崇義）博采三禮舊圖，凡得六本。」竇氏雖未言六本者何，而據《隋志》，其一本為鄭圖蓋可推知。是故納蘭成德序聶崇義《三禮圖》云：「禮之有圖，自鄭康成始。」惟以鄭書早已亡佚，今世所傳聶氏所撰《三禮圖》，其所採用鄭圖，與鄭氏三禮注頗有不合。且鄭為禮圖，范曄《後漢書》本傳、《鄭志》並不言其書，唐史承節撰鄭康成碑銘，歷敘鄭氏著述，亦不及禮圖〔註2〕，故有鄭氏未嘗作圖之說，以為其書殆為鄭學者之所託，禮圖實始自後漢阮諶。《四庫總目提要》即持是說。其言曰：

　　　考禮圖始於後漢侍中阮諶。……驗勘鄭志，玄實未嘗為圖，殆習鄭
　　　氏學者，作圖歸之鄭氏。考書中宮室車服等圖，與鄭注多相違異
　　　〔註3〕。

〔註1〕按梁正，據王謨，《漢魏遺書鈔》說以為隋唐間人。
〔註2〕見《欽定全唐文》卷三三○，頁 4～9，《續修四庫全書》，上海古籍出版社，
　　　　2002。
〔註3〕《四庫全書總目提要》，總頁 432，商務印書館。

按此說鄭珍深不以爲然，其於《鄭學書目》「三禮圖」條下駁之云：

> 康成著書，元不盡見《鄭志目錄》，唐劉知幾據以駁《孝經注》，已
> 非確證；因而謂鄭氏不作禮圖，恐尤未然。鄭圖後經阮諶、夏侯伏
> 朗、梁正、張鎰、隋開皇，迭有修改，聶氏又參校六本，定爲今傳
> 之《三禮圖》，本非盡出鄭手，自然多失鄭意，亦不得以此易唐前舊
> 說也〔註4〕。

鄭子尹謂康成所著書，原不盡載於《鄭志》，鄭圖又迭經修改，聶圖復參校六
本而成，故今傳聶圖多有失鄭意之處，其言蓋有可取。按之聶圖，唯雞彝及
舟是遵據鄭圖，有明文可見，其他皆無從甄別。惟檢諸《魏書・李謐傳》，謐
論明堂制度引鄭玄《禮圖》說扆制云：「縱廣八尺，畫斧文於其上，今之屏風
也。」〔註5〕此明言鄭氏有禮圖也。又〈袁翻傳〉載翻議明堂辟雍，有云：「鄭
玄之詁訓三禮，及釋《五經異義》，並盡思窮神，故得之遠矣。覽其明堂圖義，
皆有悟人意，察察著明，確乎難奪，諒足以扶微闡幽，不墜周公之舊法也。」
〔註6〕翻謂「覽其明堂圖義」，則鄭有禮圖，亦無可置疑。是知舊所稱鄭氏《三
禮圖》，乃出諸鄭手，在北魏實已云然。《四庫提要》謂殆習鄭學者所爲，證
據似嫌薄弱，非定論也。清代輯鄭氏佚書者甚多，唯馬國翰《玉函山房輯佚
書》中有鄭氏《三禮圖》一卷，非無見也。

阮諶，陳留人。按諶子武，正始中爲清河太守，武弟炳，河南尹〔註7〕。
稽其時代，諶當是建安中人。《三國志・魏志・杜恕傳》裴松之注引《阮氏譜》
云：「（諶）字士信，辟徵無所就，造《三禮圖》，傳於世。」〔註8〕《魏書・
禮志四》亦云：「阮諶《禮圖》，并載秦漢以來輿服。」〔註9〕惟據《隋志》，
諶官後漢侍中，與裴所引不同。《隋志》列鄭玄及阮諶等《三禮圖》九卷，馬
國翰謂蓋圖爲鄭玄作，而阮氏因而修之。故世只稱阮諶《三禮圖》，而《隋志》
推本而題之。復謂聶圖引鄭氏圖、阮氏圖，又引舊圖，皆一書之文〔註10〕。
按馬說蓋爲推測之辭，要無確證。知者，據梁正題阮氏《三禮圖》，云阮圖本

〔註4〕《鄭學書目》，頁7，《叢書集成續編》第二冊，新文豐出版公司。

〔註5〕《魏書》卷九十〈李謐傳〉，總頁1936，鼎文書局。

〔註6〕《魏書》卷六十九〈袁翻傳〉，總頁1537，鼎文書局。

〔註7〕見《三國志・魏書》卷十六〈杜畿傳〉，頁508，裴松之注，鼎文書局。

〔註8〕同上。

〔註9〕《魏書》卷一百八之四〈禮志四之四〉，總頁2814，鼎文書局。

〔註10〕見《玉函山房輯佚書》第二冊，總頁1066，文海出版社。

為三卷，據《宋史・聶崇義傳》載張昭言：「《四部書目》有《三禮圖》十二卷，是隋開皇中敕禮官修撰。其弟一弟二題云梁氏，弟十後題云鄭氏」，則鄭氏亦似止三卷，而《隋志》箸錄《三禮圖》九卷，鄭玄後漢侍中等撰，其書更多三卷，似撰者不止鄭阮二家，有後人增益其間也。

夏侯伏朗，隋人。兩《唐志》載有夏侯伏朗《三禮圖》十二卷。考所謂隋開皇敕撰者，《宋史・聶崇義傳》載張昭奏曰：「《四部書目》內有《三禮圖》十二卷，是開皇中敕禮部修撰。」朱彝尊《經義考》卷一六三亦引張彥遠曰：「隋文帝開皇二十年，敕有司撰《三禮圖》，左武侯執旗侍官夏侯朗（當即夏侯伏朗）畫。」按聶注禮圖，據竇序、王堯臣《崇文總目》、晁公武《郡齋讀書志》以及陳振孫《直齋書錄解題》，皆謂博采三禮舊圖，六本參定，惟檢諸聶圖，於鄭玄、阮諶、梁正、張鎰諸家皆略存其說，獨無夏侯氏，而引有舊圖之說，似聶氏所據開皇三禮舊圖，與《唐志》所載夏侯伏朗《三禮圖》，原為一本，蓋《唐志》記其畫圖者姓氏，而《四部書目》及張氏記其撰修原由。且據張彥遠言，夏侯伏朗實為繪圖者，此所以黃以周有「其書本非伏朗作」之言〔註11〕。是聶書所引有舊圖〔註12〕，而不及夏侯，蓋亦有以也。又聶書所引舊圖，馬國翰以為與書中所引鄭氏圖、阮氏圖皆一書之文，因據以採撷，並搜採經疏、史志及類書所引附益之，輯為一卷。王謨亦從聶書採撷，統為一輯，不加分別。按聶書所引舊圖，乃撰者失其姓名，未必即《隋志》之《三禮圖》所原有，其中或亦有開皇官撰之三禮舊圖，惟其詳不可稽考。馬氏統為一輯，而不加分別，似亦有未審〔註13〕。

梁正，於史無傳，其詳不可考。顧起元〈重刻六經圖序〉謂是趙宋人，未審何據。王謨《漢魏遺書鈔》、姚振宗《補後漢書藝文志》，並定為隋唐間人〔註14〕。《崇文總目》載《三禮圖》九卷，梁正撰。惟《宋史・聶崇義傳》載張昭奏議曰：「有梁正者，集前代圖記更加詳議，題《三禮圖》，云：『陳留阮士信受禮於潁川綦毋君，取其說為圖三卷，多不按禮文而引漢事，與鄭君

〔註11〕參見黃以周，《禮說》六「三禮圖」條，頁30。清光緒二十年南菁講舍刻儆季雜著本，史語所藏。

〔註12〕聶序云：「博採舊圖，凡得六本」，所引有鄭、阮、梁、張諸圖及舊圖。

〔註13〕參見孫啓治、陳建華編，《古佚書輯本目錄》，頁52，北京：中華書局。

〔註14〕顧說見重刻《六經圖》序，明萬曆四十三年南京吏部刊本，中央圖書館藏。
　　　　王說見《漢魏遺書鈔》，阮諶《三禮圖・序錄》，頁2，大化書局。
　　　　姚說見《補後漢書藝文志》經部頁53，新文豐出版公司。

之文違錯。』正刪爲二卷。」〔註15〕據此，則知梁氏之書，蓋爲修定阮圖而作。且梁書本爲二卷，與《崇文總目》云九卷者不同。其書已佚，惟聶氏《三禮圖》引之，馬國翰因據以採得十七節，釐爲一卷，收入《玉函山房輯佚書補遺》中。

張鎰，字季權，一字公度，唐德宗建中初，官至中書侍朗。傳詳兩《唐書》。《舊唐書》本傳稱大曆五年，除濠州刺史，爲政清淨，州事大理。乃招經術之士，講訓生徒，撰《三禮圖》九卷，兩《唐志》著錄卷數相同。其書亦已佚，惟聶氏《三禮圖》引之，馬國翰因據以輯錄，凡得十餘條，釐爲一卷，收入《玉函山房輯佚書補遺》中。

鄭玄爲十七篇作注，其〈喪服〉一篇又別行於世〔註16〕。《隋志》載鄭玄《喪禮經傳注》一卷，《經典釋文‧敘錄》云：「唯鄭注《周禮》、《儀禮》、《禮記》並列學官，而〈喪服〉一篇又別行於世」〔註17〕，即謂此也。《隋志》又著錄鄭氏《喪服譜》一卷，喪服之有圖譜，蓋始見於此。鄭氏而後，惟王肅注其全書。其餘如劉表、蔣琬、射慈〔註18〕、杜預、袁準、衛瓘、劉逵、崔游、賀循、孔倫、蔡謨、環濟、葛洪、陳銓、劉德明、裴松之、庾蔚之、費沈、雷次宗、周續之、蔡超〔註19〕、劉道拔、張耀、崔凱、王儉、田僧紹、司馬憲〔註20〕、王逡〔註21〕、樓幼瑜、劉瓛、沈麟士、袁祈、賀游、崔逸、裴子野、賀瑒、何徹、何佟之、皇侃、劉智〔註22〕、謝嶠、袁憲、王隆伯、張沖、沈文阿、謝徽等數十餘家，皆只注喪服。於是漢至六朝有專爲圖注，以解說喪服及喪禮者。降及李唐專究喪服者，有孟詵、殷价、龐景昭、張薦、裴茞、仲子陵諸家〔註23〕。其著述以圖譜爲名者，有吳射慈《喪服變

〔註15〕見《宋史》卷四三一，〈聶崇義傳〉總頁12795，鼎文書局。
〔註16〕按鄭氏前，戴德撰有《喪服變除》一卷（見兩《唐志》），馬融撰有《喪服經傳注》一卷（見《隋志》）。
〔註17〕陸德明，《經典釋文‧敘錄》，頁23，《通志堂經解》本，大通書局。
〔註18〕按射慈，《舊唐志》作謝慈，據《廣韻》射、謝同姓。
〔註19〕蔡超，原作「蔡超宗」，據《宋書‧南郡王義宣傳》、〈張暢傳〉及《釋文‧敘錄》刪「宗」字。
〔註20〕司馬憲，「憲」原作「瓛」，據《南史‧丘巨源傳》、《梁書‧伏曼容傳》改。
〔註21〕王逡，「逡」原作「逸」，據《南齊書‧禮志下》及《舊唐書‧經籍志上》、《新唐書‧藝文志一》改。王逡即王逡之，《南齊書》及《南史》有傳。
〔註22〕劉智，原作「孔智」，據《晉書‧劉寔傳》附劉智傳、《通典》卷九五改。
〔註23〕詳見《經義考》卷一百三十六、一百三十七，中華書局。

除圖》五卷〔註24〕，又有《喪服天子諸侯圖》二卷〔註25〕，晉崔遊《喪服圖》一卷〔註26〕，賀循《喪服譜》一卷，蔡謨《喪服譜》一卷，王儉《喪服圖》一卷，賀遊《喪服圖》一卷，崔逸《喪服圖》一卷，又《戴氏喪服五家要記圖譜》五卷、亡名氏《喪服君臣圖儀》一卷、《五服圖》一卷、《五服圖儀》一卷、《喪服禮圖》一卷〔註27〕，唐張薦有《五服圖》一卷，仲子陵《五服圖》十卷〔註28〕。惜諸書今悉不傳，莫由窺其全豹。

第二節　奠基於兩宋

　　宋人禮圖，可大別為三：一曰合三禮為圖，二曰三禮各專經為圖，三曰彙輯六經各專經為圖。自鄭康成注三禮，且為之圖，於是賡續為圖者，有阮諶、夏侯伏朗、梁正、張鎰諸家，此已見前述。逮乎後周世宗朝，詔聶崇義參定郊廟器玉，因取三禮舊圖而刊定之。今惟聶圖獨傳，而鄭、阮、梁、張之遺說，所以得留傳於今者，亦賴斯編之存。

　　考《宋史·儒林傳》，聶崇義，河南洛陽人。善禮學，通經旨。後周顯德中，命圖郊廟祭器祭玉，領以竇儼。聶氏因博采先儒三禮舊圖，凡得六本，重加考定。至宋太祖建隆三年四月表上之〔註29〕，竇儼為之序。詔太子詹事尹拙，集儒臣參議，拙多所駁正，聶氏復引經以解釋，其駁議及答義各四卷，率列於注釋，詔頒行之。傳載其事特詳。具見《宋史》卷四百三十一《儒林傳》。

〔註24〕見《七錄》。
〔註25〕《舊唐志》作謝慈。
〔註26〕見《舊唐志》。
〔註27〕並見《隋志》。
〔註28〕並見《通志》。
〔註29〕按《崇文總目》稱建隆二年五月上書，晁公武《郡齋讀書志》、陳振孫《直齋書解題》亦稱建隆二年奏之，李燾《續資治通鑑長編》卷二謂建隆二年五月丙寅上之，《宋史》本傳則載建隆三年，與竇儼序聶氏《三禮圖》合。王應麟《玉海》卷三十九「建隆三禮圖」條引《中興書目》云：「建隆二年五月丙寅表上之」，而於卷五十六「建隆重集三禮圖」條則云：「建隆三年五月丙寅表上」，前後不同。
　　　檢諸聶書卷二十目錄序，有云：「舊圖十卷，形制闕漏，文字省略，……不知所自。臣崇義先於顯德三年冬，奉命差定郊廟器玉，因敢刪改。……至大宋建隆二年四月辛丑，第敘既訖。」則知聶氏書成於建隆二年，至三年始行奏進耳。

聶氏博采三禮舊圖，考正同異，據竇序、《崇文總目》、《玉海》、《郡齋讀書志》以及《直齋書錄解題》皆謂參定六本，然俱未言六本者何，獨晁公武直指其中二家，曰鄭康成、曰阮諶，餘四家則未名〔註30〕。降及有清，學者對此問題，以所據資料之不同，乃有六本六家、六本五家，以及六本有二梁氏與鄭玄不作圖之歧異。

《四庫總目提要》曰：

《隋書‧經籍志》列鄭玄及阮諶等《三禮圖》九卷，《唐書‧藝文志》有夏侯伏朗《三禮圖》十二卷，張鎰《三禮圖》九卷，《崇文總目》有梁正《三禮圖》九卷。《宋史》載吏部尚書張昭等奏云：『《四部書目》內《三禮圖》十二卷，是隋開皇中敕禮官修撰。其圖第一、第二題云梁氏，第十後題云鄭氏，今書府有《三禮圖》，亦題梁氏、鄭氏。則所謂六本者，鄭玄一，阮諶二，夏侯伏朗三，張鎰四，梁正五，開皇所撰六也。然勘驗《鄭志》，玄實未嘗為圖，殆習鄭氏學者，作圖歸之鄭氏歟。

按《提要》雖以《隋志》所載鄭玄之禮圖，乃習鄭者所託，非康成自作，但仍以之為聶氏參定之一本，而與阮諶、夏侯伏朗、張鎰、梁正諸家禮圖及開皇所撰合為六本。此一說也。朱緒曾《開卷有益齋讀書志》亦以鄭玄及阮諶、夏侯朗、張鎰、梁正、開皇官撰為六家。

王謨《漢魏遺書鈔》云：

隋唐志所載三禮圖只鄭康成、阮諶、夏侯朗、張鎰四家、而聶崇義博采舊圖，乃有六家，四家之外有二梁氏，其一梁氏在鄭氏前，張昭所謂不知名位者也；其一梁氏名正，隋唐間人，張昭所謂後有梁氏者也。聶注禮圖，皆略存其說，而獨無夏侯氏。《經義考》引張彥遠曰：『隋文帝開皇二十年，敕有司撰《三禮圖》，左武侯執旗侍官

〔註30〕《崇文總目》卷一，頁 11，《叢書集成簡編》本，商務印書館。
《玉海》卷三十九，頁 29、卷五十六，頁 16～19，《四庫全書》本，商務印書館。
《郡齋讀書志》卷二，頁 8，景清王先謙刊本，中文出版社，1978。
按《欽定儀禮義疏‧卷首上》引晁公武曰：「《三禮圖》，聶崇義周世宗時，被旨纂集，以鄭康成、阮諶、綦母君、梁正、夏侯伏明、張鎰六家圖刊定。」未審所據。又按據納蘭成德序《三禮圖》云：「阮諶受禮于綦母君，取其說為圖」，並無綦母君作圖之說。
《直齋書錄解題》卷二，頁 27，景清武英殿輯永樂大典本，中文出版社。

夏侯朗（當即夏侯伏朗）畫。』則轟氏所據開皇三禮舊圖，疑即夏侯氏所畫，而梁、鄭、阮三家亦在其中。

王氏據聶崇義本傳，張昭奏議有二梁氏：一為不知名位者，其時代在鄭玄前；一為「其後有梁正者」，其時代在鄭氏後。並據張彥遠說，疑開皇三禮舊圖即夏侯伏朗圖。黃以周《禮說》更進而直指二本實為一本，且據張彥遠「開皇二十年敕有司撰三禮圖，左武侯執旗侍官夏侯伏朗」之言，以為其書本非夏侯伏朗所作。因以梁氏、鄭玄、阮諶、夏侯伏朗（開皇官撰）、梁正、張鎰諸圖為六本。此又一說也。

觀夫《四庫提要》及王、黃二說，蓋皆有得有失，而主要異同乃在鄭康成是否為圖以及鄭前梁氏之有無耳。按鄭玄有禮圖，北魏時已云然，已具見前論。《提要》謂鄭氏未嘗作圖，殆非其實。又檢諸聶氏《三禮圖》所引三禮舊圖，祇有鄭氏圖、阮氏圖、梁正、張鎰以及舊圖五本，無夏侯與不知名位之梁氏。王謨、黃以周以為夏侯本即開皇官撰本，斯說蓋可據信。至於撰禮圖有二梁氏，其一梁氏在鄭前者，祇見諸張昭之奏言。晁公武謂「聶崇義以鄭康成、阮諶等六家圖刊定」，且聶氏禮圖，凡所參定之本，皆有所徵引，而獨未見所謂梁氏者。王、黃說有二梁氏，其說恐未必然。要之，先儒所謂六本者，其實祇有五家：鄭玄、阮諶、梁正、張鎰及開皇官撰是矣。《唐志》所載夏侯伏朗《三禮圖》者，實與開皇官撰為一本（夏侯實為繪圖者，書非夏侯所作，見前）。

聶崇義《三禮圖》，係用舊圖六本參定，故題集注（陳振孫《直齋書錄解題》語）。宋太祖覽而嘉之，詔令頒行。其書內容凡分十六門，包括冠冕衣服、宮室車旗、弓矢射侯、鐘鼓管磬、祭器祭玉、圭璧藻藉、喪葬飾器七大類十九卷，又別序目錄一卷，都為二十卷，斯具見自序中。約而言之，聶書所圖，蓋止服飾、宮室與器物三端，儀節則不與焉。聶圖雖是承旨撰定，取資亦淵源有自，然是書一出，尹拙、張昭多所駁正，事見《宋史》卷四百三十一本傳詳載，而南北宋儒者亦多不以所圖為然。若沈括《夢溪筆談》譏其蒲璧、穀璧悉作草稼之象，不知蒲璧刻文蓬蓬如蒲花敷時，穀璧如粟粒耳。歐陽修《集古錄》譏其簋圖與劉原甫所得真古簋不同；趙彥衛《雲麓漫抄》譏其爵作雀背承一器，犧象尊作一器繪牛象；林光朝《艾軒集》亦論之曰：「今以秘閣內藏所得之器較之，聶氏其間大有不合者。」洪邁《容齋隨筆》亦以為犧尊純為牛形，象尊純為象形，鄭司農諸人所云，乃目所未睹，而臆為之說，

與古製不類，是其以聶圖爲非，亦顯然明白〔註31〕。而歷來糾舉其誤謬者更多。惟此書原係鈔撮諸家，頗存舊式，雖踵謬沿訛，又無實物可驗，其有與古不合者，蓋亦勢所不免。要之遞相祖述，亦不盡出於杜撰，後世禮圖之有所本，實賴此書奠基。淳熙中陳伯廣嘗爲重刻，題其後云：「其圖度未必盡如古昔，苟得而考之，不猶愈於求諸野乎。」斯言蓋允矣〔註32〕。

爾後陸佃（1042～110）撰《禮象》十五卷，改訂舊圖之失，其尊爵彝舟皆取公卿家及祕府所藏古遺器，與聶圖大異。其書已佚，難得其詳。清初朱彝尊所見，已殘闕不完〔註33〕，逮及四庫開館，遂無所見。今唯於宋建刊本《禮記舉要圖》及高麗刊本《纂圖互注周禮》偶有徵引，得見一斑。其時陳祥道（1053～1093）亦有《禮書》一百五十卷。此書前圖後說，體例與聶氏不同，然亦有有說而無圖者。陳振孫稱其論辯詳博，間以繪畫，於唐代諸儒之論，近世聶崇義之圖，或正其失，或補其闕〔註34〕。其書繪圖超出聶圖甚多，無論九州、十二月令、二十四氣、摯、鬱鬯、六龜、兵器、疆域、井田、射器、樂器、車制等，包羅至廣。是書甚爲當時儒者所重。

三禮各有專圖，據文獻資料所見，蓋以《周禮》圖爲早。《隋志》著錄《周官禮圖》十四卷，未著撰者姓氏。降及汴宋，王洙有《周禮禮器圖》，龔原有《周禮圖》，陳祥道有《周禮纂圖》，吳沆有《周禮本制圖論》，王與之有《周禮十五圖》，惜其書皆未傳。今傳所見《周禮》圖說，則有葉時之《禮經會元》四卷，是書「括《周禮》以立論，內朝儀、宮衛、王畿、祭樂、明堂、分星

〔註31〕沈括，《夢溪筆談》卷十九「器用」，頁2。《四庫全書》本，商務印書館。
歐陽修，《歐陽修全集・集古錄跋尾卷一》〈叔高父煮簋銘〉，頁1094，世界書局。
按聶書簋圖，雖非其實，但歐氏以劉原甫所得爲眞古簋，亦有未允。歐文引劉原甫曰：「簋容四升，其形外方內圓而小墑之。似龜，有首有尾，有足有甲有腹。」其器形制雖不可見，但據所述，絕非古簋器。蓋驗諸傳世彝器，凡外圓者則內亦圓，外方者則內亦方。鼎有方鼎圓鼎之異，壺亦有方壺圓壺之殊，雖各有方圓之殊異，但內外一致，皆無內圓而外方，或內方而外圓者。是器之形制既爲「外方內圓而小墑之」，則非簋甚明。
趙彥衛，《雲麓漫抄》卷四，頁2，《四庫全書》本，商務印書館。
林光朝，《艾軒集》卷三「策問」，頁1，《四庫全書》本，商務印書館。
洪邁，《容齋三筆》卷十三，頁3「犧尊象尊」條，《四庫全書》本，商務印書館。
〔註32〕參見《四庫提要》，「三禮圖集注」條，總頁431，商務印書館。
〔註33〕見《經義考》卷一四一，頁5，中華書局。
〔註34〕見《直齋書錄解題》卷二，頁27，中文出版社。

六篇，各系以圖。祭樂後所附之圖，實樂舞之圖，蓋刊本舛誤，移於前幅。」（見《四庫提要》）。時鄭伯謙亦有《太平經國之書》，其書發揮《周禮》之義，首列四圖，曰成周官制，曰秦漢官制，曰漢官制，曰漢南北軍，所圖僅三朝之職掌宿衛，蓋其大意欲宮中府中文事武事一統於太宰，故惟冠此四圖，明古制也〔註35〕。又有《纂圖互註周禮》，書前有《周禮經圖》，三十七葉，圖凡三十有九〔註36〕，各系以說。圖說多引聶氏《三禮圖》、陸佃《禮象》及陳祥道《禮書》之說〔註37〕，其撰圖者爲誰，蓋已不得稽考。

　　作者佚名之《考工記》，爲今所見記載器物形制最詳盡之先秦古籍。蓋以《周禮》六官，闕多官一篇，漢人求之不得，河間獻王劉德乃以《考工記》補之，於是經與記合爲一書，但其仍保持一定之獨立性，後儒亦往往別釋之。唐杜牧之《考工記注》，其爲僞託，固無論矣〔註38〕。汴宋以還，《周禮》學之著述大盛，而單解《考工記》之著作，亦頗見成績〔註39〕。其中圖解《考工記》者，則有林希逸之《鬳齋考工記解》。蓋諸工之事非圖不顯，林希逸以聶氏《三禮圖》之有關于《記》者，采摭附入〔註40〕，以圖繪解《考工記》百工技藝之事，脫離《周禮》獨立成圖，各標以尺寸、度數、曲直等，說解詳實，較聶氏《三禮圖集注》、陳祥道《禮書》單繪器物外形，林氏之圖作實

〔註35〕　見《四庫提要》。

〔註36〕　按《纂圖互註周禮》一書，因版本不同，其所載圖說或亦有異。陸心源所見宋刻本，自「王國經緯涂軌圖」至「傳授圖」，凡三十有九幅（見《儀顧堂續跋》卷二，頁8「宋槧纂圖互註周禮跋」條）；中央圖書館所藏清順治五年朝鮮趙絅等刊本，其圖自「王國經緯涂軌圖」至「傳授圖」，亦爲三十有九幅；傅增湘《雙鑑樓藏書續記》載所見高麗古刻本，則爲二十有七幅（卷上頁1）。

〔註37〕　按陳祥道有《周禮纂圖》，已佚。

〔註38〕　單解《考工記》之著作，蓋始於唐之杜牧注，惟《四庫提要》稱牧注不傳。故近世所傳杜牧《考工記注》二卷，學者疑之。其書多與鄭注違異，間或襲用鄭義，而不得其恉，文筆復淺陋，不類牧文，蓋託之牧以欺世者也。孫詒讓《周禮正義・略例》議其「義恉弇陋，多襲林希逸《考工記解》說，僞託顯然」，洵定論也。

〔註39〕　朱彝尊《經義考》卷一二九著錄有陳祥道《考工記解》、林亦之《考工記解》、王炎《考工記解》、葉皆《考工記辨疑》、趙溥《蘭江考工記解》等書，皆已佚。傳世者則有王安石《考工記解》與林希逸《考工記解》。

〔註40〕　今傳林氏《考工記解》所附圖象，學者或以爲非出林氏之手，張鼎思云：「林鬳齋《記解》二卷，解之後有圖，圖雖附於解後，而非出於林氏。蓋宗三禮圖而祖漢儒鄭康成葦，其來尚已。故雖有疑而弗之改，存其舊也；雖有闕而弗之蓋，不敢亂其舊也。」（見〈刻考工記解敍〉）。

爲一革新，而下開戴震、阮元一派工藝圖之先河，並開清代圖解《考工記》之熱潮。吾人於《考工記》百工技藝之事可得其詳，此乃林希逸《考工記》圖解之貢獻。惟林氏對古器制度亦未能詳核。此書在明代由張鼎思補圖，屠本畯補釋，於萬曆二十六年作爲《考工記圖解》二卷刻印行世。

宋儒傳授禮家，經傳最盛且廣者，莫如朱子之門，朱彝尊《經義考》卷二百八十五「承師五」所載，自黃榦以下凡六十有一人，而兩宋禮家之推重禮圖，亦未有過於朱氏者。陳澧稱讀《儀禮》之法，有分節、繪圖、釋例三端，其所謂繪圖者，實即指行禮儀節圖而言。考《儀禮》行禮節次之有圖，據文獻資料所載，乃始自宋儒。惟陳澧以爲乃自鄭玄作注發之，此已見前述。

明楊士奇《文淵閣書目》，著錄朱子《儀禮圖》三部，各爲四冊、五冊與六冊，又著錄《儀禮圖疏》一部十冊，清傅維麟《明書經籍志》並據以著其目〔註41〕。惜二書皆未傳。今傳禮家所圖行禮之節次，以南宋楊復《儀禮圖》爲最早，而其前趙彥肅之〈特牲〉、〈少牢〉二圖，又爲楊圖之先導。楊復云：「學者多苦《儀禮》難讀，韓昌黎亦云。雖然，莫難明於《易》，可以象而求，莫難讀於《儀禮》，可圖而見，圖亦象也。」又云：「嚴陵趙彥肅嘗作〈特牲〉、〈少牢〉二禮圖，質諸先師，先師喜曰：『更得冠、昏圖及堂室制度并考之，乃爲佳耳。蓋《儀禮》元未有圖，故先師欲與學者考訂以成之。』」〔註42〕惜趙氏《饋食圖》不傳於世，無以究其竟。《四庫提要》於「復齋易說」下謂「彥肅所著有〈士冠禮〉、〈昏禮〉、〈饋食圖〉，皆爲朱子所稱」，然於楊復《儀禮圖》條下則云「諒其創始之難工」，似又以楊復《儀禮圖》爲儀節圖創始之作。黃以周《禮書通故》於其禮節圖序云：「禮節有圖，昉于趙彥肅、楊信齋。」〔註43〕其說視《提要》爲允。

楊信齋原本其師朱熹之意，錄十七篇經文，節取舊說，各詳其儀節陳設之方位，繫之以圖，凡二百有五。楊圖明便，禮文雖屬難讀，然因圖以指經，因經以求義，亦甚瞭然。至於喪服，則列〈喪服表〉、〈喪服圖〉以代儀節。

〔註41〕楊士奇，《文淵閣書目》，收於馮惠民等編《明代書目題跋叢刊》，書目文獻出版社，1994。
傅維麟，《明書經籍志》，成文出版社，1978。按《儀禮圖疏》，傅書校作《儀禮圖注》。
〔註42〕見楊復《儀禮圖·序》。
〔註43〕見《禮書通故》第四十八禮節圖，頁1，華世出版社。

卷末附《儀禮旁通圖》，凡分三門，曰宮廟、曰冕弁、曰牲體禮器，爲圖三十五，則制度名物之總要也。其〈喪服圖〉解析喪服，詳注名稱，標以尺寸，較之聶崇義、陳祥道等僅繪其外形者有異，蓋實屬創舉，後之言喪服者，皆襲用之。〈旁通圖〉中之宮廟門，則又首開圖解宮廟各部之先河，後之繼作者大抵沿其流而加密焉，此悉楊圖之功也〔註44〕。是書前有朱文公乞修三禮奏箚，次列紹定戊子復自序，又次爲寧德陳普序。朱彝尊《經義考》分列二書，誤以陳序屬〈旁通圖〉〔註45〕。《四庫提要》評其「但隨事立圖，或縱或橫，既無定向，或左或右，僅列一隅，遂似滿屋散錢，紛無條貫」，觀之楊書，其圖雖有斯弊，然草創維艱，一二舛漏，實所不免。桂萼曰：「《儀禮》經朱子考證已定，楊復圖尤爲明便，其文雖難讀，然因圖以指經，因經以求義，斯了然矣。」〔註46〕蓋亦平實之論。

　　又朱熹《儀禮經傳通解》三十七卷，續編二十九卷。正編分家、鄉、學、邦國、王朝五禮。續編二十九卷中，卷一至卷十五爲喪禮，係其弟子黃榦所撰，卷十六〈儀禮喪服圖式〉及其後（卷十七至卷二十九）共十三卷之祭禮，爲黃榦草創，而楊復所重修〔註47〕。是書重要部分端在〈儀禮喪服圖式〉，此部分雖分四類，實皆以喪服爲主，爲最早見之喪服表，至廣且詳。其中「五服圖」十八表及「五服式」中之喪服表，與楊復《儀禮圖》所附喪服表，不全相同。其後車垓有《內外服制通釋》七卷，專說喪服之制，蓋本《文公家禮》而補其未備，中有圖有說，有名義，有提要，甚爲詳明。

　　若夫《禮記》專經專圖，宋亦已有之。今傳有宋建刊本《禮記舉要圖》一卷，圖凡二十有五，各系以說，末附司馬溫公五服年月圖，是書亦未著撰人。全書上圖下釋，以《禮記》爲範圍，有地域、職官、冠服三大類，各類之下再分細目，冠服圖尤詳注尺寸。另有天子五學圖、天子大射圖、天子習五戎圖及五服圖。大射圖繪大射之方位、用器，習五戎圖則標明儀節次序，頗有價值。又《纂圖互注禮記》，書前亦附有《禮記舉要圖》，無卷數，亦未著撰者姓氏。以其書版本不同，所附圖數亦有增減出入。據陸心源所見宋槧《纂圖互注禮記》，則圖凡二十有九〔註48〕，而今《四部叢刊》本，圖祇一十

〔註44〕說見周一田先生，《禮學概論》，頁86，三民書局。
〔註45〕見《經義考》卷一三二，頁11。
〔註46〕見《經義考》卷一三二，頁10引。
〔註47〕詳見《四庫提要》「儀禮經傳通解」條。
〔註48〕見《儀顧堂續跋》卷三，頁20，廣文書局。

有五，圖象與單行建刊本《禮記舉要圖》無不同。

　　古之學者，有左圖右書之制，索象於圖，索理於書，圖與書自古相輔相成。以圖解儒家經典，大約亦肇自東漢。惟六經自漢唐以來，故有圖譜，今皆軼而不存，其彙輯六經各專經，而爲群經總義之繪圖本者，則有《宋史‧藝文志》所載紹興中布衣楊甲《六經圖》六卷、葉仲堪《六經圖》七卷，以及俞言《六經圖說》十二卷。葉圖據陳振孫《直齋書錄解題》引宋《館閣書目》載，乃據楊甲本增益改定〔註49〕。葉、俞二本並佚不傳。今所見楊圖，乃宋毛邦翰等依楊甲《六經圖》所補刻。苗昌言爲此書作序，稱「今是圖之作，凡六籍之制度名數，粲然可一二數，使學者因是求其全書而讀之，則造微詣遠，茲實其指南也。」蓋爲州學諸生經學重要參考讀本。其中〈禮記制度示掌圖〉，爲今所存專釋《禮記》最早之圖象。《周禮》凡六十有五圖，《禮記》凡四十有三圖，皆上圖下釋，大抵因襲聶氏《三禮圖》，而間有獨出己意者。圖末並各附傳授圖。又《經義考》著錄趙元輔《六經圖》五卷，惜是書未見流傳。

第三節　式微於元明

　　元明二代，理學孤行，經學積衰，禮圖之作，亦遠不及趙宋一代。其繼聶崇義《三禮圖》而作者，元韓信同有《三禮圖說》二卷，是書所摭傳注，自三禮注疏外，兼及經傳、諸子、《說文》、《釋名》等書，徵引雅贍，條理井然。大抵多宗漢儒遺說，又取先儒圖說，考訂異同而成。凡爲圖七十有七，爲說四十有七，陳壽祺稱其書云：「卷帙雖簡，然多補聶氏舊圖所未備。大氐皆援據明通，持論不苟，與講學家之空談肊決者異。有元一代發明禮學之書，典覈若此者蓋尠，是可貴也。」〔註50〕可謂推崇備至。明劉績有《三禮圖》四卷，其三、四兩卷，除第三卷前半爲服飾等名物外，餘多爲宗廟禮器，所圖一本陸佃《禮象》、陳祥道《禮書》、林希逸《考工記解》諸書，而取諸《博古圖》者尤多，與舊圖大異。惟劉《圖》雖云四卷，顧所自撰者，實止第三、四兩卷而已。其前二卷（封建、宮室、車旂、冠冕），悉取韓氏《圖說》，鈔襲而成，非劉所自作。

〔註49〕見《直齋書錄解題》卷三，頁34，武英殿聚珍本，中文出版社。
〔註50〕見《韓氏三禮圖說》陳序，《學術叢編》本，藝文印書館。

專經圖說，《周禮》之屬，有元俞言之《周官禮圖》，惜其書已佚。明季本有《讀禮疑圖》六卷，書前三卷爲疑圖，蓋以其疑《周禮》者，爲圖而辨之。後三卷則依據《孟子》立斷，因及後代傜役軍屯之法，論其得失。王應電有《周禮傳》十卷，又有《周禮圖說》二卷，《翼傳》二卷，悉以圖解《周禮》爲主，三書雖各爲卷帙，但實相輔而行。其《圖說》二卷，用以稽考傳義，或有圖而無說，或有說而無圖，亦有別見《翼傳》而不複載者。其圖與舊圖多不相類，頗見自創，惟圖有不甚精核耳。又陳林有《周禮文物大全圖》，惜其書亦未見流傳。

單解〈考工記〉之作，著述頗爲繁富。據《明史》所載，多至一、二十種。蓋自王安石新經《周禮》及黃元叔，均已置〈考工記〉不解，已開冬官不亡異說之漸，至胡宏始有冬官未嘗闕，其事屬之地官之說，而南宋俞庭椿撰《周禮復古編》，王與之作《周官補逸》，並以爲冬官之屬，散見於五官。「厥後邱葵、吳澄，皆襲其謬，說《周禮》者遂有〈冬官〉不亡之一派，分門別戶，輾轉蔓延，其弊至明末而未已。」〔註51〕於此學風影響之下，元明部分《周禮》著作，乃「黜《考工記》不錄」〔註52〕，以致單解《考工記》之著述反而增多，其中亡佚過半，難得其全。今所見圖解〈考工記〉者，有林兆珂《考工記述注》二卷圖一卷、張鼎思《考工記補圖》、周夢暘《批點考工記》二卷《圖說》一卷、徐昭慶《考工記通》二卷《圖》一卷，及程明哲《考工記纂注》諸書，大抵多沿襲林希逸舊本，轉相勦襲，皆林氏其流。

其於《儀禮》，圖釋篇章者，昏禮有明王廷相《昏禮圖》，鄉飲酒有何棟如《鄉飲圖考》、朱載堉《鄉飲酒樂譜》、馮應京《鄉飲圖說》、駱問禮《鄉飲序次圖說》，射有聞人詮《飲射圖解》、王廷相《鄉射禮圖注》、楊道賓《射禮儀節》、林文奎《射禮圖注易覽》，凡此諸書皆已亡佚不傳。嚴永濬有《射禮儀節》，是書蓋節錄〈鄉射禮〉經文，各略爲詮釋，其出自己意者，則以「新增」出之，並間繫司射誘射圖、上偶次偶升降相左圖等七圖。卷首並附射禮總圖以及侯、楅、乏諸器圖與說。嚴書專主士習射禮，於賓主獻酬、舉觶、旅酬、徹俎、燕賓、拜賜、息司正諸節皆不載。林烈有《鄉射禮儀節》一卷，其書蓋節錄《儀禮》經文，各略爲詮釋，而繫之以圖。傅鼎有《鄉射禮集要

〔註51〕見《四庫全書總目提要》「周禮復古編」條下。
〔註52〕見《四庫全書總目提要》「周禮傳」條下。

圖說》一卷，是書係爲實用而作，主賓以下皆不坐，賓主獻酬、舉觶、獻獲者、息司正亦皆不載，蓋節其要，行禮程序頗見省略，非盡契合於古。又程宗猷有《射史》八卷，是書爲射法專著，頗爲時人所推重。

其專治喪服者，元龔端禮有《五服圖解》一卷，其書專究喪服。以五服列五門，每門分立男女已未成人之科，分正加降義四等之服，分章畫圖，展卷鱉然。周添瑞有《五服圖》，將內外親姻尊卑次序，參酌古今通俗解釋，而成圖表一百七十二，序云一百八十八圖，蓋有出入。

《禮記》則有明黃乾行之《禮記目錄》三十卷，《圖解》一卷。《圖解》列圖二百，大抵多爲上圖下釋，包含天文、地理、器物及行禮儀節。其儀節圖乃據〈曾子問〉、〈雜記〉、〈喪大記〉、〈奔喪〉諸篇，隨事立圖，悉與喪禮有關，而與楊復《儀禮圖》依十七篇而爲之者有異。

至若承襲楊甲《六經圖》而繼作者，明有周安《九經圖注》（已佚）、胡賓《六經圖全集》六卷、胡賓、伍偉《五經圖全集》五卷、王循吉《五經圖說》（未見）。吳繼仕《七經圖》七卷，蓋摹校毛邦翰增補《六經圖》，又合以楊復《儀禮圖》而成。又章達、盧謙有《五經圖》六卷〔註53〕，陳仁錫《六經圖考》三十六卷（未見），其中胡賓經圖，係今傳最早信州本，與楊甲、毛邦翰之昌州本，蓋別爲另一系統。

第四節　復興於清代

禮圖自兩宋奠基，越四百載，至清而復盛。有清一代，禮家輩出，圖譜之作，亦日趨精密。非但宮室（宮室、朝廟、明堂）、儀節、服飾（冠服、喪服）、器物（尊彝鼎俎、玉端符節、樂器舞器、車輿旌旗、射器兵器、喪葬飾具），以及井田、宗法等各有專篇，而附諸禮學著述者，尤能兼圖名物器用與行禮之節次。綜觀前人禮圖著述，自鄭康成、阮士信以下，據朱彝尊《經義考》著錄，列爲圖譜者，即近百種，而清儒撰述，固多非朱氏所及見者。細繹清人禮圖著述，大抵多因宋儒規模而加密。宋人奠定禮圖發展之基石，開後世寬廣研究之門徑，清儒沿龔其支脈發展，而使禮圖之用，發揮極致。試循其發展脈絡，以見清人於禮圖撰述之貢獻。

〔註53〕圖爲《易》、《書》、《詩》、《春秋》、《周禮》、《禮記》，凡六經，但曰五經，《四庫提要》云：「原書兼圖《周禮》，是以名爲六經，此本仍存《周禮》諸圖，而改題曰五經，名實亦相舛迕。」

一、沿聶崇義《三禮圖集注》發展

今傳三禮圖以聶崇義所圖爲最早，其書專圖名物，其後陳祥道《禮書》解釋名物，更繪其象，而後三禮之書與圖合行。時陸佃亦有《禮象》十五卷，惜其書至清初而未傳。聶圖陳書後，賡續爲圖者，元有韓信同（《三禮圖說》），明有劉績（《三禮圖》）、許判（《禮圖》）諸家，而許書未傳，此已見前述。至清之孫星衍、嚴可均（《三禮圖》三卷）、龔麗正（《三禮圖考》），相繼有作，惜其書亦未見刊行。又孫馮翼《三禮圖》三卷，實係輯前人三禮舊圖而成，有說無圖。乾隆十三年敕撰之《欽定三禮義疏》、林昌彝之《三禮通釋》，黃以周之《禮書通故》，諸書中之名物圖，如尊彝鼎俎、玉瑞符節、旌旗樂器之類，沿聶氏《三禮圖》而發展，多所刊誤增釋，較前人更爲詳密。尤以林書，爲釋二百三十卷，爲圖五十卷，前釋後圖，首天文後喪服，包羅既富且廣，其於名物器用，固不無差謬疏陋，然不失爲禮書中之巨著，足備治禮者之參考。

二、沿楊復《儀禮圖》之禮節圖發展

禮節有圖，蓋昉自趙彥肅，而今傳行禮節次，則以楊復《儀禮圖》爲最早。元、明二代，後繼乏人。清初徐乾學《讀禮通考》百二十卷〔註54〕，專言喪禮，其喪儀節則以《儀禮》之〈士喪〉、〈既夕〉、〈士虞〉三篇爲主，所附行禮三十有五圖（按疾者齊處適室圖，有目無圖），皆勒楊復〈士喪〉、〈既夕〉、〈士虞〉諸篇儀節圖而成。其後朱軾有《儀禮節略》二十卷，凡分冠昏喪祭四大綱，而冠禮後附以學義，昏禮後附以士相見、鄉飲酒，於喪祭二禮尤詳。附圖三卷，則其門人王葉滋所爲而軾所訂定者也。其儀節圖大抵亦以楊圖爲本，而略有增損。乾隆中，閩儒輩起，精確過於前人。十三年敕撰之《欽定儀禮義疏》四十八卷，末四卷爲儀節圖，爲圖二百有一。其禮節亦用楊圖本，而一一刊其訛誤，拾其疏脫，然其疏失，間亦有之，惟繪圖之態度爲謹嚴耳。楊魁植《九經圖》所附〈儀禮圖〉，蓋據聶氏、楊氏之本，而折衷於《儀禮義疏》。稍後張惠言撰《儀禮圖》，首述宮室以總挈大綱，而後隨事立圖，凡一百九十七圖，視楊圖於行禮儀節，未能粲然畢備者，較爲詳明。雖亦不無罅隙，然大體是也。時王紹蘭亦有《儀禮圖》十七卷，上海圖書館

〔註54〕按《四庫提要》謂其書是合眾力而成，梁啟超則以爲全出於萬斯大（季野）之手（見《中國近三百年學術史》，頁189，中華書局，1969）。

藏有《儀禮圖》稿本六冊，不分卷，顧廷龍謂即南陔遺稿〔註55〕。惟取與《儀禮義疏》儀節圖相校，其圖目、內容，全然相同，殆非出自王氏手撰，昭然明白。逮定海黃以周出，以爲張惠言《儀禮圖》雖較有度數，然時乖經文，逞臆見，故因張書之規模，而作《禮節圖》三卷，凡一百六十五圖（見《禮書通故》第四十八，喪服圖表不在禮節圖內不計），以糾其失。但黃圖亦見微疵，其所修正，間亦有誤。清末民初，吳文英撰《儀禮奭固禮事圖》，依《儀禮》十七篇次第，隨事立圖，凡爲圖四百有二。（見附表一）其圖之繁細，視前人遠甚，然亦不能無舛誤。

　　至若因事設圖，或特爲專篇，或附諸禮學著述者，亦頗有之。若姜兆錫《儀禮經傳外編》卷三〈儀禮圖考一〉有「士昏禮合巹設饌圖」、「公食大夫禮陳饌圖」、「燕禮席位圖」、「大射樂縣圖」，〈圖考三〉有「歸賓饔餼圖」；張爾岐《儀禮鄭註句讀》於〈公食大夫禮〉附「爲賓設正饌加饌圖」；沈彤《儀禮小疏》於〈士昏禮〉附「對席圖」，〈士喪禮〉亦附「室中哭位」等三圖；褚寅亮《儀禮管見》於〈士昏禮〉附「共牢設饌圖」，〈公食大夫禮〉附「正饌加饌圖」；胡培翬《儀禮正義》於〈公食大夫禮〉附「爲賓設正饌加饌圖」；鄭珍《儀禮私箋》於〈士昏禮〉附「夫婦對席對饌圖」，又於〈公食大夫禮〉附「設正饌加饌圖」；俞樾《群經平議》卷十六〈儀禮二〉〈聘禮〉附「東夾西夾六豆陳設圖」；此皆圖無專章，隨事附圖，以便說明儀節者是也。

三、沿朱子及其門弟子之喪服圖（表）發展

　　考禮書圖表之作，蓋發自鄭氏，《隋志》有鄭玄《喪服譜》一卷，蔡謨《喪服譜》一卷，賀循《喪服譜》一卷，書以譜名，宜有圖格，今不可見。黃榦、楊復《續通解》，其中五服圖及喪服圖式，爲今所見最早圖表。車垓《內外服制通釋》、元龔端禮《五服圖解》、明周添瑞《五服圖》繼作，規模粗具。降及有清，禮家輩出，從事者眾。於喪服制度研究之論著不少，其專著而有圖表者，若汪琬《古今五服考異》八卷、孔繼汾《喪服表》一卷《殤服表》一卷、程瑤田《儀禮喪服文足徵記》十卷、莊有可《儀禮喪服經傳分釋圖表》二卷、吳嘉賓《喪服會通說》四卷、張華理《喪服今制表》、蔣彤《儀禮喪服表》、周保珪《制服表》、張錫恭《喪服鄭氏學》十六卷，皆爲研究服制並附圖表之矯矯者也。至如徐乾學《讀禮通考》、朱軾《儀禮節略》、姜兆

錫《儀禮經傳外編》、乾隆十三年敕撰《欽定儀禮義疏》、張惠言《儀禮圖》、林昌彝《三禮通釋》以及黃以周《禮書通故》等書之服制圖表，亦皆師放而為之。表格之運用，靈活廣泛，陳列繁複諸事，覽而知其制，甚便讀者之參考。他若鄭士範之《禮表》，專為三禮而作，列表三十六，首爵命表，終稱名表，不以服制為限，條分縷析，等差秩然，為讀禮者立一簡要門逕，又與諸家體例不同。

四、沿楊復宮室圖發展

　　李如圭云：「周之禮文盛矣，今僅見於《儀禮》，然去古既遠，禮經殘闕，讀禮者苟不先明乎宮室之制，則無以考其登降之節，進退之序。雖欲追想其盛，而以其身揖讓周旋乎其間，且不可得，況欲求之義乎？」（《儀禮釋宮·序》）李氏之言是矣。蓋古者宮室，皆有定制，歷代屢更，漸非其舊。讀《儀禮》者，必先明乎宮室之制，宮室不明，則古人行禮之節，周旋升降皆茫然莫知其處，此議禮所以如聚訟也。鄭康成去古未遠，其禮注有關宮室之說，或有所承，然後儒者已有不同意見。故李如圭《儀禮集釋》，朱子《儀禮經傳通解》，皆特出〈釋宮〉一篇，以總絜大綱，使眾目皆有所麗。惟諸家皆有說無圖，其文大抵只顯示宮室結構名稱以及分布位置。考宮室圖之設，據文獻資料所見，蓋昉自聶崇義之《三禮圖》，而後陳祥道《禮書》繼之，惟二書但圖外形輪郭，殊為疏陋。其開宮室平面圖之規模者，當自楊復《儀禮圖》始。其後韓信同《三禮圖說》、劉績《三禮圖》，並有士寢制圖。

　　逮乎有清，通儒輩出，學者對三代宮室之制，尤多注意。其專說宮室而有專編者，有任啟運《朝廟宮室考》、江永《儀禮釋宮增注》、程瑤田《釋宮小記》、焦循《群經宮室圖》、洪頤烜《禮經宮室答問》、何濟川《宮室圖說》，諸家廣為鉤稽，考證辨說，而亦間有不同。其無專編而附於禮學著述或他書者，如林喬蔭《三禮陳數求義》、孔廣森《禮學卮言》、馬駉《儀禮易讀》、張惠言《儀禮圖》、林昌彝《三禮通釋》、陳喬樅《禮堂經說》、黃以周《禮書通故》、曹元弼《禮經學》、陳煒《經傳繹義》、俞樾《群經平議》以及江永《鄉黨圖考》，各家所著，皆各有相關篇章並附圖與說。然言人人殊，亦互有異同。其所異者，多集於大夫士西房之有無，房是否皆有北堂，兩夾與房室平列與否，序牆是否連房，塾有無堂室，以及闑為一或為二等問題。蓋皆據經記傳注為說，而各從其義也。

　　若夫明堂之制，自漢以還，學者於其形制皆有所討論，惟其眞實面貌究竟爲何，聚訟紛如。王國維云：「古制中之聚訟不決者，未有如明堂之甚者也」（《明堂廟寢通考》語），是已。清儒勤於考據之學，自惠棟《明堂大道錄》以迄王國維《明堂廟寢通考》，其間言此事者不乏其人，然其眞實面貌究竟爲何，論點仍舊分歧不一。其中有說與圖者，則汪中《述學》卷一有〈明堂通釋〉，孫星衍有《明堂考》三卷、徐養原《頑石廬說經》卷二有明堂說、阮元《揅經室續集》卷一有「明堂圖說」一篇、又鄒漢勛《讀書偶識》卷五亦有世室明堂專篇，陳澧《東塾集》卷一有「明堂圖說」二篇、胡黍有《明堂考》一卷、鄒伯奇有《明堂會通圖說》一卷、俞樾《群經平議》卷十四亦有《考工記世室重屋明堂考》。清末民初王國維撰《明堂廟寢通考》，結合古籍資料及出土古器物資料，論證古明堂、宗廟、大寢、燕寢之建築制度，又另闢一研究門徑。此清儒研究明堂制度並附圖說之重要諸家也。

五、沿林希逸《考工記解》發展

　　自宋林希逸以圖象解《考工記》諸工之事，後之專考《考工記》而成一編者，據《明史》所載，多至一、二十種。逮及有清，經學復興，考據風行，《考工記》之研究論著，尤盛前朝。其研究專著並有附圖者，主要有汪宜耀《考工記圖釋》二卷（未見傳本）、戴震《考工記圖》二卷、王宗涑《考工記考辨》八卷（是書專爲考辨車制而作）、呂調陽《考工記考附圖》無卷數、程瑤田《考工創物小記》四卷、阮元《考工記車制圖解》二卷、鄭珍、鄭知同《輪輿私箋》二卷附《圖》一卷、《鳧氏爲鐘圖說》、陳澧《戈戟圖說》一篇、陳矩《鳧氏爲鐘圖說補義》一篇、程瑤田《磬折古義》一卷。大抵清儒於車制、兵器、樂器等器物，圖繪翔實，多能解析各器物之細部，並標註各部名稱及尺寸。其所圖視前人大爲精進，多與今出土文物相合，於是百工之事，不復古奧難明也。

六、沿楊甲《六經圖》發展

　　有清一代，雖言經學復興，但於經圖之編撰，仍不脫宋人之窠臼，皆在明刻楊、毛本《六經圖》，與胡賓信州學石刻本之基礎上，加以增損改定。（見附表二）。翻刻楊、毛本《六經圖》（昌州本）而增減者，有潘宷鼎、王皓二家；據明胡賓信州學石本而增刪者，有盧謙、江爲龍、盧雲英、鄭之橋、楊魁植諸家。潘来鼎有《六經圖考》十二卷，其書雖名《六經圖考》，實一本楊、

毛舊本，而無所增損。馬文大以爲此書於宋本之外大有發明，於考證六經圖源流及訂補圖義上有較全闡述。其說似有未審〔註56〕。王皓有《六經圖》（《六經圖定本》）六卷，是書取六經圖舊本稍加損益，凡所補校，具列於每卷之末。江爲龍有《朱子六經圖》十六卷，是書皆據信州石刻舊圖鈔錄成編，每經分上下，故爲十二卷，又附以《四書圖》四卷。書名標朱子者，蓋以附入《四書圖》之故，《四庫》本刪之。盧雲英有《重編五經圖》十二卷，雲英，明盧謙之曾孫。是書爲增補盧謙《五經圖》而成，係以其祖謙信州石本爲藍本，而補以楊書之圖。凡例稱所改正凡五百餘處。鄭之橋有《六經圖》十二卷，以信州學宮石刻爲藍本，篇目一仍信州石刻，其有缺漏，則取先儒圖考補正之，各圖注釋亦時附以考證，頗爲詳明。楊魁植《九經圖》，蓋以信州學宮石刻《易》、《書》、《詩》、《禮記》、《周禮》、《春秋》六經圖，析春秋三傳爲三，而益以《儀禮》爲九經。其三禮之圖，皆勦聶崇義、楊復諸圖，而喪禮及行禮諸圖則刪而不載。他若見著方志者，明吳蒼舒《七經圖考》、清陳嵐江《七經圖考》〔註57〕，惜皆未見刊本。

七、沿朱子立單元設說繪圖發展

治禮者立單元設說，緣題以立圖，今傳文獻資料所見，宋儒已開其端。或立一單元子題成篇，或集多題而合爲一書。其篇幅雖小，而論斷精審，大抵頗見新義。朱熹《晦庵集》卷六十八，有《深衣制度》一篇、《明堂說》一篇，卷六十有《禘祫議》一篇，篇後皆附圖以明之。類此著述，元、明少見。乾、嘉以還，則又蓬勃發展，成績斐然。若程瑤田《考工創物小記》，全書六十三篇，各以類分，並有圖以發明之。他若徐養原《頑石盧經說》卷一〈量說〉、〈磬折說〉、〈侯說〉、卷二〈明堂說〉、卷三〈井田議〉、卷九〈輪綆說下〉、〈戈戟倨句內外解〉、〈皋陶說〉，鄭珍《鳧氏爲鍾圖說》、陳喬樅《禮堂經說》卷一〈小司徒九夫爲井司馬法夫三爲屋屋三爲井立法異同說〉、陳澧《戈戟圖說》、《喪服注衣衽裁布圖說》、俞樾《士昏禮對席圖》、陳矩《鳧氏爲鍾圖說補義》等，皆爲此類之作。

縱觀禮圖發展，蓋興自東漢，至宋而規模粗具，奠定禮圖發展之基石，元、明二代，經學積衰，禮圖亦式微不振。降及有清，古書漸出，經義大明。

〔註56〕詳見群經總義類，「潘奕鼎《六經圖考》」條下。

〔註57〕見《安徽通志稿‧藝文考》群經總義類，頁 4、15，安徽通志館編纂，民國23年鉛印本，成文出版社，1985。

隨經學之復興，而禮圖著述亦蓬勃而臻極盛。近世以來，考古學昌盛，各類先秦文物，相繼出土，其於禮圖研究，雖未若清世之盛況，然應用考古學、古器物學，參互比較文獻資料，匯集前人研究眾說，於禮圖之繪製，可謂凌駕乎其上。其於繪圖之規模蹊徑，多參校出土古物，並附古物眞實照片。所繪圖象，由平面而立體，頗具實體感，甚或製作影片，攝錄禮節進行儀式，皆視前人益加精進。若台灣大學儀禮復原小組製作之「士昏禮」，揖讓進退，服飾冠冕，宮室陳設器用，實景實物，具體而眞切。大抵聶氏所繪之圖象，多爲單線構圖，楊復已具平面活動之圖象，清人製圖已成立體形製，逮至民國，以連貫活動影片，釋說禮制器物，已盡脫前人之窠臼。

第三章　禮圖之著述

第一節　周禮類

001《周官禮圖》十四卷　不著撰人

是編撰人不詳。《隋書・經籍志》著錄，亦見載於朱彝尊《經義考》卷一二一，注云佚。唐張彥遠《歷代名畫記》：「古之秘畫珍圖，則有《周禮圖》十四卷。」〔註1〕疑即此書。

002《周禮禮器圖》無卷數　（宋）王洙撰

王洙（997～1057），字原叔，宋宋城人。仁宗天聖間進士。累遷史館檢討、知制誥、翰林學士。出知濠、襄、徐、亳等州。博學多聞，圖讖、方技、陰陽五行、算數、音律、訓詁、篆隸之學，無所不通，著有《易傳》、《王氏談錄》等書。《宋史》卷二九四有傳。朱彝尊《經義考》卷一二二引《長編》云：「至和元年九月，翰林學士王洙上《周禮禮器圖》。先是洙讀《周禮》，帝命畫車服、冠冕、籩豆、簠簋之制，及是圖成，上之。」〔註2〕此書爲王洙奉敕所撰，已佚。

003《周禮圖》十卷　（宋）龔原撰

龔原，字深之，宋遂昌人。少與陸佃同師王安石。仁宗嘉祐八年（1063）進士。神宗元豐中，爲國子直講，後歷兵、工部侍郎，知廬州。著有《易傳》、

〔註1〕張彥遠，《歷代名畫記》卷三「述古之秘畫珍圖」（《四庫全書・子部・藝術類》）。
〔註2〕朱彝尊，《經義考》，《四庫備要》本，中華書局，1979。

《春秋解》等書。《宋史》卷三五三有傳。是編《宋史·藝文志》、《經義考》
卷一二二並著錄，朱注云未見。按是編未見傳本。

004《周禮纂圖》無卷數　　（宋）陳祥道撰

陳祥道（1053～1093），字用之，宋福州人。英宗治平四年（1067）進士。
博學，尤精於禮，著《禮書》，王安石以聞，詔尙書給筆劄以進，除國子監直
講。遷館閣校勘，兼太常博士，終秘書省正字。著有《注解儀禮》、《論語全
解》等書。《宋史》卷四三二陳暘附傳。明楊士奇《文淵閣書目》載此書殘本
〔註3〕，《經義考》卷一二二亦有著錄，注云佚。

005《周禮本制圖論》無卷數　　（宋）吳沆撰

吳沆（1116～1172），字德遠，號無莫居士，宋崇仁人。幼孤，事母孝，
博通經史。政和中，與弟吳澥各獻所著書於朝，不用，歸隱環溪，人稱環溪
先生。紹興中，舉不求聞達者，郡以沆應詔。著有《易璿璣》、《環溪集》等
書。陸心源《宋史翼》卷三十六有傳〔註4〕。是編《經義考》卷一二三著錄，
注云佚。

006《禮經會元》四卷　　（宋）葉時撰

葉時，字秀發，號竹埜愚叟，宋仁和人。孝宗淳熙十一年（1184）進士。
授奉國軍節度推官，歷官吏部尙書。理宗初，以顯謨閣學士出知建寧府，政
成歸老。與紫陽朱文公友善，尤粹於《周禮》，學者稱竹埜先生。著有《竹野
詩集》等書。葉時《宋史》無傳。事蹟見《宋詩紀事》卷五六、《宋元學案補
遺》卷四九〔註5〕。是書卷首有潘元明、陳基二序及其六世孫葉廣居所撰〈竹
埜先生傳〉。是編取經文之所存者，蒐羅櫽括，曲暢旁達，事覈理當，如指諸
掌。全書舉《周禮》中大指爲目，凡一百篇，第一篇泛論禮經，第二篇駁漢
儒之失，末篇則補冬官之亡，發揮經義者九十七篇，大旨不失醇正，多能闡
發體國經野之深意。惟欲復封建、井田、肉刑，爲不達事理。內有九篇，各
系以圖：〈朝儀〉附路寢圖、〈宮衛〉表列漢南北軍圖、〈內政〉附王內圖、〈王

〔註3〕明楊士奇，《文淵閣書目》卷二，《明代書目題跋叢刊》，北京書目文獻出版社，
　　　　1994。
〔註4〕陸心源，《宋史翼》卷三十六，頁13，鼎文書局，1980。
〔註5〕厲鶚，《宋詩紀事》卷五六，頁25，《四庫全書》本，商務印書館。
　　　　王梓材、馮雲濠，《宋元學案補遺》卷四九，頁120，《四明叢書》本，新文豐
　　　　出版公司。

畿〉附王畿千里圖、〈井田〉附井邑丘甸圖、〈明堂〉附明堂圖、〈分星〉附分星圖與分星舊圖、〈夷狄〉附九畿圖。其〈祭樂〉後所附之圖（舞位四表圖），實爲樂舞之圖，蓋刊本舛僞，移於前幅。《四庫提要》云：「其說與鄭伯謙《太平經國之書》，體例略同，議論亦多相出入。時於伯謙爲前輩，然〈竹埜先生傳〉中稱其『晚居嘉興，著《禮經會元》，以授門人三山翁合』，則二書之作，相去不遠，或伯謙取時書而約之，或時因伯謙書而廣之，均未可定。然伯謙所論，或有駁雜，時則大體無疵，惟必欲復封建、井田、肉刑之類，頗迂闊爾。」是編《宋史・藝文志》、晁公武《郡齋讀書志》、陳振孫《直齋書錄解題》，以及馬端臨《文獻通考》皆不載，知此書宋時並未刊行，故不顯於世。有《通志堂經解》本、《四庫全書》本。

007　《太平經國之書》十一卷　　（宋）鄭伯謙撰

鄭伯謙，字節卿，宋永嘉人。官至修職郎、衢州府學教授。事蹟見《宋元學案》卷三十二〔註6〕。王與之《周禮訂義》，首列宋代說《周禮》者四十五家，伯謙爲第三十一，居黃度、項安世之間，蓋寧宗、理宗時人。精通《周禮》，著書發揮其義，名曰《太平經國之書》，取劉歆「周公致太平之跡」語也。是書爲目三十，其中〈內外〉一門，〈會計〉一門，又各分上下篇，凡論三十二篇，皆以周官制度，類聚貫通，設爲問答，推明建官之所以然，多參證後代史事，以明古法之善。其說與葉時書體例略同，議論則互有出入。卷首列有四圖，曰成周官制圖，曰秦漢官制圖，曰漢官制圖，曰漢南北軍圖，所圖僅三朝之職掌宿衛。蓋其大意，欲以宮中府中文事武事，一統於太宰，故惟冠此四圖，明古制也。參《四庫總目提要》卷十九。《宋史・藝文志》及《經義考》卷一二四皆有著錄，並題「太平經國之書統集」，朱氏並云：「《宋志》七卷，今本十一卷。」按宋、元本皆未見，傳世以明嘉靖十五年刻本爲最早，爲十一卷本〔註7〕。有《通志堂經解》本、《四庫全書》本。

008　《周禮十五圖》一卷　　（宋）王與之撰

王與之，字次點，號東巖，宋樂清人。從松溪陳氏學，盡傳六典要旨，著《周禮訂義》八十卷，眞德秀爲序。理宗淳祐初，郡守趙汝騰進於朝。疏

〔註6〕黃宗羲，《宋元學案》卷三十二（第九冊，頁98），河洛出版社，1975。
〔註7〕有明嘉靖丙申（十五年）山西布政司刻本（高叔嗣序），故宮博物院、中央圖書館收藏，作「太平經國之書十一卷」。

稱與之踐履無玷，守節不渝，皓首著書，真經明行修之士，其書精粹，可資聖治，授賓州文學，終泗州通判。事蹟見《樂清縣志》〔註8〕、納蘭成德〈東巖周禮訂義序〉。是書明焦竑《國史經籍志》著錄，一卷〔註9〕，已佚。

009《纂圖互註周禮》十二卷 　（漢）鄭玄注　《圖》（宋）不著撰人

是編纂圖，不詳何人所撰。今傳《纂圖互註周禮》，因版本殊異，所載圖說多寡，略有不同。中央圖書館藏有清順治五年（1648）朝鮮趙絅等刊本（十二卷十冊）及清康熙四十五年（1706）朝鮮刊本（十二卷七冊）兩種刊本。趙絅等刊本，卷前有「序周禮廢興」、唐賈公彥「周禮正義序」二序，及朝鮮學者金忠直、趙絅、金演三跋，序跋後附「周禮經圖」二十七頁，圖三十有九：曰王國經緯涂軌圖，曰朝位寢廟社稷圖，曰次展筵几圖，曰王五冕之圖，曰弁服之圖，曰王后六服之圖，曰天子玉路圖，曰王后翟車圖，曰六器圖，曰六舞之圖，曰龜筮圖，曰諸臣圭璧繅藉之圖，曰六尊圖，曰尊罍圖，曰圭璋瓚圖，曰禮神玉圖，曰新舊鼎俎之圖，曰籩豆簠簋登爵之圖，曰罍洗勺篚圖，曰蜃概散脩圖，曰諸禮器圖，曰天子圭璋繅藉之圖，曰犧牲圖，曰器用之圖，曰鳧氏為鍾圖，曰磬氏為磬圖，曰鍾磬總圖，曰鼓制圖上，曰鼓制圖下，曰樂器之圖，曰六幣圖，曰八節圖，曰九旗制圖，曰兵器總圖，曰兵甲之圖，曰車制之圖，曰蓋弁圖，曰輦輂圖，曰傳授圖。包括宮室、冠服、玉瑞、尊彝鼎俎、鍾鼓樂器、舞器、兵器及車制諸圖，圖各有說。次為篇目正文，全錄鄭注及唐陸德明音義，共十二卷。按宋陳祥道有《周禮纂圖》，其書已佚。此書纂圖不載撰者姓氏，而圖說多引陳氏《禮書》、陸佃《禮象》之說，於此尚可窺見陳、陸二書圖象之原貌。康熙四十五年朝鮮刊本，所附「周禮經圖」同。

010《周禮圖說》無卷數　不著撰人

是編撰人不詳。《經義考》卷一二五著錄，注云佚，又引王與之曰：「《圖說》未詳誰氏所編，得自閩中，大概用《三禮圖》、《禮象》圖，或立新說，考證最明。」

〔註8〕　《樂清縣志》卷八〈人物上〉，頁25（總頁1358），清光緒27年修，民元年補刊本，《中國方志叢書》，成文出版社，1983。

〔註9〕　焦竑，《國史經籍志》卷二，《明代書目題跋叢刊》，馮惠民等選編，書目文獻出版社，1994。

011《周官禮圖》十四卷　　（元）俞言撰

俞言，元人，事蹟未詳。是書見著於焦竑《國史經籍志》，云十四卷。朱彝尊《經義考》卷一二五云：「俞氏《周官禮圖》十四卷，未見。按俞氏未詳何人，書見《葉氏菉竹堂目》。」據葉盛《菉竹堂書目》，著錄俞言《周禮圖》一冊，不言卷數，楊士奇《文淵閣書目》著錄同，朱睦㮮《授經圖》則著錄俞言《周禮圖》一卷〔註10〕，與焦書所載書名、卷數皆不同。按是編未見傳本。

012《讀禮疑圖》六卷　　（明）季本撰

季本（1485～1563），字明德，號彭山，明會稽人。武宗正德十二年（1517）進士，官至長沙知府。師事王守仁，能傳其學，平生考索經傳，著述甚豐，著有《易學四同》、《廟制考議》等書。焦竑《國朝獻徵錄》卷八十九張元忭〈長沙守季彭山先生本傳〉〔註11〕。本自序其書曰：「予故即平日之所疑者爲圖，旁引以辨證之，而一以孟子爲主。書凡六卷，其前三卷，疑圖具在，見禮意焉。其後三卷，則上敘孟子之言，以明本原，下評歷代之事，以備參考云。」《四庫提要》云：「是書辨論《周禮》賦役諸法，祖何休、林孝存之說，以爲戰國策士之所述。前三卷以其疑《周禮》者，爲圖辨之，後三卷依據《孟子》立斷，因及後代徭役軍屯之法，論其得失。大旨主於輕徭薄賦，其意未始不善，其說亦辨而可聽，然古今時勢各殊，制度亦異，有不得盡以後世情形推論前代者。」《四庫全書總目》列入《存目》。是書卷一有尺圖、今田小於古田圖、六尺步圖、九夫爲井圖、周田廬舍圖、祿田圖、周徹百畝圖等一十九圖；卷二有天子國中圖、王畿千里郊野圖、大國百里郊野圖、次國七十里郊野圖、小國五十里郊野圖，以及爾雅郊外五界圖六圖；卷三有鄉圖、軍圖、王畿六鄉六遂圖、邑圖、縣圖、井邑丘甸總圖、天子畿內圖等一十七圖，都爲四十二圖，皆前圖後說。卷四爲禮圖本原、禮圖參考，卷五有軍營兵制之圖，卷六敘各類歷代之事。有明嘉靖間原刻本，中央圖書館藏書。

〔註10〕葉盛，《菉竹堂書目》卷一，楊士奇《文淵閣書目》卷二，《明代書目題跋叢刊》，書目文獻出版社，1994。

朱睦㮮，《授經圖》卷四，《書目續編》，廣文書局，1968。

〔註11〕焦竑，《國朝獻徵錄》卷八十九，頁27，《明代傳記叢刊》，明文書局，1991。

013 《周禮傳》十卷《圖說》二卷《翼傳》二卷 （明）王應電撰

王應電，字昭明，明崑山人。嘉靖中，家燬於兵燹，流寓江西，遂終於泰和。嘗受業於魏校之門，精通《周禮》及字學。著有《同文備考》、《書法指要》等書。《明史》卷二八二魏校附傳。〈儒林傳〉稱應電篤好《周禮》，謂《周禮》自宋以後，胡宏、季本各著書，指摘其瑕釁，而余壽翁、吳澄則以為冬官未嘗亡，雜見於五官之中而更次之。近世何喬新、陳鳳梧、舒芬亦各以己意更定，乃覃研十數載，成《周禮傳詁》數十卷云云。王氏於〈周禮圖說·序〉言其作意曰：「古稱左圖右書，凡書所不能言者，非圖無以彰其形；圖所不能畫者，亦非書無以盡其意，此古人所以不偏廢也。舊嘗有《周禮圖》矣，如冕服則類為男女之形，而章服仍不明；井邑則類為大方隔，而溝洫仍不分。然則奚以圖為哉？作者不自知其非，而觀者亦莫詰其弊，皆不考經文之過也。予因於經旨中言所不能盡者，述之如左。理原於天文位象，道行於地里職方，統紀於六官分合，立極於都宮、朝堂、郊社、宗廟，以萃人心，閭井伍兩以固邦本，封土制祿以貴貴，建學立師以育才。命德有冕服、車旗，討罪有軍旅、田役，復係之以說，使治是經者，一覽而知夫言外之意。昔人所載，予多不錄，今日所載，昔皆未有也，觀者幸或補其未備。」是書分上下二卷，卷上有九州分星圖、職方氏九州圖、六官分治鄉遂都鄙侯國圖、國郊鄉遂野圖、虞周邦畿合一圖、大宰九貢禹貢合一圖、天子五門三朝圖、司士朝圖、王宮八次舍圖、後六宮圖、明堂圖、王會同宮舍圖、覲禮方明圖、宗廟九獻圖等三十二圖。卷下有樂舞圖、樂器圖、司市次敘陳肆圖、八節圖、九賦九職相胥圖、班祿圖、十二章服圖、射禮鵠正圖、周太學辟雍圖、九儀命圖、司服圖、冕旒命數圖、端衰前後式圖、瑞玉圖、九命旗總圖、營軍壘舍圖等三十七圖。大抵多前圖後說。其《翼傳》二卷，凡分七篇，間或附圖。卷一曰冬官補義，曰天王會通，曰學周禮法，曰治地事宜，卷二曰握機經傳，曰非周禮辨，曰經傳正偽。治地事宜附步百為畝、井田助法為溝、三等夫受田、井邑丘甸、五師為軍等二十四圖，握機經傳附握機奇正、天衡重列、天圓不動、天居兩端、蔡氏八陣等十圖，〈非周禮辨〉則附季氏鄉遂圍統、今正鄉遂六花二圖。《四庫提要》云：「此三書雖各為卷帙，而實相輔而行，核其大致，亦瑕瑜互見。其《傳》十卷，黜《考工記》不錄，猶曰專解古經，至割裂序官之文，凡同職相統者，使區分部居，各以類從，則頗嫌竄亂，然論說頗為醇正，雖略於考證，而義理多所發明。其《圖說》二卷，用以稽考傳

義，中如〈職方氏〉九州之類，有圖無說。又如女官女奚女奴諸辨，有說無圖。上卷明堂表一篇，亦有錄無書，蓋原本所闕。下卷闕井邑丘甸諸圖、則別見《翼傳》，故不複載。他如圖南郊於朝日之前，既從其序，而圖祈穀於迎暑之後，又頗顛舛。然其自序謂『舊《周禮圖》，冕服則類為男女之形，而章服仍不明，井邑則類為大方隔，而溝洫仍不分』，則亦頗有所訂正。」三書都為十四卷，《明史》作數十卷，蓋約舉之詞。明祁承㸁《澹生堂藏書目》著錄王應電《周禮傳》十卷、《周禮翼傳》二卷、《周禮圖說》二卷〔註12〕。朱彝尊《經義考》卷一二七衹載《周禮圖說》二卷，《學周禮法》一卷，《非周禮辨》一卷，而不載「翼傳」之名，蓋有疏漏；張廷玉《明史·藝文志》著錄同。又朱氏所引黃虞稷語，乃《翼傳》之解題，而繫之《周禮傳》下，亦誤。有《四庫全書》本。

014《周禮文物大全圖》無卷數　　（明）陳林撰

陳林，明人，事蹟未詳。著有《儀禮會通圖》、《禮記制度示掌圖》等書。明祁承㸁《澹生堂藏書目》著錄陳林《周禮文物大全圖》一冊一卷〔註13〕，《經義考》卷一二八亦著錄此書，注云未見。按是編未見傳本。

015《周禮文物大全》無卷數　　不著撰人

是編撰人不詳。《四庫全書總目》列入《存目》。《提要》云：「《周禮文物大全》，無卷數，不著撰人名氏，亦無序跋，其版為藍朱二色。首列六官之所屬，次為制度器物諸圖，終以諸儒傳授圖，大抵轉相勦襲，摹寫失真。如王宮制圖，外朝為致民三詢之地，雉門為人民觀法之區，則外朝應在雉門之外，而此圖列於庫門之外。他若裘冕無旒，六贄未備，壇壝市肆，亦弗詳載，蓋鄉塾兔園冊也。考宋乾道中，昌州楊甲作《六經圖》，其〈周禮圖〉曰『文物大全』，與此書之名相合。又國朝廬江盧雲英，因其父所刻信州石本《五經圖》，重為編輯，其〈周禮圖〉亦曰『文物大全』，然楊氏圖凡四十有三·盧氏圖凡五十有一·均與此本不符。疑坊肆書賈，於盧氏《五經圖》中，摘其《周禮》諸圖，而稍稍竄亂之，別為一書，以售其欺耳。」胡玉縉《四庫全書總目提要補正》云：「案《經義考》一百二十八卷云：『陳氏林《周禮文物大全圖》，

〔註12〕祁承㸁，《澹生堂藏書目》卷一，《明代書目題跋叢刊》，馮惠民等選編，書目文獻出版社，1994。

〔註13〕同上，卷一。

未見』，或此書爲陳林撰，俟考。」〔註14〕《北京圖書館古籍善本書目》著錄明刻套印本，蓋即此書。

016《周官義疏》四十八卷　　（清）鄂爾泰等奉敕撰

鄂爾泰（1677～1745），清滿州鑲藍旗人，姓西林覺羅氏，字毅庵。康熙三十八年舉人。襲佐領，授侍衛，遷內務府員外郎。雍正間，累官雲、貴、廣西總督。乾隆初，授軍機大臣。著有《西林遺稿》。《清史稿》卷二八八、《清史列傳》卷十四有傳。是書爲鄂爾泰等奉敕撰，爲乾隆十三年御定《三禮義疏》之第一部。前有御製《三禮義疏》序文，暨諸臣職名次及《周禮義疏》凡例，併引用姓氏。卷首爲御製日知薈說論《周官》者十則，綱領者二篇，總辦八條，不入卷數。其采掇群言，則分爲七例，一曰正義，二曰辨正，三曰通論，四曰餘論，五曰存疑，六曰存異，七曰總論，敘次排纂，案語各以類附七條之後。《四庫全書簡明目錄》云：「鄭康成以下說《周禮》者，明典制；王安石以下說《周禮》者，闡義理。然典制本義理而生，義理亦必因典制而始見。各執一說，所見皆偏。是編稟承睿鑒，精粗並貫，本末兼賅，實爲集漢學、宋學之成。」其書都爲四十八卷，卷一至卷三十九爲周官經，卷四十至卷四十四爲考工記，皆依經釋說，卷四十五至四十八，共四卷爲圖，題曰禮器圖。卷四十五爲邦畿井牧、朝市廛里、社稷宗廟、日月表景長短、十二分星、冠冕舄屨、圭璧琮璋等圖。卷四十六爲符節享幣、尊彝鼎俎、巾幂互纂等圖；卷四十七爲筐筥勺量、甌甒几席、篘䒷秉耡，以及樂器、舞器等圖；卷四十八爲車制旌旗、甲冑兵器、喪器喪服等圖。此四卷皆前圖後說，大抵因三禮諸圖之舊，損益爲圖，並加圖說，體例與陳氏《禮書》類似，頗爲詳明，足備言禮者之參考。胡玉縉《四庫全書總目提要補正》曰：「雷鋐所爲方苞行狀云：『乾隆四年落職，獨纂修三禮。辛酉，進《周官義疏》，上留閱兼旬，命發刻，一無所更』，沈廷芳所爲傳略同。據此，則是書爲苞一人所撰。苞《周官集注》十卷，《析疑》四十卷，此書與《析疑》相出入，《提要》於彼書議之，此不言者欽定故也。」〔註15〕有《四庫全書》本。

017《周官圖》四卷　　（清）王文清、吳廷華撰

王文清（1696～1787），字廷鑒，號九溪，清湖南寧鄉人。雍正二年（1724）

〔註14〕　胡玉縉，《四庫全書總目提要補正》卷六，頁151，木鐸出版社，1981。
〔註15〕　《四庫全書總目提要補正》卷六，頁127，木鐸出版社，1981。

進士，官至宗人府主事。乾隆初，爲三禮、律呂各館纂修。曾主講嶽麓書院。治經學，尤深於禮。著有《周禮會要》、《儀禮分節句讀》等書。《清史列傳》卷六八有傳〔註16〕。吳廷華（1682～1755）字中林，號東壁，清浙江錢塘人。康熙五十三年（1714）舉人。官興化府通判。乾隆初，與修三禮，在館十年，詳審同異，多所訂正。著有《儀禮章句》、《三禮疑義》等書。《清史列傳》卷六八有傳。是書四卷，無序跋。周官圖第一，有九畿、邦畿、井牧、國中九經緯、天子五門三朝、朝市廛里圖、社稷、天子七廟、世室、重屋、明堂圖、壇壝宮、市肆、辰、次、土圭、日月表景長短圖、十二分星、冕、弁、冠、笄、瑱、衰服、玄端、褖衣、鞠衣、舃屨、鼎扃、大圭、繅藉、冒、鎮圭、桓圭、信圭、躬圭、穀璧、蒲璧、蒼璧、黃琮、青圭、赤璋、白琥、玄璜、穀圭、琬圭、琰圭、瑑圭、瑑璋、瑑璧、瑑琮、四圭有邸、兩圭有邸、圭璧、璋邸射、牙璋、大璋等圖。周官圖第二，有璧羨、駔琮、玉瓚、佩、組綬、虎節、人節、龍節、符節、璽節、旌節、英蕩、六摯、六幣、豆、籩、簠簋、敦、鑊、鉶、俎、六彝、六尊、瓢齋、卣、蜃尊、概尊、散尊、爵、觚、觶、角、散、觥、勺、疏巾、畫巾、黼巾、互、簍、盆等圖。周官圖第三，有筐、筥、枓、珠槃、量、甒、甔、鬲、庾、甗、几、席、筮、龜、燋、杖、夫遂、鑒、耒耜、律呂相生、鐘、鎛、編鐘、金錞、金鐲、金鐃、金鐸、磬、編磬、琴、瑟、管、簫、篪、竽、壎、土鼓、鼓、鼖鼓、鞀、提鼓、拊、止、敔、簫、牘、干戚、戈、帗舞、羽、籥、皇舞、旄舞等圖。周官圖第四，有車、兵車、牛車、大常、大赤、大麾、旂、旜、旗、物、旌、甲冑（缺）、戟、矛、殳、劍、弓、弩、矢、矢箙、射侯、乏、決、遂、射器、大閱、喪器、衰裳、冠絰、苴杖、削杖、菅屨等圖〔註17〕。凡《周禮》所涉，應有盡有，而圖皆有說，間或註明尺寸，頗爲精詳。《北京圖書館善本書目》云：「《周官圖》四卷，清王文清、吳廷華纂修，稿本，四冊，八行二十一字，小字雙行，紅格。」今藏北京圖書館。

018《周官記》五卷《周官說補》三卷　　（清）莊存與撰

莊存與（1719～1788），字方耕，號養恬，清江蘇武進人。乾隆十年（1745）進士，授編修，官至禮部左侍郎。莊氏精通六經，著述不別漢宋，但求融會

〔註16〕《清史列傳》，不著編纂人，王鍾翰點校，北京中華書局，1987。
〔註17〕按此書爲清稿本，今藏北京圖書館，又屬孤本，不得景印，因不辭煩瑣，縷列其圖目，以供參考。

貫通。提倡今文經學，爲常州學派之始祖。著有《卦觀象解》、《毛詩說》等書。《清史稿》卷三二、《清史列傳》卷二四有傳。是書卷一爲冢宰記，內列〈五官官屬表〉，卷二爲司徒記，附〈載師任地譜〉，以明均土分民之法。卷三爲司馬記，補小司馬、軍司馬諸職之文。卷四爲冬官司空記，補司空之屬闕文。卷五爲司空記，乃採撮周秦之書可資引證者，以當冬官義疏。是書卷末有其孫綏甲〔註18〕跋。據跋，知《周官記》五卷爲存與所手定，《周官說補》三卷乃綏甲於其遺稿中檢得「零章斷句及批註簡端者，並錄而編之」者，其中卷三又雜論各義，並附以〈量地任民譜〉。所附表譜，頗便省覽。有味經齋遺書本（《續修四庫全書》本據此影印）、《皇清經解續編》本。

019《周官精義》十二卷　　清連斗山撰

連斗山，字叔度，號南軒，清安徽阜陽人。官太平府訓導〔註19〕，著有《周易辨畫》等書。是書凡十有二卷，卷首有秦潮序。首卷有自識凡例八條、總目，並錄聖制日知薈說十則、周官總辨八條。第二、三卷爲天官冢宰上下，第四、五卷爲地官司徒上下，第六、七卷爲春官宗伯上下，第八、九卷爲夏官司馬上下，第十、十一卷爲秋官司寇上下，第十二卷爲考工記。秦潮序稱是書乃就《欽定周禮義疏》博綜約取，首錄聖制，次輯注疏，末參揔論，實能補注釋所未備，而視《訂義》爲益精，可說推崇備至。大抵是書雖以《欽定周禮義疏》爲主，而名物多採鄭、賈，義理則多用宋儒程子、張子、陳祥道、易祓等人之說，融會諸家，間亦有新義。卷六附十二律還相爲宮、律呂相生，卷九附握機經、增衍握機經，卷十二附乘車、戈、戟、矛、劍、鍾、弓、溝洫澮、侯等圖與說，頗爲詳明。有清乾隆四十一年（1776）秦潮序刊本，北京圖書館藏書。

020《周禮圖說》六卷　　（清）齊世南撰

齊世南，字英風，號蓀圃，齊召南弟，清浙江天臺人。乾隆二十六年（1761）進士，官寧波府教授，兼主月湖書院講席十餘年。工詩文，學貫經史。著有

〔註18〕莊綏甲，字卿珊，存與孫，諸生。承其家學，盡能通之，尤爲述祖所重。著有《周官禮鄭氏注箋》、《尚書考異》等書。見《清史列傳》卷六十八莊述祖附傳。

〔註19〕見劉錦藻《清朝續文獻通考》卷二五八〈經籍考二〉，「周官精義」條。新興書局，1963。

又《安徽通志稿・藝文考》經部易類二「周易辨畫」條下。

《易經要覽》、《玉芝堂詩文稿》等書。事蹟附見《台州府志、文苑》齊周南傳〔註20〕。是書《台州府志·藝文略二》〔註21〕著錄，云未見。按是編未見傳本。

021 《周禮指掌圖考》一卷 （清）陳兆熊撰

陳兆熊，字渭占，號滋泉，清浙江天臺人。幼穎異，通經史，兼邃天文地理。由拔貢考補教習，歸中浙江壬午（乾隆二十七年）科舉人，著有《周禮敘數圖》等書。事蹟附見《台州府志·文苑》陳溥傳〔註22〕。是書項元勳《台州經籍志》卷三著錄〔註23〕，云書佚。

022 《周禮敘數圖》六卷 （清）陳兆熊撰

陳兆熊有《周禮指掌圖考》，已著錄。是書《台州府志·藝文略二》著錄，並云：「是書萃鄭、賈以下諸家說，而折衷其是非，敘數以圖，俾學者一覽了然。兆熊既卒，遺稿爲臨海趙光增購藏，後其中表姪齊式鶴段錄以歸，而爲之跋，今存天台丁枚家。」〔註24〕按是編未見傳本。

023 《周禮學》一卷 （清）沈夢蘭撰

沈夢蘭，字古春，清浙江烏程人。乾隆四十八年（1783）舉人，官宜都知縣。博通諸經，實事求是，尤邃於《周禮》。著有《五省溝洫圖說》等書。《清史列傳》卷六八有傳。是書卷首有嘉慶十七年（1812）沈氏自識及答姚殿撰秋農同年書。全書凡分溝洫、田里、畿封、邦國、都鄙、城郭、宮室、職官、祿田、貢賦、軍旅、車乘、禮射、律度量衡十四門，取《司馬法》、《逸周書》、《管子》、《呂覽》、伏《傳》、戴《記》諸古書，參互考證，合之《書》、《詩》、《禮記》、三《傳》、《孟子》，先儒所病其牴牾者，無不得其會通，並取經傳文之與《周官》相發明者釋於篇。惟其書所言多臆斷，孫詒讓《周禮正義·略例》稱其新奇繆盭，蓋非過言。前七篇（溝洫至宮室）中附有溝洫、奠水、梢溝、比閭、鄉遂、井邑、王畿、園廛四郊、九服、邦國、王宮門制、世室、明堂等圖。有所願學齋書鈔本，北京圖書館分館藏書。

〔註20〕喻長霖等纂修，《台州府志》卷一二○〈人物傳二一·文苑五〉，頁 2，1936年鉛印本，成文出版社，1970。

〔註21〕見《台州府志·藝文略二》卷六五，頁 2。

〔註22〕見《台州府志》卷一一九〈人物傳二○·文苑四〉，頁 11。

〔註23〕項元勳，《台州經籍志》，《書目三編》，廣文書局，1968。

〔註24〕《台州府志》卷六五〈藝文略二〉，頁 2。

024 《周官圖說》六卷　　（清）李錫書撰

李錫書（1756～1828），字洪九，號見庵，清山西靜樂人。乾隆五十五年（1790）進士，官至江西雩都知縣。著有《錦官雜錄》、《河洛圖說》等書。事蹟見《清人別集總目》〔註25〕。是書首有嘉慶五年元宵日自序，序云：「周官者周禮之大綱，即周公作周禮之序文。始皇定天下，廢封建，而官制亦變，其官之法，有丞相御史。至漢以後，乃漸復周禮之意，而稍變通之。是書出，疑之者多，惟程子謂為天理爛熟之書。故曰有關雎麟趾之精意，後有周官周禮之法度，非新莽、武曌、王介甫之所得而竊效者也。漢唐先儒，已為之註，余何敢贅。惟序官尚無解者，向在西山為諸弟言之，今閱十年，贅以成帙，為舉業家一助云。」又〈天官圖說〉前附表，有按語云：「官分六等，大夫士各分其三，若府史胥徒，非官也。每官中大小相屬，彼此分司，一一繪為圖，或分或合，井然不亂。每官中之分者，如後世各部之分司是也。經文所載，前人註疏已詳，餘不必贅。惟序官尚無紀律，此圖說之所以作也。」是知其書本為解序官而作，以為序官無所統屬，列為圖而說之，眉目如畫，部署始清。全書六卷，卷一為天官圖說，卷二為地官圖說，卷三為春官圖說，卷四為夏官圖說，卷五為秋官圖說，卷六為六官總說，所列圖（表）凡五十有奇。吳廷燮論其書：「天官圖說前附有一表，自上大夫至下士，凡六格，而無卿，似未合《周禮》正文。又序官，自九嬪外，世婦女御皆不言數，是書仍沿八十一御妻當九夕，二十七世婦當三夕之說。列敘為圖，似亦過泥。至所云五官斷不可割，《冬官》斷不可補，則為精確之論。其自序謂為舉業家之一助，則似亦為初學講習計」〔註26〕。有錦官錄本，北京大學圖書館藏書。

025 《周禮圖說》無卷數　　（清）範勳撰

範勳，清湖南衡陽人，事蹟未詳。是書《湖南通志》卷二四六〈藝文〉著錄，注云：「縣志。」〔註27〕已佚。

026 《周官五禮表》　　　（清）徐養原撰

徐養原（1758～1825），字新田，號飴庵，清浙江德清人。嘉慶六年（1801）

〔註25〕王欲祥等撰，《清人別集總目》，頁 827，安徽教育出版社，2000。
〔註26〕見《續修四庫全書總目提要》禮類，頁 479，北京中華書局，1993。
〔註27〕《湖南通志》卷二四六〈藝文二〉，頁 1，光緒十一年重刊本，京華書局，1967。

副貢。精三禮，爲學墨守鄭氏而多所發明，通六書、古音、曆算、輿地、氏族之學，阮元撫浙時，延校《儀禮》。著有《儀禮今古文異同疏證》、《頑石廬經說》等書。《清史列傳》卷六九有傳。是編見《湖州府志‧藝文》著錄〔註28〕，《兩浙著述考》亦載之。未見。

027 《五官表》　　（清）徐養原撰

徐養原（1758～1825）有《周官五禮表》，已著錄。是編見《湖州府志、藝文》著錄，《兩浙著述考》亦載之。未見。

028 《周官聯事譜》　　（清）馬徵麐撰

馬徵麐（1821～1893），字素臣，一字鍾山，號淡園居士，清安徽懷寧人。道光諸生。以軍勞保訓導、教諭、直隸候補知縣，加同知銜，仍以教職歸部候選。歷官舒城訓導，太平教諭等職。生平著述甚富，刊刻者未及其半。著有《夏小正箋疏》、《毛詩多識篇》等書。《懷寧縣志》卷一九〈儒林〉有傳〔註29〕。是編《懷寧縣志》著錄〔註30〕，蔣元卿《皖人書錄》亦載之〔註31〕。未見。

029 《鬳齋考工記解》二卷　　（宋）林希逸撰

林希逸，字肅翁，號竹溪‧又號鬳齋，宋福清人。善畫能書，工詩。理宗端平二年（1235）進士，淳祐中，遷祕書正字。景定間，官司農少卿，終中書舍人。著有《易講》、《竹溪稿》等書。見《宋元學案》卷四七〔註32〕。是書爲今存最早解釋〈考工記〉之專作。宋儒多攻擊漢儒，故此書多與鄭注相刺繆。其於古器制度，究有未之詳核，特其注解頗爲簡明，不似鄭注之古奧，賈疏之浩繁，於初學者便於省覽耳。《四庫提要》云：「經文古奧，猝不易明，希逸注明白淺顯，初學易以尋求，且諸工之事，非圖不顯，希逸以《三禮圖》，有關於記者，採摭附入，亦頗便於省覽。」關文瑛《通志堂經解提要》亦云：「是編卷首有雜論五條，內容先出經文，次列注解，文辭淺易顯明，至

〔註28〕 宗源瀚等修，周學濬等纂，《湖州府志》卷六一〈藝文六〉，頁 13，成文出版社，1970。

〔註29〕 朱之英等纂修，《懷寧縣志》卷一九，頁 11，民國五年鉛印本，成文出版社，1985。

〔註30〕 朱之英等纂修，《懷寧縣志》卷一一，頁 10，民國五年鉛印本‧成文出版社，1985。

〔註31〕 蔣元卿，《皖人書錄》卷八，頁 801，黃山書社，1989。

〔註32〕 《宋元學案》（第十一冊）卷四七，頁 123，河洛出版社，1975。

古器制度，不能以筆墨肖其狀者，則爲圖以明之。惟其注解與鄭玄違異，而所列諸圖，亦不盡合古制。」〔註33〕是書分上下二卷，卷上附輪蓋車箱、龍斿矛殳、戟劍鍾量、鼗鼓畫繢等圖；卷下附玉瑞磬矢、甒甗盆鬲、庾勺爵觚、射侯井田、耒耜及諸弓等圖。蓋據〈考工記〉文加以解說，並增插圖以象之。其圖有採自聶圖者，若鎭圭、桓圭、牙璋、大琮等玉瑞類，龍斿、鳥旟、鼗鼓及磬等旌旗樂器類，又量觚鬴車蓋等皆是也。故明林兆珂稱其書曰：「林氏《考工記》有圖，蓋宗《三禮圖》而祖漢儒鄭康成輩，非無據也。」〔註34〕至若輪轂車箱、弓矢戟劍，以及射侯磬鍾等，皆各標以部位名稱、尺寸、曲直等，完全脫去舊圖簡陋之窠臼，而下開戴震、阮元一派工藝圖之先河。是編《經義考》作三卷，《宋史藝文志補》則作《考工記圖解》四卷，並注云：「今梓本無圖，止二卷。」〔註35〕有《通志堂經解》本。

030《考工記述註》二卷《圖》一卷　　（明）林兆珂撰

林兆珂，字孟鳴，明蒲田人。神宗萬曆二年（1574）進士，知蒙城縣，累遷刑部郎中，註《律例》二十卷，出知廉州，官至安慶府知府。著有《毛詩多識編》、《檀弓述注》等書。《福建通志》卷五十一有傳〔註36〕。是書自序稱：「取漢唐注疏，參以訓詁諸家，繆爲纂輯，間有古義難通，姑惟墨守成說，不敢憑臆，以瞀亂眞，命曰述注。」卷首凡纂輯四十五家書名，凡例壹拾肆則。卷前爲釋說，書末附〈考工記圖〉一卷，蓋襲林希逸舊本。《四庫提要》云：「此編因《考工記》一書，文句古奧，乃取漢唐注疏，參訂訓詁，以疏通其大意。於記文皆旁加圈點，綴以評語。蓋仿謝枋得批〈檀弓〉，標出章法、句法、字法之例，使童蒙誦習，以當古文選本。於名物制度，絕無所發明。末附〈考工記圖〉一卷，亦林希逸之舊本，無所增損。」（卷二十三〈禮類存目一〉）。有明萬曆三十一年（1603）刊本，中央研究院傅斯年圖書館藏書。

031《考工記圖解》二卷　　（宋）林希逸撰　明張鼎思補圖　屠本畯補釋

張鼎思（1543～1603），字愼吾，明長州人。神宗萬曆五年（1577）進士，

〔註33〕關文瑛，《通志堂經解提要》，成文出版社，1978。
〔註34〕見《經義考》卷一二九，頁9引。
〔註35〕倪燦撰，盧文弨校正，《宋史藝文志補》，頁3，《二十五史補編》，台灣開明書店，1974。
〔註36〕見《福建通志》卷五十一〈文苑〉，頁37，《四庫全書》本。

歷官吏科給事中，江西按察使。著有《琅琊曼衍》、《琅邪代醉編》等書。見《四庫提要》卷一二六〈雜家類存目三〉。明申時行《賜閒堂集》卷二十五有〈張公暨配王氏合葬墓誌銘〉，可考見其事蹟〔註37〕。屠本畯，字田叔，明鄞縣人。尚書屠大山子，以蔭授刑部檢校，遷太常典薄，官至辰州知府。著有《太常典錄》、《田叔詩草》等書。事蹟見陳田《明詩紀事》〔註38〕。是書卷前有萬曆戊戌（二十六年）張鼎思〈刻考工記解圖敘〉。前二卷首卷首行頂格題「考工記圖解上」，二卷末尾題「慮齋考工記解下」，蓋此二卷乃仍林希逸之舊。另「考工記補圖」一卷，則張鼎思所補，而屠本畯補釋者也。《四庫總目》著錄林氏原書，而無此本。其卷首有張序，略言林氏《圖解》，既爲之敘，一日從容與田卡、仲宣二君言圖多闕佚，二君憮然，請補之。因爲略補數圖，稍加訂正，猶有未盡補者，則有竢二君云。卷末有屠本畯跋，云：「張實之先生，於林氏《考工記圖解》，補闕訂僞，凡二十六器，考據精當。可謂藝林之宗工，博雅之哲匠，肅翁復生，能不心折。」可謂推崇備致。按據萬曆刊本，張氏所補名物圖爲鬴、爵、鎮圭、桓圭、信圭、躬圭、穀璧、蒲璧、璧‧琮、四圭、兩圭、圭瓚、璋瓚、璋邸射、大璋、牙璋、中璋、駔琮、大琮、璧羨、琬圭、琰圭、彝、瓬、觶、豆二十八器。屠云二十六器者，不知何據〔註39〕。屈萬里云：「《四庫總目》子部雜家類存目，有《琅琊曼衍》一書，題張鼎思撰，《提要》謂其字慎吾，安陽人，萬曆丁丑（五年）進士。與本書補圖之張鼎思，籍貫別號全殊，若非一人者，昌彼得先生云：『據申時行所撰張氏墓誌銘，知撰《琅琊曼衍》之張鼎思，字慎吾，實長州人，《四庫提要》誤也。』《千頃堂書目》著錄張氏《考工記補圖》二卷，注云：『長州人，萬曆丁丑（五年）進士。』與申氏所撰墓誌銘合。姑胥即長州。故知其非二人也。」〔註40〕《經義考》卷一二九著錄張氏《考工記補圖》二卷，但云未見。有明萬曆刻本，中央圖書館藏書。

032《批點考工記》二卷《圖說》一卷　　（明）周夢暘輯注並評

周夢暘（1546～？），字啓明，號明宇，明南漳人。萬曆二年（1574）進士，

〔註37〕申時行，《賜閒堂集》卷二五，頁14，明萬曆末年申氏家刊本，莊嚴文化出版社，1997。
〔註38〕陳田輯，《明詩紀事》庚籤卷二八，頁1，《續修四庫全書》，上海古籍出版社，2002。
〔註39〕按北京圖書館分館藏有劉復跋影抄明刊本，一冊，張氏所補器數亦同。
〔註40〕屈萬里，《普林斯敦大學葛思德東方圖書館善本書志》，藝文印書館，1975。

官至工部都水司郎中，著有《水部備考》等書。明於慎行《穀城山館文集》卷
二十一載〈周公暨蕭王二恭人合葬墓誌銘〉，可考見其事蹟〔註41〕。《經義考》
卷一二九著錄《考工記評》一卷，注云未見。朱氏並引林兆珂云：「襄陽周啓明
氏本，依謝疊山批點〈檀弓〉，旁用小圈標出章法、句法、字法，以便童子誦習。」
是書卷前有萬曆丁亥（1587）江夏郭正域序及夢暘自序。自序略謂余自束髮，
攻文□□周禮末簡中，特鈔是書，納之巾笥。每出必□□隨後李關南郎水部，
凡十有五年，即簿案委填，而手未嘗一日釋此卷。每得諸儒先所論著，其有發
明其語者，輒筆而記憶之；其有訂正其偽者，輒識而參考之。日積歲累，都為
二編。其一不改康成之舊，而間潤以己意；其一融會諸家之說，類而輯之；並
存書篋間，以備考覽云云。記文後附〈考工記圖說〉一卷：有鎮圭、桓圭、信
圭、躬圭、穀璧、蒲璧、冒圭、大圭、琬圭、琰圭、璧羡、圭璧、穀圭、大璋、
瑑圭璋、瑑璧琮、牙璋、中璋、駔琮、大琮、兩圭有邸、璋邸射、圭瓚、大璋
瓚、中璋瓚、邊璋瓚、天子繰藉、王國經緯涂軌圖，總凡二十有八圖，多為玉
瑞之屬，皆上圖象下簡說。有明萬曆十五年（1587）醇尊堂刻本，上海圖書館
藏書。又《三代遺書》收有（元）吳澄注，（明）周夢暘批評，《批點考工記》
二卷（明萬曆甲午二十二年大名府刊本），則無附圖。

033《考工記通》二卷　　（明）徐昭慶撰

徐昭慶，字穆如，明宣城人。著有《檀弓通》等書。是書卷前有凡例十
四條、目錄、引用書籍、考工記通圖以及集諸家論，後繼以《考工記》本文，
析分上下二卷。凡例曰：「是註本之朱周翰之《句解》，上而參之鄭康成，下
而合之周啓明、孫士龍諸家，謬成是帙。其間晦者求明，略者求詳，未安者
求之以正，訂註頗殷，惟欲取便初學者。」（見凡例第一條）《四庫提要》云：
「其書多斤斤於章法、句法、字法，而典據殊少，則凡例蓋道其實也。」雖
其中或亦自出己意，攻駁前人，然多不足取。其卷前附圖，有輪蓋龍旂、削
矢弓戈、戟殳矛柲、劍甲韛侯、鐘鼓磬簨、圭璋璧琮、爵觚觶勺、鼎鬲甗甑
〔註42〕、簠簋盆豆、案耒繰藉等六十七種名物圖。除車輪車蓋及龍旂外，皆
只具圖而不復錄說。又有五室、王國經緯涂軌、澮畎達湺、澮湺達川及周尺
等五圖，每圖下亦有簡要說明，附圖都為七十有二。是編《經義考》卷一二
九著錄。北京圖書館藏有明萬曆刻本，《四庫全書存目叢書》本則據明萬曆《檀

〔註41〕於慎行，《穀城山館文集》，莊嚴文化出版社，1997。
〔註42〕按誤以鼎器為簋。

弓通》、《考工通》合刻本影印。

034《考工記纂註》二卷　　（明）程明哲撰

程明哲，字如晦，明歙縣人。是書卷首有萬曆四十一年（1613）自序，全書上下二卷，皆爲經文釋說，卷末附圖。其圖大小九十有餘，全襲林希逸《圖解》而無所增損。《四庫提要》云：「是書主於評點字句，於經義無所發明，名爲纂注，實僅勦襲林希逸《考工記圖解》之文，其誤亦皆沿林本。」有明萬曆刻本（《四庫全書存目叢書》本據此影印）。

035《考工記圖釋》二卷　　（清）汪宜耀撰

汪宜耀（1696～1773），字士雲，號譬庵，清上海人。潛心力學，於諸經書多纂述。乾隆九年（1744）歲貢，官舒城縣訓導，著有《周易本義拾遺》、《禮記合參》等書。事蹟見《上海縣志・人物》〔註43〕。是編《上海縣志・藝文》著錄，未見傳本。

036《考工記圖》二卷　　（清）戴震撰

戴震（1723～1777），字東原，清安徽休寧人。乾隆二十七年（1762）舉人。四庫館開，薦充纂修，旋賜同進士出身，授庶吉士。少從江永遊，禮經制度及推步天象，皆洞徹原本。爲學由聲音文字以求訓詁，由訓詁以尋經義，實事求是，不主一家。著有《毛鄭詩考正》、《孟子字義疏證》等書。《清史稿》卷四八七、《清史列傳》卷六八有傳。戴氏以《考工》諸工之事，非精究少廣旁要，斷不能推其制度，以盡文之奧曲，因取經文及鄭注分列於前，各爲之圖，以翼贊鄭學，擇其正論，補所未逮。是書前後俱有自序，卷首又有紀昀序，序中列戴氏之說所以補正鄭注精審處，有十二例。全書據《考工記》原文及鄭注，間加補注，詳於考核訓詁，所言間有新義。大小諸圖凡五十八幅，圖列於各工之下，而以輪人、輿人、輈人、冶氏、鳧氏、梟氏、鮑氏、玉人、旊人、梓人、匠人、弓人爲詳，多解析各器物之細部，並標明名稱尺寸。其所爲圖，多與今出土文物相合，足見考訂之精。惟諸工中亦不皆有圖，如函人、幌氏、矢人等，則無圖。又其於輈人龍旂、鳥旟之屬，梓人筍虡，車人大車、羊車之等，皆不具圖者，自謂「思而可得者，微見其端要，留以治古文者之致思可也」（見紀昀〈考工記圖序〉），殆其是已。又如匠人爲規識景下，

〔註43〕應寶時等修，俞樾等纂，《上海縣志》卷二一，頁16（人物四），清同治十一年刊本，成文出版社，1975。

有測黃赤道圖，係戴氏所增，爲經文所無。紀昀序稱其書「考證制度字義，爲漢以降儒者所不能及，以是求之聖人遺經，發明獨多」，洵非溢美之詞。有《皇清經解》本、紀氏閱微草堂刻本（《續修四庫全書》本據此影印）。

037《考工記考辨》八卷　　（清）王宗涑撰

王宗涑，字倬甫，清江蘇嘉定人。咸豐諸生。究心經學，長於考據。著有《五禮考辨》、《匠人職考辨》等書。事蹟見《清儒學案小傳》卷二〇〔註44〕。是書雖據《考工記》，實專爲考辨車制而作。其書卷首有作者自序，云：「乘車之圖，漢代多刻於碑石，初未有說也。其圖而兼說者，惟宋聶氏之《三禮圖》爾。然皆略具車之形狀，未有將輻轂、輪輿、輈衡、軸轐，一一分而圖之而說之者，有之自近儒東原戴吉士之《考工記圖說》始。厥後易疇程徵君、伯元阮相國繼有譔述，並祖吉士，精益求精，而不必盡同。及考之於記，得失互見，因玩輪輿輈車四職之文，兼綜鄭、戴、程、阮之說，佐以經典，別成考辨八卷，務期實事求是，以存古制於放失之餘。故凡徵引諸家，是者存之，誤者訂之，亦猶戴之不盡同於鄭，程之不盡同於鄭、戴，阮之不盡同於鄭、戴、程也。」全書八卷，其體例於經文先列注疏，若江永、戴震、程瑤田、阮元諸說有考辨者皆引之，本人之說則考在前辨在後。大抵精義皆見於考，辨則駁舊有諸說，詳參前人之言而發己見，孫詒讓《周禮正義》所採頗多。卷三附有轂圖、輻綆圖，卷四有蓋弓圖，卷五有軫圖、㮚式圖、式圖、較圖、門闌圖，卷七有輈圖、軸圖、轐圖、衡圖式、龍旂圖等，並附考辨諸儒圖象，如戴戴輻圖辨、阮輻圖辨、程綆圖辨、阮輈圖辨等，各圖皆圖在前，考（或辨）在後，圖中各部，亦有詳注，頗便閱覽。有《皇清經解續編》本、清抄本（《續修四庫全書》本據此影印）。

038《考工記考附圖》無卷數　　（清）呂調陽撰

呂調陽（1832～1892），字晴笠，號竹廬，清四川彭州人。同治三年（1864）舉人。淡泊名利，絕意仕途，潛心講學，著述宏富，有《洪範原數》、《詩序議》等書。參見《續四庫全書總目提要》《書》類「洪範原數」條下。是書前附圖後釋說，無卷數。吳廷燮謂是書該貫《考工記》全經，但不能備爲詁釋，蓋亦就本人有所見者錄出，雖不及戴震、阮元諸人之書，然亦時有新義，如

〔註44〕周駿富輯，《清儒學案小傳》卷二〇，頁 573，《明代傳記叢刊》，明文書局，1991。

「棧車」條，駁舊訓淺之誤。又所云設色之工五，疑當作四者，以記文畫繢
只一工之事，似亦可取，足備釋工典者之考究〔註45〕。其所附圖，包括車、
弓、戈、戟、夏世室、周明堂、耒耜、鍾、嘉量、劍、皋鼓、玉圭、磬等圖，
其中以車器各部件所附之圖，最爲詳細，如有側輪，轂剖面，車釭、輻面、
輻側面、輪牙、牙剖面，輿旁、輿底、輿面、伏兔平面、伏兔側面、轐、式
木、旁軌、軹、軸、衡等二十餘圖，圖繪詳實，標注尺寸，其圖作視前人大
爲精進。有光緒十四年刻《觀象廬叢書》本（《續修四庫全書》本據此影印）。

039《考工創物小記》四卷　　（清）程瑤田撰

程瑤田（1725～1814），字易疇，清安徽歙縣人。乾隆三十五年（1770）
舉人，曾任嘉定教諭，以身率教，廉絜自持。少師淳安方粹然，後與戴震、
金榜俱學於江永，學乃大進。篤志治經，戴震自言尚其精密〔註46〕。其學
長於涵泳經文，得其眞解，不依傍傳注。所撰《通藝錄》十九種，附錄七種
〔註47〕，凡義理、訓詁、制度、名物、聲律、象數之學，無所不賅。《清史稿》
卷四八一江永附傳、《清史列傳》卷六八本傳。程氏於《考工記》用力甚深，
所得亦富，撰著數種，以《考工創物小記》爲最著。是書凡六十三篇，各以
類分，多有圖以發明之，於制度形體及命名之精義，皆反復考證，俾無遺
義。其於鄭、賈注禮之精，並爲闡發之。其有小誤，則據經文以正之，不復
援據他說，以經文即其佐證也。卷一凡二十篇，間附車制諸器圖，詳注各部
名稱、尺寸，卷二凡九篇，附戈戟等圖，卷三凡十二篇，附劍、鍾、壁、磬
等圖，卷四凡十九篇，附爵、耒、皋鼓、夏至（冬至）測景考星圖、鳧氏爲
鍾命名等圖。其書參互群籍，稽諸勾股方圓之數，多得眞確之形狀，如戈戟
劍鍾，不祇繪有詳圖，亦記度數之廣狹，摹繪器物銘文及其紋飾，可按圖以
驗其實器。鐘鼎彝器之學，晚清雖頗發達，但只能爲銘文之考證，不能爲器
物之考證，程氏此書蓋可爲古器物學之先導。有《皇清經解》本，凡四卷，《通
藝錄》本爲八卷（《續修四庫全書》本據此影印）。

040《考工記車制圖解》二卷　　（清）阮元撰

阮元（1764～1849），字伯元，號芸台，又號雷塘庵主，清江蘇儀徵人。乾

〔註45〕　參見《續修四庫提要》禮類「考工記考」條下。
〔註46〕　見《清史稿》卷四八一江永附傳。
〔註47〕　《安徽叢書》，《叢書集成三編》，藝文印書館，1973。

隆五十四年（1789）進士，授編修，官至體仁閣大學士。生平淹貫群書，精研經籍。所至以提倡學術自任。在史館倡修儒林傳，在粵設學海堂，在浙設詁經精舍。嘗校刊《十三經注疏》，撰輯《經籍纂詁》、《積古齋鐘鼎款識》，彙刻《學海堂經解》，著有《揅經室集》等書。《清史稿》卷三六四、《清史列傳》卷三六有傳。是書前有自序，云「作車以行陸，聖人之事也。周人上輿，一器而工聚者，車制爲多，《考工記》注，解釋尙疏，唐以後學者，專守傳注，罕貫經文。元以考工之事，今之二三君子既宣矣，於車人之車猶闕，因玩辭步筭，率憑陋識，訂證牙圍、揹藪、輪綆、車耳、陰軓、輈深、任木、衡軶等十餘事，作解六圖三。」全書二卷，凡六篇，卷一爲輪解、輿解，卷二爲輈解、革解、金解、推求車度次第解，解所未明，則圖以顯之。凡輪圖七：輪圖、漆輪牙㮝漆內圖、輻圖、轂圖、綆圖、鄭注牙圍漆牙㮝漆內圖、大車輪圖。輿圖二：輿圖一、輿圖二。輈圖五：鄭注輈人二說圖、輈圖、田馬輈圖、駑馬輈圖、任木軸圖，各附其篇之後。其間重較軓前十尺、後軫諸義，實可辯正鄭注，爲江慎修、戴東原諸家所未發。此書於車制發明新義甚多，而圖說之備，尺度之詳，皆視戴震爲精。吳廷燮稱「諸經之涉車制者頗夥，是書洵諸經注疏之功人」〔註48〕，蓋非過譽。有清乾隆刻本（《續修四庫全書》本據此影印）、《皇清經解》本。

041《輪輿私箋》二卷附《圖》一卷　（清）鄭珍撰　鄭知同補圖

鄭珍（1806～1864）字子尹，號柴翁，清貴州遵義人。道光十七年（1837）舉人，補荔波縣訓導，未幾即棄官歸。鄭氏學宗許、鄭，精通文字音韻之學，古宮室冠服車輿之制，兼長詩古文辭。書室名巢經巢、吾亦愛吾廬。著有《儀禮私箋》、《巢經巢經說》等書。《清史稿》卷四八二、《清史列傳》卷六九有傳。是書以鄭注爲主，往復尋繹，以推其義，鄭義即獲，然後平列戴震、程瑤田、阮元諸說，以證其失。卷二間附國馬之輈圖、田馬之輈圖及駑馬之輈圖。書後並附〈輪輿圖〉一卷，曰牙圍圖、曰轂輻牙合材圖、曰車輿合軫與任正者及受底板圖，曰輿底爲鑿受當兔伏兔鉤心圖，曰車輿全圖、曰輈合衡度數圖六圖，此蓋其子知同所補繪，合卷二所附三圖，都爲九幅。首有知同自序，略言「鄭註之精微，自賈疏以來，不得正解，遂如墮雲霧。說者日益支蔓，得此箋（指其父之《輪輿私箋》）而鄭義瞭若指掌，更不患其制不明，然語繁數複，猶易眩惑心目，如再得圖以實之，使讀者按圖以求其說，似尤

〔註48〕見《續修四庫全書提要》禮類「考工記車制圖解」條下。

簡易省力，逐繪輪輿諸圖，坿之編末」，蓋取便披讀，此其圖之所以作也。有莫氏刻本（《續修四庫全書》本據此影印）、《皇清經解續編》本。

042〈戈戟圖說〉一篇　（清）陳澧撰

陳澧（1810～1882），字蘭甫，清廣東番禺人。道光十二年舉人，河南縣訓導。少好爲詩，及長，泛覽群籍，凡天文、地理、樂律、算術、駢文、塡詞、書法，無不研究。爲學海堂學長，歷數十年，晚主講菊坡精舍，以經史實學教士，勉諸生以篤行立品，成就甚眾。著有《東塾讀書記》、《切韻考》等書。《清史稿》卷四八二、《清史列傳》卷六十九有傳。是篇前有自序，略言《考工記》之戈戟，程易田《通藝錄》初定之圖得之。其後定之圖，以戈爲戟，以《記》文強合鄭注，以鄭注強合己意，則三思而反惑矣。鄭注云：「戈，今句子戟；戟，今三鋒戟」，此二者，鄭君目驗當時之形制，乃以當時之句子戟當古之戈，以當時之三鋒戟當古之戟。然鄭所謂句子戟，實《記》之戟，所謂三鋒戟，則《記》所無。金輔之《禮箋》所繪戟圖，不合於《記》之戟，乃鄭所謂三鋒戟。今依《記》文及注文，各爲之圖，因撰斯篇。是篇全引《記》文，並列鄭注，圖則各附經文及注後，凡有十幅，注明部位，頗爲簡明。是篇見載《東塾集》卷一，今傳有光緒十八年菊坡精舍刻本。

043《鳧氏爲鍾圖說》無卷數　（清）鄭珍撰

鄭珍（1806～1864）有《輪輿私箋》，已著錄。《販書偶記》云：「《鳧氏爲鍾圖說》一卷，遵義鄭珍撰。光緒二十年貴筑高氏刊本。」按《清史稿》本傳載有珍《鳧氏圖說》一書，疑即《鳧氏爲鍾圖說》。珍於卷首自識云：「鳧氏鍾制，賈疏略且不明。宋後至今，諸家說益岐出，讀之皆覺不安，因按經注申明之，並爲圖焉。」書前附鍾身圖等三圖。有光緒二十年高氏刻本（《續修四庫全書》本據此影印）。

044《鳧氏爲鐘圖說補義》一篇　（清）陳矩撰

陳矩（1851～1939），字衡山，清貴州貴陽人。工詩，與兄陳燦、陳田皆清末名士。光緒十四年（1888）以監生考取實錄館謄錄，以軍功起家。嘗入遵義黎庶昌幕，隨往日本出使，返國後，任雲南兵備，佐平邊患，以功擢知縣。歷任四川台州、石泉、三合等縣，後爲成都知府。著有《孟子外書補注》、《靈峰草堂集》等書。事蹟見光緒十九年《靈峰草堂集》趙藩序〔註49〕。是

〔註49〕陳矩，《靈峰草堂集》，《叢書集成續編》，新文豐出版公司，1991。

篇前有陳序，序先引鄭珍《圖說》前言：「鳧氏鍾制，賈疏略且不明，宋後至今，諸家說益岐出，讀之皆覺不安，因按經注申明之，並爲圖焉」，繼言《補義》之所以作，云：「賈疏不但不明，鍾乳數亦誤（古鍾乳數三十六，分列爲四，乃象四時十二月，賈不審其義，分出兩面，便成七十二，故誤）。宋後多沿其謬，獨呂氏《考古圖》知引《考工記》鄭注，以校古鍾皆合而未申明賈之誤，因取而正之。」篇前附鄭珍圖三，以及「考古圖遲父鍾圖」、「樂書鍾制圖」、「樂典特鍾圖」，凡六圖，後爲釋說。有《靈峯草堂叢書》本。

045 《磬折古義》一卷　　（清）程瑤田撰

程瑤田（1725～1814）有《考工創物小記》，已著錄。程氏以《考工記》輈人、車人、冶氏、磬氏、匠人屢言倨句磬折，而鄭注未得真解。以爲倨句之義不明，則磬折不明，欲明倨句，則須先辨矩字。矩有直者，有曲者，倨句之云，折其直矩而爲曲矩，即今木工石工所用之曲尺。因考一矩有半爲磬折，乃撰成《磬折古義》一卷。是書凡三篇，一曰磬折說，二曰造倨句矩式，三曰四六尺考，專以考訂《考工記》磬折之義。卷末附汪萊〈通藝錄考定磬氏倨句令鼓旁線中縣而縣居線右解〉。每篇皆有附圖，大小圖凡三十有四，頗爲詳明。有《皇清經解》本、清嘉慶刻《通藝錄》本（《續修四庫全書》本據此影印）。

046 《考工記世室重屋明堂考》一卷　　（清）俞樾撰

俞樾（1821～1906），字蔭甫，號曲園，清浙江德清人。道光三十年（1850）進士，授編修。咸豐間放河南學政，未幾罷歸。歷主講蘇州紫陽、上海求志等書院，而主杭州詁經精舍至三十一年。其治經以高郵王氏父子爲宗，精研文字、訓詁之學，而務爲廣博，旁涉稗官雜流。著有《群經平議》、《諸子平議》等書。《清史稿》卷四八二有傳。是書凡十二條，先列《考工記》經文，後加按語，旁徵博引，以論證其說。末附「九室十二堂考」一條，辨《大戴禮記》說明堂有九室十二堂，蓋爲秦漢之制。全編附圖十三，間註尺寸，頗便披覽。有《皇清經解續編》本（收於《群經平議》卷十四）、《春在堂全書》本。

047 《周官郊祀圖》無卷數　　不著撰人

是編撰人不詳，朱彝尊《經義考》卷一二九據梁阮孝緒《七錄》著錄《周官郊祀圖》二卷，注云佚。《隋書・經籍志》云：「梁有《郊祀圖》二卷，亡。」

048《周禮井田譜》二十卷　　（宋）夏休撰

夏休，宋會稽人。以篤學名於鄉，勤於著書。紹興中進士，以上所著書補官，一試吏而止，著有《周易講義》等書。事蹟見《宋元學案補遺別附》卷二〔註50〕。陳振孫《直齋書錄解題》卷二云：「《周禮井田譜》二十卷，進士會稽夏休撰。紹興時，表上之，淳熙中，樓鑰刻之。永嘉陳止齋爲之序〔註51〕。休有《破禮記》二十卷，未見。」〔註52〕楊士奇《文淵閣書目》載一部，四冊，闕〔註53〕。《四庫提要》云：「其書因井田之法，別以己意推演，創立規制。於鄉遂之官聯，溝遂之縱橫，王侯之畿疆，田萊之差數，兵農之相因，頒祿之多寡，門子遊倅之法，兆域昭穆之制，郊社宗廟之位，城郭內外之分，以及次舍廬室市廛次敘，三鼓四金五常九旗五路五車和門八節，皆摹繪爲圖，若眞可坐言起行者。其考訂舊文，亦多出新意。又曰古之附庸不可以爲國，地方百里則可以爲同。《春秋》蕭同叔子，何休注以爲國名是也。又曰五十里爲則，〈大宗伯〉曰五命賜則，注云：則者未成國之名，以漢制考之可見。如是之類，尚可存備一說。至於以《管子》經言解《論語》自經於溝瀆爲經正溝瀆之制，則附會甚矣。陳傅良之序有曰：『其說以不能成都鄙者爲閒田，不可爲軍師者爲閑民，鄉遂市官皆小者兼大者，他亦上下相攝，備其數，不必具其員，皆通論。餘多泥於度數，未必皆叶。』似稍稍致其不滿。此書《宋史・藝文志》著錄。明唐樞作《周禮論》，力斥其謬，則樞尚及見之。朱彝尊《經義考》注曰未見，蓋無用之書，傳之者少也。惟《永樂大典》之內全部具存，檢核所言，實無可采。姑附存其目，而糾正其失。」《經義考》卷一二九著錄此書，注云未見，祇載陳傅良序及樓鑰後序。其書存佚不詳。按北京大學圖書館藏有無名氏抄本《周禮井田譜》二十卷，有缺頁，四冊，是否即夏休之書，尚待考證。

049《周禮井田圖說》無卷數　　（宋）魏了翁撰

魏了翁（1178～1237），字華父，號鶴山，宋蒲江人。寧宗慶元五年（1199）

〔註50〕 王梓材、馮雲濠輯，《宋元學案補遺別附》卷二，頁87，《叢書集成續編》，新文豐出版公司，1989。
〔註51〕 陳傅良（1137～1203），字君舉，號止齋。
〔註52〕 陳止齋序，見《文獻通考》卷一百八十一《周禮井田譜》二十卷條下，商務印書館，1987。
〔註53〕 楊士奇，《文淵閣書目》四卷，收於馮惠民等選編《明代書目題跋叢刊》，書目文獻出版社，1994。

進士。開禧二年（1206）以校書郎出知嘉定府，丁父憂解官，築室白鶴山下，授徒講學，士爭負笈從之，學者因稱鶴山先生。嘉定間，歷知漢州、眉州，後入爲兵部郎中，累官至端明殿學士，同僉書樞密院事。著有《鶴山集》、《九經要義》等書。《宋史》卷四三七有傳。朱彝尊《經義考》卷一二九著錄此書，注云佚。

050 《周禮井田圖考》無卷數　（清）胡匡衷撰

胡匡衷（1728～1801），字樸齋，清安徽績溪人。乾隆歲貢生。績學敦行，以孝友爲鄉里所重。於經義多所發明，不苟與先儒同異。著有《三禮箚記》、《儀禮釋官》等書。《清史列傳》卷六八江永附傳。《安徽通志稿》云：「是書論井田多宗鄭旨，而授田一事，謂〈遂人〉所言田萊乃鄉遂之制，〈大司徒〉所言不易、一易、再易，乃都鄙之制。鄭氏注〈載師〉以都鄙授田爲鄉制，與經意違戾，因爲〈畿內授田考實〉一篇，以弁其首。書佚。」〔註54〕是編亦見《皖人書錄》著錄，注云已佚。

051 《井田圖說》四卷　（清）張校均撰

張校均，字敬廷，清浙江鎮海人。乾隆六十年（1795）舉人，道光七年（1827選授義烏訓導。《鎮海縣志》載其事蹟，謂其寓京師八載，以經學教生徒，經指授者多掇巍科以去，而校均竟累試禮闈不第，亦無懟言怨色，益孳孳不倦。六經中尤深於禮，其子史百家皆博覽而約取之。凡天官、歷數、地輿、祫禘、郊社、朝聘、鄉射諸大典，爲漢宋諸儒所聚訟者，莫不潛心探討，觀其會通，著爲成說〔註55〕。著有《儀禮圖說》、《禘祫圖說》、《井田圖說》、《車制圖說》等書，見《鎮海縣志‧藝文》。是編《兩浙著述考》亦載之。未見。

052 《周官義疏及井田宮室圖制》無卷數　（清）徐宣撰

徐宣，字德三，清江蘇儀徵人。嘉慶六年（1801）舉人，大挑知縣，以親老，改選淮安訓導。是書見錄《江蘇藝文志‧揚州卷》，並引同治《續纂揚州府志》卷十三云：「多補先儒所未備。」〔註56〕未見。

〔註54〕見《安徽通志稿‧藝文考》禮一，頁4，1934年鉛印本，成文出版社，1985。
〔註55〕洪錫範等修、王榮商等纂，《鎮海縣志》卷二六〈人物傳五〉，頁21，成文出版社，1983。
〔註56〕《江蘇藝文志‧揚州卷》，頁517，南京師範大學古文獻整理研究所編著，1995。

053 《井田圖解》無卷數　（清）徐興霖撰

徐興霖，字猶龍，清浙江常山人。郡廩生。《常山縣志》載其事蹟，謂其「耆年鼓篋，志切窮經，日以考據爲事二十餘年，曠然有得。著有《井田圖解》，爲圖百有二十，各繫以解，以經解經，不肯盜襲傳注賸義，書成，上之，學督朱士彥極歎賞之。明年，召赴崇文書院，時進見謂所著清廟明堂各圖，鄉遂都鄙諸說，獨能排眾論，闡以卓識。又於各圖細加評論，其得蒙獎飾如此。」〔註57〕是編有道光九年（1829）乃廥書屋刊本，四冊，見載《販書偶記》〔註58〕。未見。

054 《井田圖考》二卷　（清）朱克己撰

朱克己，清浙江會稽人。事蹟未詳。是編有光緒十六年（1890）山東書局刊本，見載《販書偶記》〔註59〕。未見。

055 《井田溝洫圖說》二卷　（清）楊熹撰

楊熹，清人。事蹟未詳。是編彭國棟《重修清史藝文志》、王紹曾《清史稿藝文志拾遺》並著錄〔註60〕，《重修清史藝文志》則作《改定井田溝洫圖說》一卷。有《審嚴集》本，未見。

056 《溝洫疆理小記》一卷　（清）程瑤田撰

程瑤田（1725～1814），有《考工創物小記》，已著錄。是書凡二十一篇，據經文推闡，以明鄭注，且附圖以發明之。首爲〈遂人匠人溝洫異同考〉，文後附有六圖：繪遂人溝洫之圖三（曰遂人一夫百畝畖遂溝之圖，曰遂人遂溝洫澮之圖，曰遂人洫澮川之圖），繪匠人溝洫之圖三（曰匠人九夫爲井遂溝之圖，曰匠人遂溝洫之圖，曰匠人溝洫澮川之圖），圖下並有簡說。〈遂人溝洫圖記〉及〈匠人溝洫舉隅圖記〉二篇，其圖不載書中。〈圖某甲某乙匠人溝洫繆說形體記〉，附有考訂某甲某乙謬說之圖各二。又或據某人之說而擬之溝洫圖者，若〈論陳及之言匠人溝洫之繆〉，附「據陳及之說擬圖」；〈論鄭漁仲言遂人匠人溝洫之繆〉，附「據鄭漁仲說擬圖」，有二；〈論王與之黃文叔言匠人溝之繆〉，則附「據王與之說擬圖」、「據黃文叔說擬圖」各一。〈阡陌考〉後，

〔註57〕李瑞鍾等纂修，《常山縣志》卷五三〈文苑〉，頁6，成文出版社，1975。

〔註58〕孫殿起，《販書偶記》卷二，頁28，中文出版社，1979。

〔註59〕同上。

〔註60〕彭國棟，《重修清史藝文志》，商務印書館，1968。
　　　　王紹曾，《清史稿藝文志拾遺》，北京中華書局，2000。

亦附有阡陌圖。吳廷燮曰：「按溝洫實隆古言水利之祖。《周禮》遂人匠人，皆有之。是書能苦心研究，詳爲條析，駁宋儒及近諸書之非，申鄭注之是，實確有所見，與苟爲同異者迥殊。」〔註61〕其圖亦視戴氏《考工記圖》所附相應之插圖爲精細。有《皇清經解》本、《通藝錄》本（《續修四庫全書》本據此影印）。

057《溝洫圖說》二卷 　　（清）何濟川撰

何濟川，生卒年及事蹟不詳。據其《宮室圖說》書前程璋序及其〈弁言〉所言，何字遠堂，清浙江東陽人，約生活於乾、嘉之間。著有《宮室圖說》、《管窺圖說》等書〔註62〕。是編王紹曾《清史稿藝文志拾遺》著錄，有道光刻本，未見。

058《周禮丘乘圖說》一卷　　（宋）項安世撰

項安世（？～1208），字平甫，其先括蒼人，後家江陵。宋孝宗淳熙二年（1175）進士，除祕書正字，光宗時遷校書郎，寧宗時，爲戶部員外郎、湖廣總領，終以太府卿。著有《易玩辭》、《平庵悔稿》等書。《宋史》卷三九七有傳。陳振孫《直齋書錄解題》卷二、《宋史·藝文志》、朱彝尊《經義考》卷一二九皆有著錄，朱注云未見。

059《周禮開方圖說》一卷　　（宋）鄭景炎撰

鄭景炎，宋人，事蹟未詳。《宋史·藝文志》、朱彝尊《經義考》卷一二九並著錄，朱注云未見。

第二節　　儀禮類

060《儀禮圖》無卷數　　（宋）朱熹撰

朱熹（1130～1200），字元晦，一字仲敏，號晦庵、紫陽、雲谷老人，宋婺源人，後僑居建陽。紹興十八年（1148）進士，授同安主薄，歷知南康軍、提舉常平茶鹽公事，提點江刑獄公事。寧宗時，除煥章閣待制、侍講。治經重義理。著有《四書章句集注》、《儀禮經傳通解》等書。《宋史》卷四二九有傳。明楊士奇《文淵閣書目》著錄朱子《儀禮圖》三部，各爲四冊、五冊與

〔註61〕見《續修四庫全書總目提要》經部禮類「溝洫疆理小記」下。
〔註62〕見程璋序。

六冊，又著錄《儀禮圖疏》一部十冊，清傅維麟《明書經籍志》並據以著其目。按此二書，朱彝尊《經義考》未載，亦未有傳本。

061 《儀禮圖》十七卷 《儀禮旁通圖》一卷　　（宋）楊復撰

楊復，字茂才，一字志仁，宋福安人。受業朱熹之門，與黃榦（1152～1221）相友善。資性通敏，精於考索。眞德秀帥閩，嘗創貴德堂於郡學以延之，學者稱信齋先生，著有《祭禮》、《家禮雜說附註》等書。陸心源《宋史翼》卷二十五有傳〔註63〕。是書成於理宗紹定元年（1228），有復紹定戊子（1228）自序，卷前有晦庵朱文公乞修三禮奏箚，及陳普後序。自序稱嚴陵趙彥肅作〈特牲〉、〈少牢〉二禮圖，質於朱子。朱子以爲「更得冠昏圖及堂室制度並考之，乃爲佳爾」。復因原本師意，錄十七篇經文，節取舊說，疏通其意，各詳其儀節陳設之方位，而繫之以圖，凡二百有五〔註64〕。又分宮廟、冕弁、牲鼎禮器三門，爲圖三十有五，名曰《儀禮旁通圖》。凡位之先後秩序，物之輕重權衡，皆可以按圖以考文，據文以釋義，而一經之制度名物，如指諸掌。古人左圖右書之義，亦吻合無間。其喪服則列〈喪服表〉、〈喪服圖〉以代儀節。〈喪服圖〉解析喪服，詳注名稱，標以尺寸，較之聶氏、陳祥道等衹繪外形者不同，蓋實屬創舉，後之言服制者，俱沿用此法。又就儀節圖言，此亦爲始創者。其《旁通圖》中之宮廟門，雖止列七圖，於行禮儀節尚未能粲然畢備，然其首開圖解宮廟各部之先河，固迥出諸儒之上。《四庫提要》譏其儀節、宮室之疏漏云：「但隨事立圖，或縱或橫，既無定向，或左或右，僅列一隅，遂似滿屋散錢，紛無條貫。其見於宮廟門，僅止七圖，頗爲漏略，又遠近廣狹，全無分數，如序外兩夾，劉熙《釋名》所謂在堂兩頭，故曰夾是也，圖乃與房室並列，則〈公食大夫禮〉宰東夾北西面，疏云位在北堂之南，〈特牲饋食禮〉豆籩鉶在東堂，注云房中之東當夾北者，皆茫然失其處所矣。門與東西塾同在一基，圖乃分在東隅西隅，則〈士虞禮〉七俎在西塾之西無其地，及〈士冠禮〉擯者負東塾之類，皆非其處所矣。如斯之類，殊未能條理分明。」然亦以爲「其餘諸圖，尚皆依經繪像，約舉大端，可粗見古禮之梗概，於學者不爲無裨。一二舛漏，諒其刱始之難工

〔註63〕陸心源，《宋史翼》，新校本《宋史》附編二，鼎文書局，1980。

〔註64〕《儀禮圖》列圖二百有五：士冠6、士昏12、士相見1、鄉飲酒15、鄉射12、燕禮11、大射9、聘禮13、公食大夫5、覲禮5、喪服31、士喪18、既夕7、士虞10、特牲19、少牢10、有司徹21。按楊圖〈喪服〉圖表，據目錄凡三十有一，而實二十有九，其「爲人後者爲其本宗服圖」及「女子子適人者爲其本宗服圖」，有目無圖。明吳繼仕《七經圖》始補之。

可也」，蓋爲平實之論。是其所繪圖，雖顯漏略，但其固有益於後學讀經之用，而後之繼作者，若《欽定儀禮義疏》、張惠言《儀禮圖》、黃以周《禮書通故》諸書所繪儀節，大抵皆沿其流而加密焉，是楊圖之功不可沒也。有《通志堂經解》本、《四庫全書》本。

062《儀禮會通圖》二卷　（明）陳林撰

陳林，明人，有《周禮文物大全圖》，已著錄。朱彝尊《經義考》卷一三四著錄，注云未見。按是編未見傳本。

063 禮經圖一卷　（明）胡賓撰

胡賓（1506～1557），字汝觀，號潢南，明光州人，世宗嘉靖十四年（1535）進士，由行人遷兵科給事中，劾疏無所避忌，觸怒權貴，謫亳州通判，官至山西按察副使。事蹟見焦竑《國朝獻徵錄》卷九七〔註65〕。是編《經義考》卷一三四著錄，注云未見。按胡賓傳世群經圖，有《五經圖全集》（五卷），亦有《六經圖全集》（六卷），並爲明刻本〔註66〕。後者多出〈周禮圖全集〉一卷，其餘五卷，與前者經圖排序、款式及圖目全同。《明史·藝文志》及《經義考》卷二四八並著錄《六經圖全集》，朱注並云未見。檢諸今傳明刻本，第一卷爲易經圖，第二卷爲書經圖，第三卷爲詩經圖，第四卷爲春秋圖，第五卷爲禮經圖，第六卷爲周禮圖。其第五卷之〈禮經圖〉，實爲《禮記》圖，乃名從唐《五經正義》，而以《小戴禮記》爲禮經也。疑《經義考》卷一三四所載《禮經圖》一卷，乃自《六經圖全集》析出別行者，非別有《禮經圖》也。且朱氏將其書廁於陳林《儀禮會通圖》與譚貞良《儀禮名物考》之間，而歸諸《儀禮》類書目中，是誤以此卷《禮經圖》即《儀禮圖》也。（說詳「群經總義類」胡賓《六經圖全集》條）。

064《儀禮節解》十七卷　（明）郝敬撰

郝敬（1558～1639），字仲輿，號楚望，明京山人。萬曆十七年（1589）進士，由知縣歷禮科、戶科給事中。尋謫知江陰，乃挂冠歸。著有《九經解》、《山草堂集》等書。《明史》卷二八八李維楨附傳。是書即爲《九經解》之一。首列〈讀儀禮〉二十一條，下依經編次，自爲詮釋。《四庫提要》評其書云「敬

〔註65〕 焦竑，《國朝獻徵錄》卷九七，頁83，〈中憲大夫山西按察司副使胡公賓志銘〉，
　　　　明文出版社，1991。
〔註66〕 胡賓，《六經圖全集》六卷，明刻本，六冊，北京圖書館分館藏書。
　　　　胡賓、伍偉，《五經圖全集》五卷，明刻本，中央圖書館藏書。

所作《九經解》，皆好爲議論，輕詆先儒。此編尤誤信樂史五可疑之說，謂《儀禮》不可爲經，尤其乖謬，所解亦粗率自用，好爲臆斷。其間有可取者，如裼襲，有衣之裼襲，有玉之裼襲，鄭註泥〈玉藻〉之文，於〈聘義〉還玉還璋，皆以爲易衣加衣之儀。〈覲禮〉『匹馬卓上』，蓋卓立向前之義，鄭註誤以『卓』爲『的』，及〈公食大夫禮〉『又鼎鼏若束若編』，非以茅爲鼏之類。敬之所辨，亦時有千慮之一得，然所見亦罕矣。」是編〈公食大夫禮〉正饌庶羞之設，附有圖說，所以糾正楊復《儀禮圖》之疏失。有明萬曆郝千秋郝千石刻《九部經解》本（《續修四庫全書》本據此影印）。

065 《儀禮圖解》無卷數　（明）欽楫撰

欽楫，字遠猶，明吳縣人。好讀書，爲古詩，洞徹經史，放志自適。寓居僧舍，終身不娶。少學畫於劉原起，高古有宋、元遺意，寫山水饒秀韻，以畫名家。楫以爲《儀禮注疏》多不合經文，乃旁搜漢魏以降諸儒訓詁以考正之，作《儀禮圖解》。事蹟見《江南通志》卷一七〇〔註67〕。按是編未見傳本。

066 《儀禮鄭注句讀》十七卷　（清）張爾岐撰

張爾岐（1612～1677），字稷若，號蒿庵居士，清山東濟陽人。明諸生，入清，隱居不仕，題其室曰「蒿菴」，取〈蓼莪〉詩之義。遜志好學，篤守程朱之說。精於三禮。著有《周易說略》、《蒿庵集》等書。《清史稿》卷四八一、《清史列傳》卷六十八有傳。是書取唐開成石經本、元吳澄本與明監本相互讎校，刊誤辨疑，劃分章節，全錄鄭註，精擇賈疏，而時於段後附以己說，所見皆確不可易，且多前人所未發。因經文古奧難通，故並爲之句讀，爲後之治《禮》者，提供最佳入門之書。胡德琳跋其書云：「蒿菴是書，洵鄭氏之功臣，學者之津筏。」其書於〈公食大夫禮〉中，附有「正饌加饌圖」，其圖六簋排列，以東西三簋爲一列，南北作二列，與經違異，庶羞及漿飲豐之設，則與經文合。有清乾隆八年和衷堂原刻本、《四庫全書》本。

067 《儀禮商》二卷附錄一卷　（清）萬斯大撰

萬斯大（1633～1683），字充宗，學者稱褐夫先生，萬斯同兄。清浙江鄞縣人。剛毅有守，不事舉業。其治經，以爲非通諸經則不能通一經，非悟傳注之失則不能通經，非以經釋經則無由悟傳注之失。其爲學尤精《春秋》、《三禮》，融會諸家，不拘漢宋。著有《學禮質疑》、《學春秋隨筆》等書。《清史

〔註67〕趙宏恩等監修，《江南通志》卷一七〇，頁17，《四庫全書》本，商務印書館。

稿》卷四八一、《清史列傳》卷六八有傳。是書就《儀禮》十七篇，每篇各爲之說，凡六十有六條。其所爬羅剔抉，頗能見先儒所不及。然勇於自信，動輒駁鄭、賈注疏之失，而欲申己見，宜乎應撝謙序稱「余喜其潭思，嫌其自用，時欲切磋之，而萬子護其所見，未肯動步，往復之際，動盈卷軸。其有相持不下者，則不能爲之唯唯。」附錄一卷，即載與應嗣寅四書及與陳令升一書。前列廟寢圖二：「廟在寢東圖」及「正寢圖」並說，所以「供讀者考之，有以知禮儀節次之所在」。後附「司士治朝圖」及「應嗣寅治朝圖」，以顯治朝別無堂也。有《經學五書》本、《四庫全書》本。

068《儀禮節略》十七卷《圖》三卷 （清）朱軾撰

朱軾（1665～1736），字若瞻，號可亭，清江西高安人。康熙三十三年（1694）進士。累官浙江巡撫，拜文華殿大學士，兼吏部尚書。坐撫浙時，失察呂留良私書，吏議革職，命乃視事，尋述職，兼管兵部尚書事。著有《周易傳義合訂》、《朱文端公文集》等書。《清史稿》卷二八九、《清史列傳》卷一四有傳。是書分冠昏喪祭四大綱，冠禮後附以學義，昏禮後附以士相見、鄉飲酒，於喪祭二禮尤詳。附圖三卷，則其門人王葉滋所爲，軾所訂定者也。大旨以朱子《家禮》爲主，雜採諸儒之說，而斷以己意，蓋欲權衡於今古之間，故於今禮多所糾正，於古禮亦多所變通（見《四庫全書總目提要·禮類存目三》）。是書附圖三卷，蓋取陳祥道《禮書》圖、聶崇義《三禮圖》，合以楊復《儀禮圖》、《家禮》諸圖參訂互考而成。卷十八（圖上）爲冠禮圖、學義雜圖、昏禮圖、內則雜圖、士相見禮圖、鄉飲酒禮圖。卷十九（圖中）爲儀禮喪禮圖、家禮喪禮圖。卷二十（圖下）爲儀禮服制圖、今服制圖、儀禮五服圖、儀禮喪服圖、家禮五服、衰服、衰絰、衰裳、齊絰、服制諸圖、古廟制圖、家禮祠堂圖、家禮祭禮圖，古祭器圖、家禮祭器圖、古今牲禮圖及鄉社祭禮圖，包括儀節、名物及圖表，圖凡一百有奇，皆註明各細部名稱。所以庶幾遵文繹器，不爲茫無依據。是編有朱文端公藏書本（《四庫全書存目叢書》本據此影印）。

069《儀禮經傳內編》二十三卷《外編》五卷 （清）姜兆錫撰

姜兆錫（1666～1745），字上均，清江蘇丹陽人。康熙二十九年（1690）舉人。乾隆元年（1736），以大學士鄂爾泰薦，充三禮館纂修官。採輯群書，折衷眾說，寅入申出，以勤博稱。著有《禮記章義》、《九經補注》等書。《清史列傳》卷六七有傳。是書卷前有王步青暨姜氏目錄二序。其書蓋本《儀禮》而分之，

自〈士冠〉至〈少牢〉凡十四篇，內〈士喪禮〉、〈少牢禮〉又各離爲二篇，凡十六篇，并所採補之經傳如干篇，是爲「儀禮內編」；而〈喪服〉一篇則與所採補之如干篇，別爲「儀禮外篇」（〈目錄序〉）。《內編》首爲嘉禮，以〈士冠禮〉冠之，大夫冠禮以下繼焉，昏、飲、鄉燕、賓射、脤膰、賀慶又次之，次軍禮、賓禮、凶禮、吉禮，終以五禮後附，凡八篇。《外編》首爲喪服本經，又補喪服，採經四篇，又終以圖考。大抵以《儀禮》爲主，未備者則採他書以補之，類多因襲前人，甚少發明。觀乎書前姜氏自序，其著書之意，蓋欲補正朱子《儀禮經傳通解》，《四庫提要》以爲其「不逮原書遠矣」。是書外編所附〈圖考〉，凡分七類，曰嘉禮圖考，曰軍禮圖考，曰賓禮圖考，曰凶禮圖考，曰吉禮圖考，曰學禮考，曰五禮總考。所附圖表，凡四十有六。其中以喪服圖表爲多，嘉禮相關圖次之，有合巹設饌圖、公食大夫禮陳饌圖、燕禮席位圖、大射樂縣圖，次爲軍禮圖，有兵農合一圖、鄉官軍將合一圖，賓禮有歸賓饔餼圖，皆頗詳明。是編有清乾隆元年寅清樓刻本（《續修四庫全書》本據此影印）。

070 《欽定儀禮義疏》四十八卷　　（清）鄂爾泰等奉敕撰

　　鄂爾泰（1677～1745）有《欽定周禮義疏》，已著錄。是書乾隆十三年（1748）敕撰，爲《三禮義疏》之第二部。前有凡例及引用姓氏。其詮釋七例，與《周禮義疏》同。全書分經文爲四十卷，卷首冠以綱領三篇，釋宮一篇，不入卷數，殿以禮器圖四卷（卷四十一至四十四），禮節圖四卷（卷四十五至四十八），凡四十八卷。此書以元敖繼公《儀禮集說》所說爲宗，參核諸家，以補正其舛漏，至於今古文之同異，則全採鄭注，經文記文之次第，則一本古本。所分章段，則多從朱子《儀禮經傳通解》，並以楊復、敖繼公之說，相互參校。釋宮則用李如圭《儀禮釋宮》。其禮器圖四卷，蓋本聶崇義《三禮圖》，並參陳祥道《禮書》，其圖與《周官義疏》、《禮記義疏》多所重複。卷四十一首爲宮室、次爲冠服、玉瑞，殿以幣帛贄物等圖；卷四十二首宗法、席筵及卜筮用具諸圖，次爲尊彝鼎爵、籩豆槃匜等圖；卷四十三爲樂器、旌旗及射器等圖；卷四十四爲喪服、喪器圖，又間存甲胄四圖。禮節圖四卷，則依《儀禮》十七篇次第，凡爲圖（表）二百有一〔註68〕，大抵本諸楊復《儀

〔註68〕　《欽定儀禮義疏》所列禮節圖，凡二百有一：士冠8、士昏12、士相見1、鄉飲酒15、鄉射14、燕禮14、大射9、聘禮13、公食大夫6、覲禮5、喪服21、士喪18、既夕7、士虞10、特牲19、少牢10、有司徹19。按《四庫全書》本，〈鄉飲〉主人獻賓圖，與〈士冠〉三加圖錯置，《四庫薈要》本不誤。

禮圖》，而一一刊其誤謬，拾其疏脱。四卷皆前圖後說，視楊氏圖爲詳備。惟楊圖〈喪服〉有圖有表，而《義疏》則置喪服形制諸圖於〈禮器圖〉中，於此祇列五服圖表，與楊圖殊異。是編有《四庫全書》本。

071 《儀禮小疏》八卷　　（清）沈彤撰

沈彤（1688～1752），字冠雲，號果堂，清浙江吳江人。少補諸生，從何學士義門遊，雍正間至京師，方侍郎望溪絶重之。乾隆元年（1736），召試博學鴻儒，報罷。因與修《三禮》及《一統志》，授九品官，以親老辭歸。自少力學，以窮經爲事，貫串前人之異同，而求其至當，尤精《三禮》。著有《周官祿田考》、《果堂集》等書。《清史稿》卷四八一、《清史列傳》卷六八有傳。是書取《儀禮》〈士冠〉、〈士昏〉、〈公食大夫〉、〈喪服〉、〈士喪〉五篇，爲之箋疏，各數十條，而於〈士冠禮〉、〈士昏禮〉、〈士喪禮〉之後，又各附監本刊誤（《經解》本未附），卷末附〈左右異尚考〉一篇，考證頗爲精核，多訂舊說之訛。書中附有四圖，〈士昏禮〉附「對席圖」，考訂楊復「夫婦對席圖」之誤，並繪今圖以正之。〈士喪禮〉，則參考經記而爲「室中哭位」、「眾婦人戶外哭位」及「眾兄弟堂下哭位」三圖，極便檢閱。是編《皇清經解》本都爲八卷，《四庫》本於〈公食大夫禮〉後，附「左右異尚考」合爲一卷，故爲七卷。

072 《儀禮管見》十七卷　　（清）褚寅亮撰

褚寅亮（1715～1790），字搢升，號鶴侶，清江蘇長洲人。乾隆十六年（1751）南巡，召試舉人，授內閣中書，從都御史梅穀成受算術，官至刑部員外郎。深於經學，從事《禮經》幾三十年，專主鄭學，兼精天文歷算，著有《公羊釋例》、《勾股廣問》等書。《清史稿》卷四八一、《清史列傳》卷六八有傳。全書十七卷，依《儀禮》十七篇次第，卷末附〈笙詩有聲無詞辨〉、〈拜下解〉、〈旅酬考〉及〈宮室廣修考〉四篇。是書以彰明鄭注，辨駁敖繼公《儀禮集說》之失爲主。嘗謂敖氏雖云采先儒之言，其實自注疏而外，皆自逞私肊，專攻高密。蓋其宗旨不在解經，殊有意與鄭玄爲難。至於說有不通，甚或改竄經文，以曲就其義（見自序），乃著《儀禮管見》，依鄭注立說，貫串全經，疏通而證明之。其於敖氏《集說》之故與鄭違而實背經訓者，皆一一訂正，其輔翼鄭注，有所發揮者頗夥，胡培翬《儀禮正義》多引之。其書於〈士昏禮〉附有「共牢設饌圖」，蓋在辨敖氏昏禮對席與饌者對席無別，

以及李如圭謂對席亦有俎則是六俎而非三俎，且失同牢之義之非。於〈公食大夫禮〉附有「正饌加饌圖」，駁正楊復、張爾岐、與姜兆錫三圖六簋排列之誤。是編《皇清經解續編》本爲十七卷，《粵雅堂叢書》本合爲三卷，卷首有王鳴盛序及褚氏自序，《續經解》本則無之。

073 《儀禮集編》四十卷　　（清）盛世佐撰

盛世佐（1718～1755），字庸三，清浙江秀水人。乾隆十三年（1748）進士，官貴州龍里知縣。桑調元設教南屛，盛氏從之游，熟精三禮。《清史稿》卷四八一沈彤附傳、《清史列傳》卷六八吳廷華附傳。是書裒集古今說禮者一百九十七家，編次眾說，一以時代爲序，二說略同則錄前而置後，後足以發前所未備，則兼錄之，間附己見於先儒諸說之後。又撮其大要爲綱領十二篇，列於卷首，上自制作之原，下逮授受源流，先儒詳論得失皆著之，俾讀者有可以考焉。見《鄭堂讀書記》〔註69〕。《四庫提要》稱其持論謹嚴，無空腹高談，輕排鄭、賈之錮習。又楊復《儀禮圖》久行於世，然其說本注疏，而時有並注疏之意失之者，世佐亦一一是正。至於諸家謬誤，辨之尤詳。雖持論時有出入，而可備參考者多。盧文弨著《儀禮詳校》，頗採其說。是編於〈士昏禮〉附夫婦席前設饌舊圖及今更定圖、北堂圖、婦人助祭圖，〈鄉飲酒禮〉附賓位舊圖及今更定圖、饗燕用詩差等圖、無算爵圖，〈鄉射禮〉附序圖、鄭說禮射侯圖及今考定禮射侯制圖，〈聘禮〉附歸賓饔餼圖，〈公食大夫禮〉附賓席前設饌圖，〈喪服〉附楊氏五服衰冠升數圖，〈有司徹〉附楊氏盛尸俎圖，凡十有餘圖。其於楊復《儀禮圖》皆有所修正，足資參考。有《四庫全書》本。

074 《儀禮圖稿》不分卷　　（清）王紹蘭撰

王紹蘭（1760～1835），字畹馨，號南陔，晚年自號思惟居士，清浙江蕭山人。乾隆五十八年（1793）進士，授福建南屛知縣，累遷布政使、巡撫。少好學，深究經史，以許、鄭爲宗，於《儀禮》、《說文》致力尤深。著有《禮堂集義》、《王氏經說》等書。《清史稿》卷三六五張師誠附傳。是書爲手稿本，全書凡六冊，不分卷，原題《三禮圖稿》，未著撰人姓氏〔註70〕。首〈士冠禮〉筮日圖，已殘佚。顧廷龍跋首云：「據《義疏》所繪，未有說，蓋未成

〔註69〕周中孚，《鄭堂讀書記》卷四，頁13。《叢書集成續編》，新文豐出版社，1991。
〔註70〕按是書顧廷龍、王大隆以爲王紹蘭所撰，見《儀禮圖稿》顧、王二跋。

之作。觀字迹有與《禮堂集義》相同者，是為南陔遺稿可證。王小榖撰〈南陔墓志〉，謂《儀禮圖》十七卷，殆即此稿。」任銘善亦云：「嘗與王欣夫（大隆）教授共觀之，疑為王南陔書而不能決。予觀《南陔文集》寫本，與此殆出一手，又有王氏墓志文可據，逐可定是南陔遺書。」王欣夫則持比較審慎之態度，其於跋尾云：「審其字蹟、紙墨，當出乾嘉時人。考烏程嚴鐵橋可均有《三禮圖》，與孫伯淵同撰，見《漫稿·與徐星伯書》，蕭山王南陔紹蘭《儀禮圖》，見王履端所撰墓志。二書皆未刻，此書時地均與相近，然未敢質言。」按是書為圖凡二百，悉據《欽定儀禮義疏》禮節圖，而獨缺〈有司徹〉「乃羞于尸侑主人主婦」一圖〔註71〕，且皆有圖而無說，其圖勒自《義疏》，蓋較然明白。顧、任二氏據字跡比對，以為出自王紹蘭之手，證據似嫌薄弱，恐不足以據。且王氏生當乾嘉之世，以當時崇尚實學之風，似不當有此全然剽竊之舉。《南陔文集》寫本，未嘗目睹，其字跡如何，不敢妄斷。若夫寫本《禮堂集義》〔註72〕，其字跡縱與此書有相似之處，但於結構之方圓，則亦略有所異。竊以為此手稿本，殆為習禮者逐錄《義疏》禮節圖，以為讀《儀禮》之資耳。至於何人所為，殆已不可稽考。有手稿本，顧廷龍、任銘善、王大隆跋，今藏上海圖書館。

075 《儀禮圖》六卷　　（清）張惠言撰

張惠言（1761～1802），字皋文，號茗柯，清江蘇武進人。嘉慶四年（1799）進士，朱珪重其學行，特奏改庶吉士，充實錄館纂修官。散館，以部屬用。珪特奏改授翰林院編修。少為詞賦，及壯，又效韓愈、歐陽修。其學深於《易》、《禮》，卓然為經師。著有《周易虞氏義》、《易圖條辨》等書。《清史稿》卷四八二、《清史列傳》卷六九有傳。是書卷首有嘉慶十年阮元序，甚推許之（《續經解》本無阮序）。張氏以為治儀禮者，當先明古人宮室之制，然後所位所陳，揖讓進退，升降周旋，不迷失其方，故兼采唐、宋、元以及清代諸儒之說，斷以經注。首述宮室圖，以總挈大綱。其圖有七，曰鄭氏大夫士堂室圖，曰天子路寢圖，曰大夫士室圖，曰天子諸侯左右房圖，曰州學為榭制圖，曰東方室北堂圖，曰士有室無房堂。次則詳考吉凶冠服之制，且為之圖。舉凡冠冕弁笄，衣裳深衣、帶韠烏屨，皆繪其物象，並多標明尺寸，

〔註71〕見《義疏》卷四八，頁91。
〔註72〕王紹蘭，《禮堂集義》，清寫本，上海圖書館藏書。

說亦詳明。末更附以「冕弁冠服表」、「婦人服表」，以明其差異。卷二以下，俱依十七篇經文次第，圖其宮室，繪其儀節，凡爲圖一百九十七，俾讀經者，置圖於左，可以隨讀隨閱，而揖讓進退之節，了然於心目間。其視楊復《儀禮圖》於行禮儀節，未能粲然畢備者，較爲詳明。有清嘉慶刻本（《續修四庫全書》本據此影印）、《皇清經解續編》本。

076《儀禮圖說》無卷數　（清）夏逢芝撰

夏逢芝，字秀長，號任齋，清湖南益陽人。舉人。精研易理、史論、天文。陶士契序《稽古樓集》云：「秀長弱不好弄，壯不求聞達。二十年來棄舉子業，專精遜志，以學于古人，而著述成集。其於《儀禮》有圖說，於《春秋》有辨疑，于史事有論斷，于家居有訓約。吾于集中諸藝，亦既愛之敬之，往復誦之不能釋。」著有《易學尋源》、《春秋辨疑》等書。是書《湖南通志·藝文》著錄，並引鄧正琮序言「予壯時稍知尊經，以《儀禮》尤切日用，私欲鳩二三雅宿，舉所謂燕射聘飲演而行之，以熟其法。議者以爲迂，尋不復問。今年夏，暴得是編，反復尋味，不覺帳然喜瞿然思也。曰此十七篇之訓世屬俗，本之性情，達於倫類，以治幽明，而型遠邇者。其刑名法迹三禮，及群經交相表裏於是乎在，善矣。是亦所以載道也。」〔註73〕按是編未見傳本。

077《儀禮圖註》二卷　（清）毛名珌撰

毛名珌，清湖南常寧人。事蹟未詳。是編《湖南通志·藝文》著錄，並注云「縣志」〔註74〕。按是編未見傳本。

078《儀禮圖補》八卷　（清）王翼周撰

王翼周，字維之，清山東膠州人。附貢。是編《山東通志·藝文志》著錄。〈藝文志〉引《州志》載是書云：「自宋楊復本朱子意爲《儀禮圖》，國朝欽定〈禮節圖〉採元敖繼公說正訂而稍增之，翼周復依張爾岐《鄭注句讀》採經文備分圖之（增圖百餘），惟〈喪服〉一卷無所增，雖義無創獲，而不憚詳繹，以啓後學，可謂善因者也。」〔註75〕按是編未見傳本。

〔註73〕曾國荃等纂，《湖南通志》卷二四六〈藝文二〉，頁3，華文書局，1967。
〔註74〕曾國荃等纂，《湖南通志》卷二四六〈藝文二〉，頁4，華文書局，1967。
〔註75〕孫葆田等纂，《山東通志》卷一二八〈藝文志一○〉，頁3511，宣統三年修本，華文書局，1969。

079《儀禮易讀》十七卷　　（清）馬駉撰

馬駉，字德淳，清浙江會稽人。諸生。待人無賢不肖無忤言，好讀書，年踰九十，猶執卷不釋，自號書饞。著有《碩果錄》、《四書偶見》等書。《紹興府志・儒林》有傳〔註76〕。是書十七卷，積四十年乃成，山陰令萬以敦、會稽令彭元瑋爲之刊行。《四庫提要》謂「《儀禮》向稱難讀，故於經文諸句之中，略添虛字聯絡之，以疏通大意。又仿高頭講章之式，彙諸說於上方。大約以鄭註賈疏爲主，而兼採元敖繼公《集說》、明郝敬《集解》，及近時張爾岐《句讀》諸書，間亦參以己意，取便初學而已，不足以闡經義也。」（見禮部存目一）。前有齊召南、雷鋐、萬以敦、彭元瑋諸序及自撰凡例，並依宋李如圭《釋宮》，繪列七圖於首，後有李志魯跋。有清乾隆二十年山陰縣學刻本《四庫全書存目叢書》本據此影印）。

080《儀禮圖說》十七卷　　（清）張校均撰

張校均有《井田圖說》，已著錄。是編《鎮海縣志・藝文》、宋慈抱《兩浙著述考》並著錄。未見。

081《儀禮正義》四十卷　　（清）胡培翬撰　　楊大堉補

胡培翬（1782～1849），字載平，號竹村，清安徽績溪人，胡匡衷孫。嘉慶二十四年（1819）進士，官內閣中書、戶部廣東司主事。爲學淵源於先世，又師歙縣凌廷堪，故於《禮經》獨深。著有《燕寢考》、《研六室文鈔》等書。《清史稿》卷四八二、《清史列傳》卷六九有傳。胡氏以《儀禮》鄭注而後，惟賈疏盛行，而賈疏或解經而違經旨，或申注而失注意，因參稽眾說，覃精研思，積四十餘年，成《儀禮正義》，凡四十卷。是書名曰《正義》，乃循以疏解注之例，全錄鄭注而節刪賈疏。本傳稱此書上推周公、孔子、子夏垂教之旨，發明鄭賈得失，旁逮鴻儒經生之所議，張皇幽渺，闡揚聖緒，爲二千餘歲絕學，雖譽之不無過當，而自賈疏之後，尚無是書之博大精深，辨析精密者，洵足輔翼鄭氏，嘉惠來學。胡氏晚歲患風痺，尚有〈士昏禮〉及〈鄉飲酒禮〉、〈鄉射禮〉、〈燕禮〉、〈大射儀〉五篇未卒業而歿，門人楊大堉爲補成之。是書於卷十九〈公食大夫禮〉，附有「爲賓設正饌加饌圖」，又於卷二十五〈喪服〉之末，附〈考五服衰冠升數及降正義服〉，參稽各家，並下己意，別爲圖說，有「衰冠升數圖說」及「降正義服圖說」，於降服、正服、義服，辨析極爲精詳。有清木犀香館刻本

〔註76〕平恕等修，《紹興府志・儒林》卷五三，頁66，乾隆五七年刊本，成文出版社，1975。

（《續修四庫全書》本據此影印）、《皇清經解續編》本。

082《儀禮先易》八卷《圖考》一卷　（清）曾家模撰

曾家模，字資汀，清湖南武岡人。家模爲嘉慶間人，家貧好學，於九經、諸史及天文、地輿、河渠、兵法、周髀、句股諸書，靡不研究。平居授徒，一以窮經砥行爲務。著有《春秋述朱》、《古今圖考》等書。事蹟具《國朝耆獻類征初編》卷四二一〔註77〕。是書有家模前後序兩篇。此書因《儀禮》古奧難讀，故取經文，節爲句讀，復旁採鄭注賈疏及諸儒之說，參以己意，作爲集注，雖書中間有不合舊說者，不過所見不同，各自抒其心得耳。晚年曾氏目盲，勉強補注〈士虞禮〉以下四篇，更爲《圖考》一卷，口授幼子抄錄成稿。自序稱：「稿經十易，歲歷三稔而始成書。」可見其於是經，勤淬篤至如此。（參見《續修四庫提要》）。是編《湖南通志·藝文》著錄〔註78〕。有稿本，見載《續修四庫提要》。未見。

083《儀禮私箋》八卷　（清）鄭珍撰

鄭珍（1806～1864）有《輪輿私箋》，已著錄。是書首有其子鄭知同序，略言先君子初志於《儀禮》全經，皆有考論，不幸中年迭遭喪亂，一歲數遷，強半尚未脫稿，所存遺說，獨有四篇，然於〈喪服〉經注闡證特詳。甲子秋，先君子即世，知同悉心裒錄詳校，都爲八卷云云。其書一本鄭注而發揮，於〈喪服〉經注闡證特詳。前二卷爲〈士昏禮〉，卷三爲〈公食大夫禮〉，卷四至卷七爲〈喪服〉，卷八爲〈士喪禮〉與〈既夕禮〉。此書於〈士昏禮〉中附有「夫婦對席對饌圖」、並錄賈疏說圖、楊復圖、敖繼公《集說》圖〔註79〕、沈彤《小疏》圖、張惠言圖，皆一一考正各家之誤。又於〈公食大夫禮〉附設正饌加饌之圖。有清同五年唐鄂生刻本（《續修四庫全書》據此影印），《皇清經解續編》本書首無鄭知同序。

084《儀禮表》　（清）馬徵麐撰

馬徵麐（1821～1893），初名徵麟，字素臣，一字鍾山，號淡園居士，清安徽懷寧人。守愚子，道光諸生。勤學嗜古，精於禮。嘗謂禮之精義不貫，

〔註77〕李桓輯錄，《國朝耆獻類徵初編》卷四二一，頁17，文海出版社，1966。
〔註78〕曾國荃等撰，《湖南通志》卷二四六〈藝文二〉，頁4，清光緒十一年重刊本，華文書局。
〔註79〕按賈公彥《儀禮疏》及敖繼公《儀禮集說》本無正饌加饌圖，《私箋》所附，係鄭氏據賈、敖之說而補之。

不可以治群經。嘗從曾文正贊助軍務，歷舒城訓導、太平教諭等職。諸經小學及讀史方輿沿革，均各有撰著，多所心得。生平著述甚富，有《毛詩多識篇》、《淡園文集》等書。《懷寧縣志‧儒林》有傳〔註80〕。是編《懷寧縣志》、蔣元卿《皖人書錄》著錄〔註81〕，未見。

085 《儀禮集解》十八卷《禮節圖》一卷　　（清）劉發書撰

劉發書，字授九，號獻齋，清安徽懷寧人。同治元年（1862）舉孝廉方正。性孝友，謹禮法，慎取與，以著述自娛，貧窶不形於色。《懷寧縣志‧儒林》有傳〔註82〕。是書大旨原本注疏，參考諸家，有未盡者乃下己見，理明典竅，取達經旨而已（見〈儒林傳〉）。是編《安徽通志稿‧藝文考》、蔣元卿《皖人書錄》、《清史稿藝文志補編》皆著錄〔註83〕，未見。

086 《儀禮奭固禮器圖》十七卷　　（清）吳之英撰

吳之英（1857～1918），字伯朅，清四川名山人。光緒初以優行薦朝考二等，改選灌縣訓導，後歷任成都尊經、錦江書院講席。凡經史百家，曆法推步，莫不通曉，尤精三禮。事蹟見《四川近現代人物傳》〔註84〕。是書十七卷，與《儀禮奭固》互為表裡，卷目次第亦完全相同。前有自序，首篇宮室圖，分列廟、寢、朝三圖，並依次詳以論述。其次據十七篇次第，每篇所涉相關服飾、器物皆圖其形象以明之。〈士冠禮〉有圖五十五、〈士昏禮〉三十三、〈士相見禮〉五十一、〈鄉飲酒禮〉十、〈鄉射禮〉三十三、〈燕禮〉十九、〈大射儀〉二十六、〈聘禮〉四十二、〈公食大夫禮〉六、〈覲禮〉二十、〈喪服〉四十一、〈士喪禮〉九十五、〈既夕禮〉五十三、〈士虞禮〉十七、〈特牲饋食禮〉十、〈少牢饋食禮〉八、〈有司徹〉三，凡五百二十有二圖。其體例

〔註80〕朱之英等纂修，《懷寧縣志》卷一九〈儒林〉，頁11，1916鉛印本，成文出版社，1985。
〔註81〕朱之英等纂修，《懷寧縣志》卷十一〈文藝〉，頁10。
　　　蔣元卿，《皖人書錄》，頁800，黃山書社，1989。
〔註82〕朱之英等纂修，《懷寧縣志》卷一九〈儒林〉，頁10，1916鉛印本，成文出版社，1985。
〔註83〕安徽通志館編，《安徽通志稿‧藝文考》禮類一，頁19，1934年鉛印本，成文出版社，1985。
　　　蔣元卿，《皖人書錄》，頁811，黃山書社，1989。
　　　武作成，《清史稿藝文志補編》，北京中華書局，1982。
〔註84〕任一民主編，《四川近現代人物傳》第一輯，頁201～205，四川社會科學院出版社，1985。

大抵先引經說，次爲釋義，次附以圖。《續修四庫提要》云：「按經義之中，三禮最繁，《儀禮》尤甚。自漢以後，歷代經師，多著圖說，如陸佃《禮象》、陳祥道《禮書》、林希逸《考工記解》、《宣和博古圖》諸書。是編雖取襲前人之圖，而分門別類，條分縷晰，頗稱宏博。且能以《說文》、古史，證明古制，發前人所未發，致力之深，洵足欽矣。惟上古宮室制度，輿輪名物，凡房序堂夾之位，車服禮器之形，漢時去古未遠，器物猶有存者。鄭康成《圖》雖非手撰，要爲傳鄭學者所爲。《博古圖》以後，大半揣摩近似，強命以名，於是後言之禮器者，沿訛踵謬，在所不免。此書於各類名物，考據極精，至所附圖，則多附會，然不害其爲傑構也。」有《壽樂廬叢書》本（《續修四庫全書》本據此影印）。

087《儀禮奭固禮事圖》十七卷 　（清）吳之英撰

吳之英（1857～1918）有《儀禮奭固禮器圖》，已著錄。是書卷首有之英自序，略言「善言禮者達于事，事有大小，經有詳略，韘而會之，罔不貫者。古儀不必適今，圖訓之何也？曰德與才故犁焉，天理人情，今猶古也。笸子書曰：『禮誼廉恥，國之四維』，造勞因佚，損益維斛，錯其文，帥其意，蓋有不可與民變革者。往者奭《儀禮》，有器圖，今饌事圖證器，亦用啟奭固」云云。是書編次，悉依《儀禮》十七篇之舊。首曰〈士冠禮〉，自筮日至庶子冠醮，爲圖十九。二曰〈士昏禮〉，自納采至醴壻，爲圖二十一。三曰〈士相見禮〉，自士相見至始見君，爲圖七。四曰〈鄉飲酒禮〉，自戒賓至息司正，爲圖十九。五曰〈鄉射禮〉，自戒賓至贊工即位，爲圖二十一。六曰〈燕禮〉，自先具至主人獻庶子及左右正內小臣，爲圖十七。七曰〈大射儀〉，自張侯設乏至請樂公，爲圖二十一。八曰〈聘禮〉，自夕幣至薦饔，爲圖三十七。九曰〈公食大夫禮〉，自先設至大夫相食，爲圖七。十曰〈覲禮〉，自王使勞至東箱，爲圖七。十一曰〈喪服〉，自斬衰裳苴絰杖絞帶冠繅菅屨者，至五服升數，爲圖十四。十二曰〈士喪禮〉，自復至卜葬日，爲圖三十七。十三曰〈既夕禮〉，自啟殯至朝禰廟，爲圖二十九。十四曰〈士虞禮〉，自側亨爨位至祔，爲圖二十一。十五曰〈特牲饋食禮〉，自筮日至獻公有司私臣，爲圖四十一。十六曰〈少牢饋食禮〉，自筮日至上鬴胾主人，爲圖二十九。十七曰〈有司徹〉，自徹設至不儐徹設後再告利成，爲圖五十五。全書總凡四百有二圖，其視楊復《儀禮圖》、張惠言《儀禮圖》、黃以周《禮書通故》諸家所繪之圖，尤爲繁富詳盡。惜其儀節圖不畫宮室，祇注明各部位名

稱，稍異諸家，而披覽略欠明晰。有《壽櫟廬叢書》本（《續修四庫全書》本據此影印）。

088《禮經學》七卷　　（清）曹元弼撰

曹元弼（1867～1953），字谷孫，號叔彥，清江蘇吳縣人。師從黃以周，學宗鄭康成，遍治群經。光緒二十年（1894）恩科進士，授內閣中書，官至翰林院編修。後經張之洞邀請，主講兩湖書院，著有《周易鄭氏注箋釋》、《禮經校釋》等書。事蹟見王大隆〈吳縣曹先生行狀〉〔註85〕。是書七卷，卷一為明例，自尊尊、親親、長長、賢賢、男女有別五大義例，至注疏通例。卷二為要旨上下，上卷論〈冠〉、〈昏〉各禮至〈覲禮〉，下卷發明〈喪服〉、〈喪禮〉至〈特牲饋食〉、〈有司徹〉。卷三為圖表，有宮室圖七（曰禮家相傳大夫士堂室圖，曰天子路寢圖，曰大夫士房室圖，曰天子諸侯左右房圖，曰州學為榭制圖，曰東房西房北堂圖，曰士有室無房堂圖）、冠服圖二十八（包括天子冕、笄、天子弁、元冠、端衣、深衣、帶韠、舄屨等大小圖），以及冕弁冠服表、婦人服表、喪服表。卷四為會通，卷五為解紛上下，卷六為闕疑，卷七為流別。曹氏精於《禮經》，博采群籍，於禮諸義及演變，所論極詳，頗多發明。其於圖表卷首有小序，說明其圖表作意，云：「戴東原論治經之難若干事，其一曰誦古禮經，先士冠禮，不知古者宮室衣服等制，則迷於其方，莫辨其用。愚謂〈聘禮〉肆儀為壝壇畫階，此即治禮必先明宮室之義。宮室明則各篇行禮方位，依注疏求之，如指示以掌中物，雖不盡圖可推知矣。〈喪服·記〉言端衣之制，《禮記》有〈深衣〉篇，〈玉藻〉辨冠服用等尤詳，蓋不學雜服，不能安禮。今錄張（惠言）氏宮室衣服圖，校訛改錯，以示學者。〈喪服〉條理精密，特考正張（惠言）表，附胡氏（培翬）說，明人親大義焉。」有清宣統元年刻本（《續修四庫全書》本據此影印）。

089《朝廟宮室考並圖》一卷　　（清）任啓運撰

任啓運（1670～1744），字翼聖，清江蘇宜興人。居近古釣台，世稱釣台先生。家貧苦讀，年五十四，舉於鄉。雍正十一年（1733）進士，授翰林院檢討，官至宗人府府丞。其學綜漢宋，而以朱子為歸。所著書皆存古義，通訓詁，考制度，闡義理。著有《肆獻祼饋食禮纂》、《禮記章句》等書。《清史稿》卷四八一、《清史列傳》卷六八有傳。是書卷前有任氏自序，言其作意，

〔註85〕見《蘇州大學學報》，2000年，第二期。

云：「學禮而不知古人宮室之制，則其位次與夫升降出入，皆不可得而明，故夫宮室不可不考也，作宮室考。」段玉裁稱其書「簡而該，典而不繁，使讀三禮者，可據是以得其進退周旋之次第，而如見其雍容儀度之備，有功於學者，誠非淺鮮也。」此書一卷，於李如圭《儀禮釋宮》之外，別爲類次，前文後圖。分門、觀、朝、廟、寢、塾、宁屏、名物、等威、門大小廣狹、明堂、方明壇等目，研究鉤貫，考證頗爲詳審，雖間有疏謬，而大致精核。卷末附都城九區十二門全圖、天子五門三朝廟社圖、天子七廟都宮門道圖、諸侯五廟都宮門道圖、路寢小寢左右側室圖、朝廟門堂寢室各名圖、明堂九室十二堂之圖、明堂四堂五室二个圖、方明壇四門三成之圖等九圖，並間加釋文，頗爲詳明，甚便披覽。有《皇清經解續編》本。按是編《聚學軒叢書》本，題曰「宮室考」，全書釐爲十三目，多「辟雍」一目，列圖有八，少「方明壇四門三成之圖」。

090 《古宮室圖》一卷附《古冠服圖》一卷　　（清）呂宣曾撰

呂宣曾（1695～1765），字揚祖，號伊蔚，別號柏巖，清河南東垣人。康熙五十三年（1714）舉人，授湖南永興縣知縣，遷靖州知州。著有《古鄉飲圖考》、《儀禮箋》等書。見《清人詩文集總目提要》〔註86〕。《販書偶記續編》載此書，乾隆二年（1737）精刊本，《清史稿藝文志拾遺》亦著錄〔註87〕，未見。

091 《釋宮小記》一卷　　（清）程瑤田撰

程瑤田（1725～1814）有《溝洫疆理小記》，已著錄。是書凡九篇，曰棟梁本義述上，曰棟梁本義述下，曰當阿義述，曰棟宇楣阿榮檐霤辨，曰中霤義述，曰臣入君門述，曰答許積卿論棟橈書，曰夾兩階阰圖說，曰堂階等級庶人亦有廉地之別議。全書解釋棟梁、宇、楣、阿、榮、檐、霤、門、堂、簾、阰等名稱，考證詳博，足以發明《爾雅》、《說文》及經傳注疏之義。「夾兩階阰圖說」後，並附圖一幅以明之。有《通藝錄》本、《皇清經解》本。

092 《禮經宮室答問》二卷　　（清）洪頤煊撰

洪頤煊（1765～1833）字旌賢，號筠軒，清浙江臨海人。與兄坤煊、弟震煊，有「三洪」之稱。嘉慶六年（1801）拔貢生，曾權新興知縣。精研經

〔註86〕柯愈春，《清人詩文集總目提要》卷二一，頁546，北京古籍出版社，2002。
〔註87〕孫殿起，《販書偶記續編》卷二，頁13，洪氏出版社，1982。
　　　　王紹曾，《清史稿藝文志拾遺》，頁98，北京中華書局，2000。

訓，熟悉天文，貫串子史。性喜聚書，購藏嶺南舊本至三萬餘卷，碑版彝器
多世所罕見。著有《管子義證》、《漢志水道疏證》等書。《清史稿》卷四八六、
《清史列傳》卷六九有傳。是書卷首有嘉慶十七年（1812）自序，略云宮室
不明，則古人行禮之節，周旋升降，皆茫然莫知其處。宋李如圭撰《釋宮》，
已撮舉其凡，近人復多考證，核以經文亦有未密。余思古人宮室制度，與今
人不甚相遠，細繹《禮經》，皆有丈尺可尋，名位可辨，因撰此編。上卷爲宗
廟四十六則，附圖三。下卷爲路寢二十則、明堂十五則、太學十三則，附圖
四，俱設爲問答，薈萃經傳注疏，折衷群說，間出己見。研究鉤貫，頗有條
理。視李如圭以下諸家爲詳密，固治禮家所宜注意。項元勳《台州經籍志》
引王紹蘭云：「今讀《答問》四篇，標古訓而刊異說，惟以經證經於古人宮室
之制，如示諸掌，不啻進退揖讓於間。特此以總三禮斐頠、李謐、二戴異制
之疑，而昌黎文公亦可無《儀禮》難讀之苦，洵爲必傳之作，非但爲賈、孔
功臣云爾也。」又引汪喜孫曰：「根抵漢學，實事求是。」〔註88〕有清嘉慶刻
《傳經堂叢書》本（《續修四庫全書》本據此影印）。

093《儀禮釋官》九卷　（清）胡匡衷撰

胡匡衷（1728～1801）有《周禮井田圖考》，已著錄。是書九卷，內釋《儀
禮》官制者六卷（卷一至卷六），補侯國官制二卷（卷七卷八），表（卷九）。
卷前有自序，有例言（六條）。自序略謂周官三百六十皆紀天子之官，而諸侯
之官弗傳。春秋列國之官，莫詳左氏《傳》，而往往出東遷後所僭設，不盡可
據。惟《儀禮》制自周公，〈燕〉、〈射〉、〈聘〉、〈食〉諸篇，皆諸侯之禮，而
其官名與《周禮》或異或同。因取注疏之說，究其得失，略者補之，疑者正
之。又復蒐取諸經所載侯國官制，編附於後，廣《儀禮》所未備，庶以見有
周一代侯國設官分職之大略云云。其例言亦謂：「諸侯官制，自《儀禮》外，
《左傳》、戴《記》爲詳，甚餘諸經亦閒有存者。然左氏內外傳先王之官制賴
以傳者固多，而出於後世之增易者亦不少。《禮記》雜有天子諸侯之禮，且所
記非一代之制，今惟一以《周禮》官名考之，凡《儀禮》所未著而見於他經
者，別輯爲『侯國官制補考』二卷，又次列其爵等爲『侯國職官表』一卷，
附於釋官之後，以備周代掌故焉。」卷首列〈鄭氏儀禮目錄校證〉，末附〈侯
國官制考〉、〈侯國職官表〉，既足以見鄭學之精微，又可廣《儀禮》所未備，

得考有周一代侯國設官分職之大略。〈侯國職官表〉一卷，卷首亦有胡序，云：
「此表依《周禮》六官次第，凡見於經而可信爲周初侯國之制者，則書其官，
其疑而未能定者，依次附錄其說，若出後人之僭設者，則闕而不錄。分孤卿
大夫士庶人在官者爲五格，其官爵下《周禮》一等，本鄭氏〈燕禮〉注推而
列之。」胡氏斯表，蓋以《周禮》爲經，以《儀禮》爲緯，而盡略其僭設者，
庶可見周初設官分職之舊制。是編有《昭代叢書》本、《皇清經解》本（卷首
無「目錄校證」一卷）。

094　《昏禮圖》一卷　　（明）王廷相撰

王廷相（1474～1544），字子衡，明儀封人。弘治十五年（1502）進士，
選庶吉士，授兵科給事中。嘉靖中，以右副都御史巡撫四川，討平芒部賊沙
保，累遷左都御史加兵部尚書。廷相博學好議論，以經術稱，於星曆、輿圖、
樂律、河圖雒書及周、邵、程、張之書，皆有所論駁，著有《喪禮論》、《鄉
射禮圖注》等書。《明史》卷一九四有傳。是書《明史·藝文志》著錄，朱彝
尊《經義考》卷一三五亦載此書，注云存。按是編未見傳本。

095　《士昏禮對席圖》一卷　　（清）俞樾撰

俞樾（1821～1906），字蔭甫，號曲園，清浙江德清人。道光三十年（1850）
進士，授編修。曾主講蘇州紫陽、上海求是等書院，而主杭州詁經精舍三十餘
年。其治學以高郵王氏爲宗，精研訓詁、文字之學，而務爲廣博，旁及百家，
著述宏富，著有《群經平議》、《諸子平議》等書。《清史稿》卷四八二有傳。《儀
禮·士昏禮》對席之陳設，自賈公彥以下，歷楊復、敖繼公、沈彤、張惠言、
鄭珍諸儒，言人人殊，眾說難壹。俞氏乃引楊氏、沈氏、張氏及鄭氏諸家圖，
一一辨其誤謬，並附所作更正對席圖以明之。卷末又附《唐書·禮樂志》帝納
后之對席圖，俞氏以爲「唐制悉本古禮，可以證明《禮經》，故附錄焉」。按俞
圖婦席黍稷不擺醬前，或有失對席意義。有《皇清經解續編》本。

096　《鄉飲圖考》一卷　　（明）何棟如撰

何棟如，字子極，明無錫人。神宗萬曆二十六年（1598）進士，居官守
正。二十九年與湖廣僉事馮應京，同爲稅監陳奉所陷，下獄。襄陽人赴闕訴
冤，不聽。及出獄，削籍歸，居家十七年。熹宗天啓初，始起南京兵部主事，
官至太僕少卿。著有《明祖四大法》等書。《明史》卷二三七馮應京附傳。朱
彝尊《經義考》卷一三五著錄此書，注云未見。按是編未見傳本。

097《鄉飲酒樂譜》六卷 　（明）朱載堉撰

朱載堉（1536～1611），字伯勤，號句曲山人，明濠州人。仁宗五世孫，鄭恭王朱厚烷世子。篤學有至性，痛父非罪見繫，築土室宮門外，席藁獨處者十九年，厚烷還邸，始入宮。潛心研求歷算、音韻之學，創十二平均律，於聲學旋宮尤多新解。著有《樂律全書》、《律呂正論》等書。考辨詳確，識者稱之。事蹟見《明史》卷一一九〈鄭王瞻埈傳〉。朱彝尊《經義考》卷一三五著錄此書，注云存。按是編未見傳本。

098《鄉飲序次圖說》一卷 　（明）駱問禮撰

駱問禮，字纘亭，明諸暨人。嘉靖四十四年（1565）進士，歷南京刑科給事中。隆慶中，以條上面奏事宜忤帝意，復為宦侍從中所搆，謫楚雄府知事。萬曆初，屢遷湖廣副使。著有《萬一樓集》。《明史》卷二一五有傳。朱彝尊《經義考》卷一三五著錄此書，注云未見。按是編未見傳本。

099《鄉飲圖說》一卷 　（明）馮應京撰

馮應京（1555～1606），字可大，號慕岡，明盱眙人。萬曆二十年（1592）進士，為戶部主事，擢湖廣按察僉事，分巡武昌、漢陽、黃州，繩貪墨，摧奸豪，風采大著。稅監陳奉恣橫，巡撫以下唯諾惟謹，應京獨以法裁之，被誣奏逮獄，會星變獲釋。著有《六家詩名物疏》、《月令廣義》等書。《明史》卷二三七有傳。朱彝尊《經義考》卷一三五著錄此書，注云未見。按是編未見傳本。

100《射禮儀節》一卷 　（明）嚴永濬撰

嚴永濬，字宗哲，明華容人。憲宗成化十四年（1478）進士，授戶部主事，歷郎中，出知西安府，官至浙江參政。著有《兩山集》等書。《古今圖書集成·氏族典》三七一「嚴姓部」載其事略〔註89〕、萬斯同《明史》卷二一一有傳〔註90〕。是書前有丙辰（1496）自序，蓋節錄〈鄉射禮〉經文，各略為詮釋，其出自己意者，則以「新增」出之，並間繫司射誘射圖、上偶升司馬命去侯司射命射圖、上偶次偶升降相左圖、三偶拾取矢進退相左圖、三偶再射釋獲圖、再射取矢視筭圖及飲不勝者圖，凡七圖。卷首並附有射禮總圖

〔註89〕陳夢雷，《古今圖書集成·氏族略》，卷三七一嚴姓部，總頁3277，鼎文書局。
〔註90〕萬斯同，《明史》卷二一一，頁623，清鈔本，《續修四庫全書》，上海古籍出版社。

以及侯、楅、乏、鹿中、豐、篚、決、遂、旌、扑諸器圖與說。嚴書蓋專主士習射禮，故賓主獻酬、舉觶、旅酬、徹俎、燕賓、拜賜、息司正諸節皆不載。有明弘治九年（1496）刻本，上海圖書館藏書。

101《鄉射禮集要圖說》一卷　　（明）傅鼎撰

傅鼎，明人，生卒年及事蹟未詳。據自序，題曰「弘治甲子（1504），署華亭學教事三山傅鼎」，其事蹟可考者如此。傅序云：「弘治壬戌（1502）之春，南畿督學陳公琳，自翰林出爲才御史，甫下車，而大興文教，以學者不可一闕，故射欲爾游以博其義理之趣，乃檄諸郡邑舉行之。先是宜春劉侯琬，守松逾年，百廢畢興，偕賢僚貳，祇承厥意，亟葺射圃，制射器，謂鼎亦嘗有志，俾董其事。……爰輯舊聞，而略其戒賓、獻酬之節，增入《周禮》延射、揚觶二事。又考訂聲律，以大成樂音諧之，被之詩歌管絃，庶成可觀者。既竣事，適督學公按臨，較士之餘，命試行之，頗謬見取，俾鼎擴其事與四方同志共之。」可知此書爲劉侯琬守松江，有志禮樂，乃修射圃，制射器，而命鼎所著成。其書本爲實用而作，原非釋經，故主賓以下皆不坐，賓主獻酬、舉觶、獻獲者；息司正亦皆不載，蓋節其要，非盡契合於古。其圖首爲鄉射禮集要總圖、次則侯、侯架、乏、旌、楅、弓、矢、決、拾、鹿中、籌、豐、觶、篚、洗盆、水罍、琴、瑟、笙、簫、磬、鐘、鼓、簿、琴卓、琴架、斯禁、扑、勺、壺、罍案等器物圖，後爲主人迎賓圖、賓主迎遵圖、司射誘射圖、上耦升司馬命去侯司射戒射圖、上耦次耦升降相左圖、三耦拾取矢進退相左圖、三耦再射釋獲圖、賓主升射圖、遵士升射圖、再射取矢視籌圖、賓主取矢圖、遵士取矢圖、飲不勝者圖、終射以樂爲節圖、送賓圖等行禮節次圖。每圖均附有說明。有明弘治刊本，南京圖書館藏書。

102《鄉射禮圖注》一卷　　（明）王廷相撰

王廷相（1474～1544）有《昏禮圖》，已著錄。朱睦㮮《萬卷堂書目》、《明史·藝文志》並著錄《鄉射禮圖注》一卷，朱彝尊《經義考》卷一三五亦載其書，注云存，並錄廷相自序，云：「舊有關中本，獨取三射而略獻酬，學士之慕古者，恒以全禮病之。然時異勢殊，亦難盡然矣。余乃取《儀禮》本篇，類次其事，爲四十五節，省而不行者四節，舉射者二十三節，通舉者四十一節，復取諸家疏解及舊圖注附之，仍會以今儀以便習事。」按是編未見傳本。

103 《飲射圖解》一卷　　（明）聞人詮撰

聞人詮，字邦正，明餘姚人。嘉靖五年（1526）進士，知寶應縣，遷御史，後出爲湖廣按察副使等職。曾從學王陽明，以士無實學，刻《五經》、《三禮》等書行世，甚有功於學術。《浙江通志》卷一六九有傳〔註91〕。是書成於嘉靖十五年（1536），自序有云：「燕必以大射，飲必以鄉射，大射以明君臣之義，鄉射以明長幼之序，皆所不廢也。孔子曰：『吾觀於鄉，而知王道之易易也。』（〈鄉飲酒義〉）鄉飲鄉射，學士之所必不可忽，君子進德盡倫之首事也。是故其藝章而德進矣，其節著而倫盡矣。飾之以禮樂，則所以養德而俾之周旋中禮者，斯其至矣。」（見《經義考》）。朱睦㮮《萬卷堂書目》、《明史·藝文志》並著錄，朱彝尊《經義考》卷一三五亦載其書，注云存。按是編未見傳本。

104 《鄉射禮儀節》一卷　　（明）林烈撰

林烈（1513～1566），字孔承，號艾陵，明福州人。遊魏校之門，舉嘉靖十三年（1534）鄉薦，領教江陰，教以行古鄉射飲酒禮儀。歷戶部郎中，官終福建都運鹽使司同知。見《國朝獻徵錄》卷一○四葉春及〈福建都轉運鹽使司同知林先生烈墓表〉〔註92〕。是書前有嘉靖四十五年（1566）林氏自序，稱嘗於其鄉之嵩陽社作射圃，與子弟百七十二人，每月朔望舉行古鄉射之禮，因作是書。前列〈嵩陽射圃記〉一篇，述復古之義。《四庫提要》謂「其書節錄《儀禮》經文，各略爲詮釋，而繫之以圖，然意取簡明，或往往刊削過甚，晦其本旨。」卷前首爲「鄉射禮生人數」表，次爲禮器、樂器及射器之圖與說，次爲「鄉射於序總圖」、「司射誘射」、「上耦升射司馬命去侯司射命射」、「上耦次耦升降相左」、「司馬司射相左命取矢設福」、「三耦拾取矢進退相左」、「三耦再射釋獲」、「大夫與其耦射」、「再射視筭」、「飲不勝者」、「三射以樂爲節」等禮節圖式。有明萬曆陳夢斗等刻本（《四庫全書存目叢書》本據此影印）。

105 《射禮儀節》一卷　　（明）楊道賓撰

楊道賓，字惟彥，明晉江人。萬曆十四年（1586）進士，授編修。累官至禮部左侍郎。頗習朝典，所疏陳多中時弊。嘗因星變請釋逮繫知縣滿朝薦等。南京大水，疏陳時政，請御殿與大臣決政，章疏及時批答。其冬，天鼓鳴，上言請急罷礦使，更張闕政，以和民心。《明史》卷二一六唐文獻附傳。朱彝尊《經

〔註91〕《浙江通志》卷一六九〈人物三〉，頁15，《四庫全書》本，商務印書館。
〔註92〕焦竑，《國朝獻徵錄》卷一○四，頁55，《明代傳記叢刊》，明文書局，1991。

義考》卷一三五著錄此書，注云未見。書引繆泳云：「晉江楊侍郎，官國子司業，著有《射禮儀節》，而江夏郭文毅加以考證成書。」又錄劉賢序，云：「江夏郭君，博物君子也。既以此書教習多士，而又爲之考射法、射器、射職，以至位次、聲詩，繪圖附說，一準諸古，以廣先王造士之意。」按是編未見傳本。

106《射禮圖注易覽》一卷　　（明）林文奎撰

林文奎，明人，事蹟未詳。是書朱彝尊《經義考》卷一三五、《欽定續通志》卷一百六十六並著錄〔註93〕，朱注云未見。按是編未見傳本。

107《射史》八卷　　（明）程宗猷撰

程宗猷（1561～？），字沖斗，又字伯嘉，號新都耕叟，明休寧人。明末著名武學專家，自幼醉心武學，四處尋訪名師。天啓二年（1622），天津巡撫李群聘爲都司僉書，協助練兵。後李群他調，遂告歸。著有《耕餘剩技》等書。是書爲射法專著，凡分八卷，前有宗猷自序及程夢周題序，又有陳繼儒序〔註94〕。卷一爲大射之儀，附射禮疏，卷二爲鄉射之禮，卷三爲周禮六官，卷四爲射義射錄，卷五爲名射，卷六爲弓矢錄，卷七爲射器圖，卷八爲射法直述并圖。丁丙《善本書室藏書志》卷二載有此書〔註95〕。有明崇禎二年（1629）刊本，中央研究院傅斯年圖書館藏書。

108《射侯表》一卷　　（清）胡龠撰

胡龠（1813～），字伯寅，號止三，清浙江定海人。從黃式三學，得其傳。爲學實事求是，無漢宋門戶之見，凡經傳子史，無不精研淹貫。晚年嘗瞽目，久而復明，因自號明明子。遂發憤著書，於黃氏學多有發明。以歲貢生終。著有《論語集解義疏》、《明堂考》等書。見張壽鏞〈胡伯寅先生家傳〉（《明堂考》卷首附）。是書卷首有龠自序，略云射侯之上下个，與明堂之左右个名同而式相似。予考明堂而及侯，竊怪鄭君之注，戴氏之圖，范氏之算，个與明堂不相合，而丈尺幾與明堂等。夫明堂爲朝祭之所，廣脩八九尺，而或以爲大射侯乃校獲之具，高至五六丈，闊至七八丈，而不以爲侈。予不知其何

〔註93〕嵇璜、劉墉等撰，《欽定續通志》卷一百六十六〈圖譜略下〉，頁4，《四庫全書》本。

〔註94〕陳繼儒（1558～1639年），字仲醇，明華亭人。工詩能文，與董其昌齊名，短翰小詞，皆極風致，書法蘇、米，兼擅繪事。性喜獎拔士類，王錫爵、王世貞等雅相推重。《明史》卷二九八有傳。

〔註95〕丁丙，《善本書室藏書志》卷二，頁21，廣文書局，1967。

意，不得已而考之經云云。此書附有戴氏考工記鄭注大侯圖、侯做明堂式、考定三侯中方上下四个句股圖、依鄭注之數截躬改个圖、上下橫躬圖、左右豎躬圖等六圖。書附《明堂考》之後，有《四明叢書》本。

109 《弁服釋例》八卷　（清）任大椿撰

任大椿（1738～1789），字幼植，清江蘇興化人。乾隆三十四年（1769）進士，授禮部主事，充四庫全書纂修官，累官御史。淹通於禮，尤長名物，著有《深衣釋例》、《小學鉤沉》等書。《清史列傳》卷六十八有傳。《弁服釋例》爲有清上古冠服名物研究之專著，卷首有嘉慶二年阮元序。是書八卷，綜覽經疏史志，釋三禮弁服所用之例，以五禮區之，分爲爵弁服、章弁服、皮弁服、朝弁服與玄端五類，凡百四十餘事。每類先推原其用，次詳制度，後說所配服飾制度。阮序云「綜覽經疏史志，發微訂訛，燦然經緯華著矣」，於是書可謂備致推崇。卷端附有「五禮弁服釋例表」，極爲詳明，頗便檢閱。有清嘉慶元年（1796）望賢家塾校刻本（北京圖書館分館藏書）、《皇清經解》本（無阮元序）。

110 《喪服譜注》一卷　（漢）鄭玄撰

鄭玄（127～200），字康成，東漢北海高密人。曾遊太學，博通諸經，及《三統曆》、《九章算術》。復西入關，師事扶風馬融，遊學十餘年。歸耕東萊，學徒相隨已數百千人。黨錮禍起，被禁十四年，遂隱修經業。玄之所注有《易》、《書》、《詩》、《三禮》、《論語》、《孝經》等，又著有《魯禮禘祫義》、《六藝論》、《毛詩譜》等書。經學家以先有鄭眾，故稱玄曰後鄭。《後漢書》卷三五有傳。《隋書·經籍志》載鄭玄注《喪服譜》一卷，兩《唐志》無《喪服譜》而有《喪服變除》一卷。馬國翰《玉函山房輯佚書·鄭氏喪服變除序》云：「《隋書·經籍志》之《譜》，疑即《唐志》之《變除》。蓋因大戴之書而申明之，或其書中衍爲圖譜，故《隋書·經籍志》取以標目歟。」（按《隋書·經籍志》載戴德《喪服變除》一卷。）姚振宗《後漢藝文志》卷一云：「按此或即如馬說，或後人從《三禮圖》析出別行，或鄭氏之先有人撰喪服譜者，鄭從而注之。又按《隋志》云『梁有《戴氏喪服五家要記圖譜》五卷，亡。』此戴氏疑即大小戴，鄭或取五家中戴氏一家圖譜而注之，或全注五家圖譜，別爲一卷。」〔註96〕馬、姚說大抵皆推測，資料不足，固難探其究竟。

〔註96〕姚振宗，《後漢藝文志》，《二十五史補編》，台灣開明書店，1974。

111 《喪服圖》　　（蜀）譙周撰

譙周（201～270），字允南，三國蜀西充國人。幼孤，耽古篤學，研精六經，尤善書札，頗曉天文。諸葛亮領益州牧，命周爲勸學從事。劉禪立太子，以周爲僕，轉家令。後遷光祿大夫。曾勸後主降魏，受魏封爲陽城亭侯。入晉，拜騎都尉，自陳無功，求還爵土。著有《五經論》、《古史考》，並佚。《三國志》卷四二有傳。侯康《補三國藝文志》卷一載：「《御覽》卷五百四十引一條云：『男子幼嬰必冠，女子幼嫁必筓，禮之則從，成人不爲殤。』又《通典》八十一引譙周《緣服圖》，蓋即一書。喪服者其大名，緣服則喪服中之一。《通典》凶禮門中屢引譙周，又九十四卷引譙周《集圖》，必皆出此書矣。」〔註97〕今佚。

112 《喪服變除圖》五卷　　（吳）射慈撰

射慈，字孝宗，三國吳彭城人，一作謝慈。官至中書郎，領齊王奮傅，以諫被殺。見《三國志》卷五九孫奮傳。《隋書・經籍志》云：「梁有《喪服變除圖》五卷，吳齊王傅射慈撰，亡。」侯康《補三國藝文志》卷一云：「射慈《喪服變除圖》五卷。王謨曰：『此書出《通典》三十一條，載徐整與慈問答者十二，整自爲立論者一，則整亦蓋爲禮服之學者。』」原書隋已亡佚，王謨《漢魏遺書鈔》、馬國翰《玉函山房輯佚書》、黃奭《黃氏逸書考》皆有輯本。

113 《喪服天子諸侯圖》二卷　　（吳）射慈撰

射慈有《喪服變服圖》，已著錄。《舊唐書・經藉志》著錄《喪服天子諸侯圖》二卷，謝慈撰，《新唐書・藝文志》載一卷。侯康《補三國藝文志》卷一云：「射慈《喪服天子諸侯圖》一卷，案《通典》所載射慈諸說，客有出是書者，王謨盡采入《變除圖》，恐未然也。又考《隋志》，有《變除圖》而無此書，《唐志》有此書而無《變除圖》，或疑即一書而異名。然〈吳志・孫奮傳〉注云：『慈撰《喪服圖》及《變除》行於世』，則固有二書矣。」孫啓治等撰之《古佚書輯本目錄》則以爲「據裴松之注，射慈所撰原爲二書，至南朝梁時併爲一書，隋已亡佚，兩《唐志》所載當是殘袠復出者。」〔註98〕說與侯異。

〔註97〕侯康，《補三國藝文志》，《二十五史補編》，台灣開明書店，1974。
〔註98〕見《古佚書輯本目錄》，頁42，「喪服變除吳射慈撰」條下，北京中華書局，1997。

114 《喪服圖》一卷　　（晉）崔遊撰

崔遊（約212～約304），字子相，西晉上黨人。少好學，明儒術。魏末，察孝廉，除相府舍人，出爲氏池長，甚有惠政。泰始初，武帝就其家拜郎中。年七十餘，猶教學不倦，撰《喪服圖》行世。《晉書》卷九一有傳。朱彝尊《經義考》卷一三六，著錄崔游《喪服圖》，又著錄崔逸《喪服圖》。丁國鈞《補晉書藝文志》卷一云：「《喪服圖》一卷（崔游），見兩《唐志》，亦見本書〈游傳〉，《隋志》誤游爲逸，不可據。」〔註99〕其書已佚。

115 《喪服譜》一卷　　（晉）賀循撰

賀循（260～319），字彥先，晉山陰人。博覽群書，尤精禮傳。操行高潔，言行進止，必以禮讓。舉秀才，歷陽羨、武康令，政以寬惠爲本，薦補太子舍人。趙王倫篡位，轉侍御史，辭疾去。建武初，拜太常，朝廷疑滯皆諮之，循輒依經禮以對，爲當世儒宗。官至左光祿大夫、開府儀同三司。《晉書》卷六八有傳。《隋書·經籍志》、兩《唐志》並著錄賀循《喪服譜》一卷。朱彝尊《經義考》卷一三六亦載其書，云佚。馬國翰從《通典》中輯有《賀氏喪服譜》一卷，收入《玉函山房輯佚書·經編儀禮類》，王仁俊亦輯有《賀氏喪服譜》一卷，收入《玉函山房輯佚書續編·經編通禮類》。

116 《喪服譜》一卷　　（晉）蔡謨撰

蔡謨（281～356），字道明，晉陳留考城人。初爲東中郎將司馬紹參軍。平蘇峻有功，封濟陽男。成帝咸康五年，拜征北將軍，都督徐兗青州諸軍事，領徐州刺史。康帝時，遷侍中、司徒，固辭。穆帝時遣使徵謨，使者十餘反而謨不至，公卿以其悖慢傲上，奏免爲庶人。閉門教授子弟，後數年復命爲光祿大夫。謨博學，於禮儀宗廟制度多所議定。著有《論語蔡氏注》、《班固漢書集解》等書，已佚。《晉書》卷七七有傳。《隋書·經籍志》、兩《唐志》並著錄蔡謨《喪服譜》一卷。馬國翰據《晉書·禮志》、《通典》采得十餘節，輯爲《蔡氏喪服譜》一卷，收入《玉函山房輯佚書·經編儀禮類》。又鄭樵《通志》卷六十四〈藝文略二〉禮類，載有蔡謨《喪服譜》，而無《喪服圖》，卷七十二〈圖譜略〉則著錄蔡謨《喪服圖》，而無《喪服譜》，前後所載互異。文廷式《補晉書藝文志》卷一，據《通志·圖譜略》著錄蔡謨《喪服圖》，而秦榮光《補晉書藝文志》則《圖》與《譜》二種並

〔註99〕丁國鈞，《補晉書藝文志》，《二十五史補編》，台灣開明書店，1974。

載〔註100〕。按《隋書・經籍志》及兩《唐志》並著錄蔡謨《喪服譜》而無《喪服圖》，疑《喪服圖》即《喪服譜》，非謨有二書。

117 《喪服圖》一卷　　(南齊) 王儉撰

王儉（452～489），字仲寶，南朝齊臨沂人。宋明帝時，選尚陽羨公主，拜駙馬都尉。解褐秘書郎，遷秘書丞。後從蕭道成（齊高帝），遷右僕射，領吏部，封南昌縣公。禮儀詔策，皆出儉手。齊武帝永明三年，領國子祭酒。於宅中開學士館，以四部書充其家藏。官至中書監。儉精研三禮，亦精校勘目錄之學，著有《古今喪服集記》、《元徽四部書目》，並依《七略》作《七志》。《南齊書》卷二三、《南史》卷二二有傳。《隋書・經籍志》著錄王儉《喪服圖》一卷，朱彝尊《經義考》卷一三六亦載其書，注云佚。

118 《喪服圖》一卷　　(□) 賀游撰

賀游，事蹟未詳。《隋書・經籍志》著錄《喪服圖》一卷，《經義考》卷一三六亦載其書，注云佚。姚振宗《隋書經籍志考證》以爲此書似晉崔遊書，曰：「《晉書・儒林傳》崔遊，字子相，上黨人。少好儒術，魏末察孝廉，除相府舍人，出爲氐池長，甚有惠政。年七十餘，猶敦學不倦，撰《喪服圖》，行於世。兩《唐志》並載崔遊《喪服圖》一卷。」黃逢元《補晉書藝文志》其說雖略有不同，然以是書爲上黨崔游子相所撰則一，其言曰：「案本書〈儒林傳〉崔游撰《喪服圖》，《隋志》是書兩出，均一卷，撰人一作賀遊，一作崔逸。崔逸，《魏書》崔辯附傳，不言撰著，疑逸字即遊之誤，賀字又崔之誤，索連誤合，是以顚倒複出。《通志》既錄崔遊一卷，又錄一卷承《隋書・經籍志》題作崔逸。」〔註101〕按賀遊是否即爲崔遊之誤，不敢遽定，姑錄以存參。

119 《喪服圖》一卷　　(□) 崔逸撰

崔逸，事蹟未詳。《隋書・經籍志》著錄《喪服圖》一卷，《經義考》卷一三六亦著錄，注云佚。按《魏書・崔辯傳》：「辯長子景儁，梗正有高風，

〔註100〕見鄭樵《通志》卷六十四，藝文略第二，禮類，中文出版社，1978。
　　　　文廷式，《補晉書藝文志》，《二十五史補編》，台灣開明書店，1974。
　　　　秦榮光，《補晉書藝文志》，《二十五史補編》，台灣開明書店，1974。
〔註101〕姚振宗，《隋書經籍志考證》，卷四，頁66，《二十五史補編》，台灣開明書店，1974。
　　　　黃逢元，《補晉書藝文志》，卷一，頁 7，《二十五史補編》，台灣開明書店，1974。

好古博涉，以經明行修，徵拜中書博士。孝文賜名爲逸。後爲員外散騎侍郎，與著作郎韓興宗參定朝儀。雅爲孝文所知重，歷廷尉少卿，卒。」《北史·崔辯傳》說同。據崔辯附傳，並不言逸有撰著，故學者多疑《隋志》所載崔逸《喪服圖》，非此崔逸。丁國鈞《補晉書藝文志》、吳士鑑《補晉書經籍志》即謂《隋志》「崔遊」誤作「崔逸」〔註102〕。茲錄以備考。

120《戴氏喪服五家要記圖譜》五卷　　不著撰人

是編撰人不詳，《隋書·經籍志》著錄，注云亡。朱彝尊《經義考》卷一三七亦著其目。

121《喪服君臣圖儀》一卷　　不著撰人

是編撰人不詳。《七錄》著錄，朱彝尊《經義考》卷一三七亦著其書，注云佚。

122《五服圖》一卷　　不著撰人

是編撰人不詳。《隋書·經籍志》著錄《五服圖》一卷，朱彝尊《經義考》卷一三七亦著其書，注云佚。

123《五服圖儀》　　不著撰人

是編撰人不詳。《隋書·經籍志》著錄《五服圖儀》一卷，朱彝尊《經義考》卷一三七亦著其書，注云佚。

124《喪服禮圖》一卷　　不著撰人

是編撰人不詳。《隋書·經籍志》著錄，已佚。

125《冠服圖》一卷　　不著撰人

是編撰人不詳。《隋書·經籍志》著錄，注云亡。

126《五服圖》　　（唐）張薦撰

張薦（744～804），字孝舉，唐陸澤人。少精史傳，聰穎能文。代宗、德宗朝充史館修撰，爲裴延齡所忌，三使回紇、回鶻、吐蕃，累官御史中丞。有集三十卷及著作多篇，已佚。《舊唐書》卷一四九、《新唐書》卷一六一有

〔註102〕丁國鈞，《補晉書藝文志》，卷一，頁 5，《二十五史補編》，台灣開明書店，1974。

吳士鑑，《補晉書經籍志》，卷一，頁 4，《二十五史補編》，台灣開明書店，1974。

傳。《通志・藝文略》著錄張薦《五服圖》（云卷亡），朱彝尊《經義考》卷一三七亦載其目，注云佚。

127《五服圖》十卷　（唐）仲子陵撰

仲子陵，唐蜀人，好古學，居峨眉山。舉賢良方正，擢太常博士，通后蒼、大小戴禮，典黔中選補，終司門員外郎。子陵以文自怡，及亡，其家所存，惟圖書及酒數斛而已。《新唐書》卷二百〈儒學下〉啖助附傳。《通志・藝文略》著錄仲子陵《五服圖》十卷，朱彝尊《經義考》卷一三七亦著其目，注云佚。

128《內外服制通釋》七卷　（宋）車垓撰

車垓（？～1276），初名若綰，字經臣，號雙峰，宋黃巖人。車安行之從子，與從兄車若水并傳其學。咸淳中，由特科授迪功郎、浦城縣尉，不赴。車氏得朱子之傳，邃于經學，尤深於禮，所著《內外服制通釋》，多備朱子之不備。見《宋元學案》卷六五〔註103〕。書前有至元後己卯（1339）葛屋野人车楷仲斐序，後有張復跋。是書專明喪服之制，一仿《文公家禮》，其於正降義加多以義起，以補文公之所未備，有圖有說，有名義，有提要。凡正服、義服、加服、降服，皆推闡明晰，具有條理。车楷序謂「《家禮》著其當然，此釋其所以然」。車惟賢跋此書云：「雙峰於是書，學專而精，詳而明，有補《家禮》之未備，有發前賢之未發，非謂學問相高也，爲之圖使人易見，爲之釋使人易知。易見易知，親疏隆殺之等，人人可得而盡矣。」垓書原爲九卷，朱彝尊撰《經義考》時，所見已闕第八卷以後，《四庫提要》亦稱時所傳寫者，皆與彝尊本同，則第八第九兩卷，佚已久矣。今傳七卷，卷一爲「服制圖」，有本宗五服圖、三父八母服制圖、妻爲夫黨服圖、母黨親服圖、母黨近遠親總圖等十七圖表，卷二爲「五服喪制名義」、「五服提要」，卷三至卷七爲「五服圖說」。有《四庫全書》本。

129《五服圖解》一卷　（元）龔端禮撰

龔端禮，字仁夫，元嘉興人。其祖龔頤正，宋時宣教郎、充樞密院編修官，嘗著《五服圖》（見自序）。端禮承其家學，又復精勤參考，越十載而後成書。書前有至治壬戌（1322）自序及至治癸亥（1323）葉知本序。自序略言是書「以五服列五門，每門立男、女、已未成人之科，分正、加、降、義

〔註103〕《宋元學案》卷六五（第十六冊頁八五），河洛圖書出版社，1975。

四等之服，分章劃圖，窮理究義，推古詳今，兼通世俗，逐一辨正。」全書分五服標目、五服八圖（圖解）及五服義解三部分。「五服標目」總計一百九十二章。「五服八圖」，分本族之圖、外族之圖、嫁女爲父族圖，次漢制雞籠之圖，次妻爲夫家之圖、夫爲妻家之圖，次禮制六父十二母圖，本族三殤之圖，繼以泰定三年新注易曉之圖，末爲喪服圖式等十餘圖，似承楊復《喪服圖》而加密焉。圖後有義解，以「釋曰」出之，全書體例井然，圖說俱精，頗足爲參考禮制之助。朱彝尊《經義考》卷一三七著錄此書，但云未見。有《續聚珍版叢書》本、《宛委別藏》本。

130 《五服圖》一卷　　（明）周添瑞撰

周添瑞，明初錢唐人，事蹟不詳。今傳是書蓋與明馮善所編之《家禮集說殘卷》〔註104〕，以及明太祖敕撰之《孝慈錄》（一卷），合爲一書，共二冊。卷端首行頂格題「孝弟稟承問答圖式」，卷首有周氏自序，謂「將內外親姻尊卑次序，參酌古今通俗解釋，成一百八十八圖，立一百八十八問，隨題應答，編類成集，以廣見聞。」惟檢諸此書，自子爲父親服斬衰三年，以迄舅舅爲外甥之婦服緦麻三月，圖表止百七十二，並未如其數。有明刊本，中央圖書館藏書。

131 《古今五服考異》八卷　　（清）汪琬撰

汪琬（1624～1691），字苕文，號鈍翁，清江蘇長洲人。順治十二年（1655）進士，授戶部主事，遷刑部郎中。以奏銷案，降北城兵馬司指揮，再遷戶部主事。康熙十八年（1679），召試博學鴻詞，授翰林院編修，與修《明史》，惠周惕嘗從其學。著有《堯峯文鈔》、《喪服或問》等書。《清史稿》卷四八四、《清史列傳》卷七〇有傳。汪氏研究禮學，於禮服制度探討尤深，所著《古今五服考異》，律經並重，既以《儀禮》爲案，又考律文服制，以求適於世用。卷前有琬自序二篇，後序一篇，並附引用諸書、先儒諸說附錄以及凡例九則。自序略言勉齋黃先生，嘗欲撰次喪服圖式，而附古今沿革於其後，惜乎未及成書而遽歿。自晚近以來，諱爲凶事，往往棄而不講，於是士大夫持服之時，率皆私行，不遵古制，違失王者制禮之意，故作此考。以《儀禮》爲案，而以今之律文斷之，中閒發明辨正，雜采諸家之書，而稍述鄙見於其末，用以羽翼律文，殆不無小補（序一）。其所以取裁於律，蓋緣服制隨時損

〔註104〕只存昏禮部分。

益，而其損益則反映於律文之中，是以不必兢兢於周制，以爲徇今而不通於古，與好古而不協於今，此皆謂之俗儒，君子不爲（參見序二）。是書八卷，卷一爲儀禮五服之制，明孝慈錄五服之制，儀禮衰冠升數圖，衰冠升數新圖及皇清律文五服之制圖。卷二爲器物圖，有衰冠裳経帶杖屨式圖（麻衣練冠圖附）二十有五，婦人笄總髺式圖四，凡二十有九圖。卷三爲五服圖表，有儀禮五服旁通圖、律文五服旁通圖、儀禮本宗服圖、律文本宗服圖、儀禮爲姑姊妹女子子女孫適人者服圖、律人爲姑姊妹女及女在室出嫁者服圖、儀禮女子子適人者爲本宗降服圖、律文出嫁女爲本宗降服圖、儀禮母黨服圖、律文母黨服圖、儀禮妻爲夫黨服圖、律文妻爲夫黨服圖、儀禮及今律妻黨服圖、儀禮妾爲君黨服圖、律文妾爲君黨服圖等一十五圖。卷末又係以〈五服圖總跋〉，云：「勉齋黃氏《儀禮經傳續》及信齋楊氏《儀禮圖》一書，其喪服門諸圖雖本《儀禮》，而實參之以小戴《記》，予所作則悉取〈喪服傳〉本文，又各以律文圖次之。蓋前賢所重在攻經，而予所重在遵律，宜其彼此不同也。」卷四至卷六爲逐條「考異」三十三篇，卷七卷八爲「考、說、論、辨、或問」四十篇，其於服制，援據群籍，隲梧古今，極爲詳盡。是編收入《鈍翁前後類稿》第五一至五八卷，有清康熙刻本（《四庫全書存目叢書》本據此影印）。

132《讀禮通考》一百二十卷　　（清）徐乾學撰

徐乾學（1631～1694），字原一，號健菴，清江南昆山人。顧炎武外甥。康熙九年（1670）進士，授編修，歷官至刑部尚書。曾總裁《清一統志》、《清會典》及《明史》等書。《清史稿》卷二七一、《清史列傳》卷一〇有傳。是書百二十卷，專言喪禮，《四庫提要》謂是合眾力而成者，而梁啓超據全祖望所撰〈萬貞文先生傳〉一文，以爲全出於萬斯同之手〔註105〕。按時代略晚於全祖望之萬福，於乾隆三十年（1765）序其叔祖萬斯同《廟制圖考》亦有斯說，云：「先叔祖季野先生，著書二十餘種，惟《讀禮通考》九十卷刻崑山徐氏傳是樓中。」〔註106〕則此書多出自萬斯同，殆無疑義。是書蓋仿朱子《儀禮經傳通解》之例，兼採眾說，於《儀禮》〈士喪〉、〈既夕〉、〈士虞〉及大小戴《記》中相關「喪禮」，剖析其義，總括歷代喪禮，分喪期、喪服、喪儀節、喪考、喪具、變禮、喪制、廟制八項，包羅宏富，綱目秩然，古今言喪禮者，

〔註105〕見《中國近三百年學術史》，頁88，中華書局。

　　　　萬斯同（1638～1702），字季野，學者稱石園先生，清鄞縣人，萬斯大之弟。
〔註106〕見萬斯同《廟制圖考》，乾隆乙酉（30）年刻本，辨志堂藏板，首都圖書館藏。

莫備於此。卷一至卷三爲喪期表，自斬衰三年至緦麻三月，以及殤服而國恤亦備載。卷三○爲喪服，古今五服制度及變除次第，有圖有表。卷三十一、三十二引楊復、陳祥道、文公等各家圖說，卷四○至四十五採楊復〈士喪〉、〈既夕〉、〈士虞〉三篇禮節圖而成。卷九十五至九十八爲喪具，附有喪具圖五十餘項，多襲用聶崇義《三禮圖》與劉績《三禮圖》，少數則取自陳祥道《禮書》。大抵喪期歷代異同則有表，喪服暨儀節、喪具則有圖，縷析條分，頗爲詳備。卷首有朱彝尊序，稱其「搜采之博而擇之也，精考據之詳而執之有要，此天壤間必不可少之書也」，其言良然。有冠山堂刻本（中央研究院史語所藏書）、《四庫全書》本。

133《喪服表》一卷《殤服表》一卷　　（清）孔繼汾撰

孔繼汾（1725～1786），字體儀，號止堂，清山東曲阜人。孔子六十九代孫。清乾隆十二年（1747）舉人，由內閣中書補戶部廣西司主事，後入選軍機處行走，官至戶部主事。著有《闕里文獻考》，《勷議糾繆集》等書。孔氏嘗輯《孔氏家儀》一書，言凶禮特詳。是書爲其中之一，卷首有胡鳳丹序。所列喪服表，稽古禮，遵時制，凡五等之服，著表者三百九十有一，降服及袒免者又百一十有七，比類疏通，頗爲詳明。又以律無殤服，因爲殤服表一卷〔註107〕，次於喪服表後。兩表粲然明備，尤便檢閱。有清光緒元年胡鳳丹退補齋刻本（《續修四庫全書》本據此影印）。

134《儀禮喪服文足徵記》十卷　　（清）程瑤田撰

程瑤田（1725～1814）有《考工創物小記》、《溝洫疆理小記》等書，已著錄。是書卷首有自撰敍目及阮元敍。程氏以爲治經不涵泳白文，而惟注之徇，雖漢之經師，一失其趣，即有毫釐千里之謬。《儀禮‧喪服》緦麻末章「長殤中殤降一等」四句，鄭氏誤以爲傳文，故觸處難通。又不杖期章「惟子不報」傳文，「公妾以及士妾爲其父母」傳文，鄭氏以爲失誤，大功章「大夫之妾爲君之庶子，嫁者未嫁者爲世父母、叔父母、姑姊妹」，舊讀以大夫之妾爲建首，下二爲字貫之，鄭氏謂女子子別起貫下，斥傳文爲不辭者〔註108〕，皆一一援據經史，疏通證明，以規鄭失，因撰是編。合〈喪服〉全篇經傳，考

〔註107〕表前序云：「乾隆辛卯（1771）夏，余季弟之子廣櫟，生十有八歲而夭，諸父諸兄咸欲殤之。爲考禮制服因於喪次爲表一篇，以補《家儀》原編之所未備云。」

〔註108〕參見阮敍。

其義例，據其本文，以疏通而證明之。程氏自撰敘目，略言「今〈喪服〉經文具在，足則能徵」，其以足徵名者蓋以此。全書十卷，前二卷爲喪服經傳，考定原本。第三卷爲喪服通別表、本服殤服一貫表、成人本服小功及長殤服緦麻表，後七卷皆製題繫說，以推闡〈喪服〉之文，與三卷相爲通貫，而其義益明。卷四「爲庶子不爲長子三年不繼祖立表說」篇，附有圖表三，卷六有「妻爲夫親從服表」及「翦屛柱楣圖」，卷七「小功卒哭可以取婦妻說」篇附有圖表一，卷八「族親諸服旁殺一貫表」，卷十有「後世序親議嗣若子降等兩服錯互表」、「喪服經文服限表」等圖表。此書於〈喪服〉經傳及注，解釋異同，極有研究，全書所列大小圖表近六十，頗爲詳明。阮元序稱其精言善解，窮極隱微，明聖人制禮，賢人傳禮之心，於千百年後，非好學深思，心知其意，何以能之。所以裨益經學，啓迪後人，非淺鮮也。有《皇清經解》本。

135 《儀禮喪服經傳分釋圖表》二卷　　（清）莊有可撰

莊有可（1744～1822），字大久，清江蘇武進人。勤學力行，老而彌篤，取諸注傳，精研義理，句櫛字比，合諸儒之書，以正其是非，而自爲之說，於六經皆有撰述。著有《周易集說》、《春秋注解》等書。《清史稿》卷四八一、《清史列傳》卷六八莊述祖附傳。是編《江蘇藝文志・常州卷》著錄，並云：「佚，見道光《武陽合志》卷三二。」〔註 109〕

136 《喪服會通說》四卷　　（清）吳嘉賓撰

吳嘉賓（1803～1864），字子序，清江西南豐人。道光十八年（1838）進士，改庶吉士，授編修。咸豐間，督鄉團御太平軍，賞內閣中書。篤志治經，尤長於禮。著有《儀禮說》、《求自得之室文鈔》等書。《清史稿》卷四八〇、《清史列傳》卷六七有傳。是書卷首有咸豐元年（1851）自序，略云：「通觀《儀禮・喪服》經文，以經所見者，推其所不見者，爲之繹其辭義，圖其等衰，次其先後之序。」全書四卷，卷一爲「儀禮喪服經解」，專錄服制之見經者；卷二爲「喪服圖說上」，下分士宗圖、五屬服圖、名服圖、出者服圖、外親服圖、婦人從夫服圖、婦人服其宗親圖、婦人相爲服圖及喪有無後無無主說，除喪有無後無無主說無圖外，餘皆各附圖若干；卷三爲「喪服圖說下」，

〔註 109〕南京師範大學古文獻整理研究所，《江蘇藝文志・常州卷》，頁 456，江蘇人民出版社，1994。

又分大夫宗圖與喪期表、喪位表；卷四爲「喪服改制說」。其於喪服古今之變，禮經分別之精及尊尊親親，皆有至論，研究頗精，條理明析，實治禮家所宜取資。有清咸豐刻本（《續修四庫全書》本據此影印）、《皇清經解續編》本。

137《喪服注衣衽裁布圖說》一篇 　（清）陳澧撰

陳澧（1810～1882）有戈戟圖說，已著錄。是篇乃係針對〈喪服·記〉「衽二尺有五寸」〔註110〕，賈疏之駁正。賈疏云：「取布三尺五寸，廣一幅，留上一尺爲正。一尺之下，從一畔旁入六寸，乃向下，斜向下一畔一尺五寸，去下畔亦六寸，橫斷之，留下一尺爲正。如是，則用布三尺五寸，得兩條衽，衽各二尺五寸。」以爲如疏說，則兩條衽燕尾皆在左不可用。若欲其一在右，則必反屈之，使背向外而後可，且前下銳似燕尾，後下齊不似燕尾，並爲圖以明之。其說曰：「布三尺五寸，廣一幅，中分爲二，其一從畔距上一尺處斜裁至右畔距下一尺處，其一從右畔距上一尺處斜裁至左畔距下一尺處，凡四條，分置前後，則燕尾在左者二，在右者二，且前後皆銳如燕尾。」篇末附今定裁布圖及賈疏裁布圖各三幅。是篇見載《東塾集》卷一，今傳有光緒十八年刻本。

138《喪服今制表》無卷數 　（清）張華理撰

張華理，字變菴，清湖南長沙人。布衣，咸豐中，與修清朝輿地全圖，同治三年（1864）舉孝廉方正，以老未赴，與修長沙邑志，著有《讀經質疑》、《讀史質疑》等書。見李輔燿《讀禮叢鈔·諸家姓氏爵里著錄考略》〔註111〕。是書前有自序，略言「學者不可以不知古，尤不可以不知今。竊見我朝喪服之制，監宋明而損益之。道光四年，續纂大清通禮，復加釐正，固已粲然明備，遠邁前王。苟不講明而切究之，徒抱遺編，拘守先儒訓詁，非爲下不倍之義。爰遵新例，臚列成表，仍做以人爲綱，以服爲目之意，書死者於前，而備列生者於後，區分九世，以清眉目，取其易於檢尋而已。」內容自男子之喪至爲人後者之喪，略仿律例服制圖，而大爲加詳，末附衰冠杖履之制。書約成於同治二年（1863）夏。《清史稿藝文志補編》著錄《儀禮喪服輯略》一冊，附《喪服今制表》一冊。是編有光緒十七年（1891）湘陰李氏《讀禮叢鈔》本。

〔註110〕鄭注：「上正一尺，燕尾一尺五寸，凡用布三尺五寸。」
〔註111〕李輔燿輯，《讀禮叢鈔》，清光緒十七年（1891）湘陰李氏刊本，文海出版社，1967。

139《儀禮喪服表》不分卷　（清）蔣彤撰

蔣彤，字丹棱，清江蘇陽湖人。諸生，從李兆洛學，爲高足弟子。淹雅閎通，篤守家法，精於禮學，而文筆亦極研鍊。著有《丹棱文鈔》、《李申耆年譜》等書。劉聲木《桐城文學淵源考》載其事略〔註112〕。是編《清史稿藝文志拾遺》著錄，有清養一齋抄本，不分卷〔註113〕，天津圖書館藏書。《江蘇藝文志·常州卷》則著錄蔣彤《喪服表》三卷〔註114〕。待訪。

140《制服表》無卷數　（清）周保珪撰

周保珪（？～1885），字桐侯，清江蘇嘉定人。少負異稟而邃於學，律己峻嚴而接人以和，言行一以忠信篤敬爲本，鄉里稱慕。同治十二年（1873）舉人。歷從王文韶館湖南及京邸，課其子，以文行稱於時。著有《制服成誦篇》、《喪服通釋》等書。見李輔燿《讀禮叢鈔·諸家姓氏爵里著錄考略》。是書首爲王文韶序，次爲序例，後有其弟保璋跋。表分五格，一大清通禮，二周，三唐，四宋，五明。即如斬衰三年，子爲父母：周爲父斬衰三年，爲母，父在齊衰杖期，父卒齊衰三年；唐爲父同，爲母，父在父卒並齊衰三年（注上元後）；宋同；明皆斬衰三年，悉著其同異，並附案語。是編有《讀禮叢鈔》本。

141《喪服鄭氏學》十六卷　（清）張錫恭撰

張錫恭（1857～1924），字聞遠，號殷南，清江蘇婁縣人。光緒十七年（1891）舉人。肄業南菁書院，受黃徵季（以周）之學，篤志研經，長於三禮。晚年聘任禮學館纂修，勤於研訂經學，爲時所重。著有《禮學大義》、《茹荼軒文集》等書。見《清儒學案》卷一五四徵居學案〔註115〕。是書卷首有吳興劉承幹序，略言所解者惟〈喪服〉，所守者惟鄭玄一家之言。其於〈喪服〉鄭注，有申而無破，旨在發明鄭學，篤守家法。亦兼採後儒之言，惟取足以發明注誼者。故全錄賈疏之文，而辨其誤會注意之處；甄錄諸儒之說，而駁其舛謬立異之旨，蓋欲以存鄭君禮注之原意，藉探周公制服之初心也。案其書廣徵博引，自正史禮志以至《通典》，而唐、宋、元、明諸儒所釋，及清儒張爾岐、萬斯大、方苞、沈彤、褚寅亮、盛世佐、張惠言、曹元弼諸說，亦皆搜探，於喪服解說至爲詳盡，洵可稱喪禮專家（吳廷燮語）。卷末附「衰前」、「衰後」、

〔註112〕劉聲木，《桐城文學淵源考》卷九，頁1，明文書局，1985。
〔註113〕見王紹曾《清史稿藝文志拾遺》經部禮類，頁89，北京中華書局，2000。
〔註114〕《江蘇藝文志·常州卷》，頁705，江蘇人民出版社，1994。
〔註115〕徐世昌，《清儒學案》卷一五四「徵居學案下」頁四八，世界書局。

「裳前」、「裳後」、「中衣前」、「中衣後」六圖，間注尺寸，頗爲詳明。有求恕齋叢書本（《續修四庫全書》本據此影印）。

142《喪服圖》無卷數　　（清）陳天佑撰

陳天佑，號古林，清浙江海寧人。諸生。是書《杭州府志·藝文》、《兩浙著述考》著錄〔註116〕。未見。

143《饋食禮圖》無卷數　　（宋）趙彥肅撰

趙肅彥，字子欽，宋建德人。少志聖賢之學，窮理盡性，深造自得。私淑陸九淵。孝宗乾道進士，宰臣周必大力薦之，彥肅益以近名爲嫌，仕至寧海軍節度推官。著有《易說》、《廣學雜辯》等書。朱子嘗稱之曰：「近世未有如此看文字者」，學者稱爲復齋先生。見《宋元學案》卷五八〔註117〕。是書朱彝尊《經義考》卷一三七著錄，注云未見。又引楊復曰：「嚴陵趙肅彥嘗作《特牲》、《少牢》二禮圖，質諸先師文公，先師喜曰：『更得《冠》、《昏》圖及堂室制度并考之，乃爲佳。』」《黃以周《禮書通故》曰：「禮節有圖，肪于趙彥肅、楊信齋。」是趙氏之作猶在楊復之前。

144《冠婚喪祭圖》無卷數　　（宋）楊明復撰

楊明復，字復翁，宋臨海人。少從翁丹山，操履純正，博通經籍，屬意著述，時稱浦城先生。景定間，郡守王華甫聘爲郡學正，著有《周易會粹》、《尚書暢旨》等書。見王梓材輯《宋元學案補遺》卷六十七〔註118〕。是編項元勳《台州經籍志》（卷三）著錄，並云今佚〔註119〕。

第三節　禮記類

145《纂圖互註禮記》二十卷　　（漢）鄭玄注《圖》（宋）不著撰人

鄭玄（127～200）有《喪服譜注》，已著錄。是書卷前冠有圖說，上圖下文，圖文並茂，所謂纂圖，蓋即指此而言。其圖爲何人所撰，已不可詳考。且

〔註116〕龔嘉儁，《杭州府志》卷八六〈藝文一〉，頁 17，1922 年鉛印本，成文出版社，1974。
宋慈抱，《兩浙著述考》，頁 314，浙江人民出版社，1985。
〔註117〕《宋元學案》卷五八（第十五冊，頁 48），河洛出版社，1975。
〔註118〕王梓材輯，《宋元學案補遺》，《四明叢書》本（叢書集成續編），新文豐出版公司，1991。
〔註119〕見項元勳《台州經籍志》卷三，頁 78，《書目三編》，廣文書局，1969。

其圖數之多寡，亦隨版本不同，而互有差異。《四部叢刊》影印上海涵芬樓所藏宋刊本，其卷首所冠之「禮記舉要圖」，與宋建刊本《禮記舉要圖》前十五圖同（自「王制商建圖」至「玉藻雜佩圖」，而無「童子服圖」、「三加冠圖」以下至「五服圖」諸圖），其圖與說，亦無或異。陸心源所見宋槧《纂圖互註禮記》，其所冠「禮記舉要圖」，則又較宋建刊本《禮記舉要圖》為多。陸氏於其《儀顧堂續跋》卷三「宋槧纂圖互注禮記跋」條下云：「《纂圖互註禮記》二十卷，宋槧本，……當是孝宗時刊本。前有篇目一葉，《禮記舉要圖》二十三頁，圖凡二十有九：曰王制商建國圖，曰周制建國之圖，曰天子縣內圖，曰方伯連帥圖，曰王制九命之圖，曰公卿大夫士圖，曰月令十二律管候氣圖，曰月令所屬圖，曰月令四季昏星圖，曰十二律還相爲宮圖，曰卿制爵位之圖，曰士制爵位之圖，曰袞冕裘衣制圖，曰韠制度圖，曰帶制度圖，曰玄端冠冕制圖，曰委貌錦衣制圖，曰曲禮師行圖，曰玉藻雜佩圖，曰童子服圖，曰三加冠圖，曰冠冕制圖，曰器用制圖，曰深衣圖上，曰深衣圖下，曰天子五學圖，曰天子大射之圖，曰天子習五戎圖，曰五服之圖，曰司馬溫公五服之圖，曰禮記傳授之圖。」〔註120〕其與宋建刊本相較，則增益「月令十二律管候氣圖」、「月令所屬圖」、「月令四季昏星圖」、「十二律還相爲宮圖」及「禮記傳授之圖」，而減少「卿制爵位」與「士制爵位」二圖。陸氏所見此（宋）刻本，今藏日本靜嘉堂文庫。

146 《禮記舉要圖》一卷　　（宋）不著撰人

是編撰人不詳。是書大多數上半葉爲圖，下半葉釋文，以《禮記》爲範圍，圖凡二十有五：一曰王制商建國圖，二曰周制建國之圖，三曰天子縣內圖，四曰方伯連帥圖，五曰王制九命之圖，六曰公卿大夫士圖，七曰卿制爵位之圖，八曰士制爵位之圖，九曰袞冕裘衣制圖，十曰韠制度圖，十一曰帶制度圖，十二曰玄端冠冕制圖，十三曰委貌錦衣制圖，十四曰曲禮師行圖，十五曰玉藻雜佩圖，十六曰童子服圖，十七曰三加冠圖，十八曰冠冕制圖，十九曰器用制圖，二十曰深衣圖上，二十一曰深衣圖下，二十二曰天子五學圖，二十三曰天子大射之圖，二十四曰天子習五戎圖，二十五曰五服之圖。注釋部分多引陳祥道《禮書》、陸佃《禮象》爲說。卷末附司馬溫公五服年月圖。今傳有宋建刊本，書末有清黃子羽手書題記，云：「癸酉秋，白下攜歸，重裝，藏於攝六菴。」並附印記。今藏中央圖書館。

〔註120〕《儀顧堂續跋》卷三，頁20，廣文書局。

147 《禮記纂圖》無卷數　　不著撰人

是編撰人不詳。朱彝尊《經義考》卷一四三著錄，並注云：「未見。見《葉氏菉竹堂書目》，不書撰人姓氏，未詳何人。」按是編未見傳本。

148 《彭氏纂圖註義》十三卷　　（元）彭廉夫撰

彭廉夫，事蹟不詳。據《欽定禮記義疏》引用姓氏，元彭氏廉夫在虞氏集前，《續禮記集說》姓氏，元彭氏廉夫在戴氏侗後，知當為元末人。是書係輯自《永樂大典》，為《四庫全書》纂修官戴等所編。吳廷燮云：「卷一為〈曲禮〉，附有席南鄉北鄉等圖；卷二為〈檀弓〉，附有東階、西階、兩楹之間等圖；卷三為〈王制〉及〈月令〉春夏，〈月令〉附有祭先肺心肝腎等圖；卷四為〈月令〉秋冬；卷五為〈曾子問〉、〈文王世子〉，〈曾子問〉附有世子生告殯等圖，〈文王世子〉附有干舞等圖；卷六為〈禮運〉至〈內則〉，〈禮運〉附有十二管相生等圖，〈郊特牲〉附有鸞刀圖，〈內則〉附有公食大夫牢豆圖；卷七為〈玉藻〉、〈喪服小記〉、〈大傳〉、〈少儀〉，缺〈明堂位〉，〈玉藻〉附有十二旒等圖，〈喪服小記〉附有親始死服布深衣等圖。其五服等圖，父沒為母齊衰三年，父為適子斬衰三年，母為長子齊衰期三年，庶母眾子為之義服緦麻，子婦齊衰期皆據《儀禮》不備錄。〈大傳〉附有四廟等圖；卷八為〈學記〉、〈樂記〉，〈學記〉附有國學等圖，〈樂記〉附有鐘鼓等圖；卷九為〈雜記〉、〈喪大記〉，〈雜記〉附有喪冠等圖，〈喪大記〉附有諸侯小殮戶內陳衣於序等圖；卷十為〈祭法〉、〈祭義〉、〈祭統〉、〈孔子閒居〉，缺〈經解〉、〈哀公問〉、〈仲尼燕居〉，〈祭法〉附有大禘等圖，〈祭義〉附有鄉射鄉飲正齒位等圖，〈祭統〉附有宗廟阼階等圖；卷十一為〈坊記〉、〈表記〉、〈奔喪〉、〈問喪〉、〈間傳〉，缺〈中庸〉、〈緇衣〉，〈坊記〉附有注疏千乘之地等圖；卷十二為〈三年問〉、〈投壺〉、〈儒行〉、〈大學〉，缺〈深衣〉，〈投壺〉附有釋籌等圖；卷十三為〈鄉飲酒〉、〈聘義〉、〈喪服四制〉，缺〈昏義〉、〈射義〉、〈燕義〉，〈冠義〉附有冠醮位等圖，〈鄉飲酒〉附有觶洗賓階阼階等圖。是書解詁簡明，其繁重者，皆為圖列之，使人易曉。既不非薄注疏，亦不雷同勦襲。於喪禮喪服，均為注重，而〈喪服小記〉之服圖及說，亦極完備，在宋、元人禮經著述中，可稱傑作。」〔註121〕按北京圖書館藏有是編攝景本，其附圖祇有躬圭、穀璧、蒲璧、席南鄉北

〔註121〕見《續修四庫全書總目提要》禮類「禮記纂圖註義」下。

鄉圖、席東鄉西鄉圖、虛坐圖、食坐圖、燕食禮圖、劍、矛、戟、車式圖、桓圭、信圭、冠醮位圖、觶、尊、洗等圖，緇布冠、皮弁冠、爵弁冠、玄冠、玄端，則有目無圖，與吳氏所見鈔本附圖，大爲懸殊。今傳有民國二十五年，北京圖書館攝景本，二冊。

149《禮記日錄》三十卷《圖解》一卷　　（明）黃乾行撰

黃乾行，字玉巖，明福寧人。嘉靖二年（1523）進士，官至重慶府知府。見《經義考》卷一四五〔註122〕。是書題曰「日錄」者，黃氏自序云：「讀是經也，日有所得，則錄之於其端也。」其書卷首有嘉靖三十四年（1555）鍾一元序，嘉靖十七年（1538）自序、又嘉靖二十六年（1547）自序，並附有晦庵朱文公先生乞修三禮奏箚及紹定元年（1228）楊復圖序。黃序略言因《禮記》言辭，間出附會，詳其意義，時自牴牾，然聖賢餘緒，賴以有傳。故凡經史諸儒議論之有及於《禮記》者，采輯而載編之。其或經文注疏，有於義理未安，而思惟不徹者，則直辨爲疑經，而不敢妄爲之說，參互考訂而成。《四庫提要》論其書云：「今觀其書，割裂《周禮》、《儀禮》，散綴於《禮記》之中，不復別識。又以小學故實竄入經文，混合爲一，尤爲龐雜。其注或一節附論一篇，或十餘節附論一篇，多牽引道學語錄，義皆膚廓。」故列入存目。《明史·藝文志》著錄四十九卷，朱彝尊《經義考》卷一四五，則著錄一本四十九卷，又一本三十卷，皆不云《圖解》（《四庫存目》同）。是書《圖解》，所列圖象（表）及行禮儀節，大小圖總凡二百有餘，大抵多數上爲圖下釋說。首爲天度日躔中星，次爲「地理類」：有職方氏九州之圖、周制井田之圖、周禮邦國畿服之圖等圖，次爲「宮室類」：有天子辟廱圖、周九廟之圖、周大禘之圖等圖，次爲「禮器類」：有籩豆簠簋、爵斝壺卣等圖，次爲「冠服類」：有麻冕爵弁、周制衣裳九章圖、深衣前圖等圖，次爲大宗小宗圖，次爲「五服圖」：有本宗五服之圖、三父八母服制之圖等圖，次爲「圭璋類」：有天子圭璋繅藉之圖、諸臣圭璧繅藉之圖，次爲「樂器類」：有琴瑟簫籥、簨鍾磬鼓等圖，次爲「樂律類」：有十二月六陽六陰之圖，次爲「射器類」：有侯乏弓矢、決捨籌豐等圖，次爲「兵器類」：有冑甲殳矛、戈戚劍戟等圖，終以「儀節圖」。其儀節圖，〈曾子問〉篇有君薨世子生告殯圖、世子生三日以名見殯圖，〈雜記〉篇有遣奠圖、載

〔註122〕見《經義考》卷一四五，頁1引。

柩君弔圖、鄰國相弔圖等圖，〈喪大記〉篇有國君之喪位圖、君拜寄公國賓于位圖、君大斂之圖等圖，〈奔喪〉篇有子奔父喪圖、齊衰以下奔喪國、婦人奔喪圖等圖。王重民《中國善本書提要》云：「按《圖解》即據宋楊復所撰《儀禮圖》而刪節之，黃氏又間加考案，有自記云：『《禮經》六義篇，皆宜有圖以發明之，但楊信齋《圖》已詳悉，更不可加；所恨者此書少有，其板寡傳，而學者未易得見爾。』」〔註123〕按《圖解》一卷，其所包頗廣，非止行禮儀節一端。即如行禮儀節，其圖目、內容與楊復《儀禮圖》亦有不同，實非據楊《圖》而刪節之，王說蓋有未審。有明嘉靖三十四年鍾一元刻本（《四庫全書存目叢書》所收，即據此本影印）。

150《繪圖禮記節本》十卷　（清）汪基撰

汪基，字警齋，清安徽休寧人。庠生。《婺源縣志》載其事略，惟作該縣人，云：「汪基字方劉，號敬堂，隨父僑居江寧，與弟度入籍遊庠。性至孝，資硯田。兄弟切磋，貫穿經史，尤精三禮，究極根源，著有《約編》行世。」基所著《三禮約編》，《四庫全書總目》列入存目（卷二五禮類存目三）。按今傳《三禮約編》，有清康熙乾隆間汪氏敬堂刻本，其《禮記約編》十卷，卷前無附圖。其析出別行之《禮記約編》，或題曰「禮記節本」，亦為十卷。卷前有乾隆三年（1738）程恂序，雍正十年（1732）汪基〈禮記節本引言〉及〈禮記約編例言〉，繼附名物圖四葉，舉凡冠冕韍笏、簠匭篋笄、琴瑟簫磬、管柷笙簧、敦毀鐸鐃、爵觶壺豆、瓺甕匏爵、罍勺豐禁、鼎鍘俎柶、畢肩釜敦、簋簋筐筥、旂旐旜旟、彤弓旅矢、虎韔矢服、弓祕朱極、棋質韋當、福拾次算、矢朴辰壺等，皆繪圖象以明之，圖凡九十有六，甚便初學者之參考。有清光緒間石印本，台灣大學圖書館藏書。

151《欽定禮記義疏》八十二卷　（清）鄂爾泰等奉敕撰

鄂爾泰（1677～1745）有《欽定周禮義疏》，已著錄。是書為乾隆十三年（1748）御定三禮義疏之第三部。前有凡例及引用姓氏。經文四十九篇，釐為七十七卷，末為圖五卷，都八十有二卷。而以御製日知薈說十五則，綱領三篇為卷首，不入卷數。此編廣摭群言，於郊社、樂舞、裘冕、車旗、尊彝、圭鬯、燕飲、饗食，以及〈月令〉、〈內則〉諸名物，皆一一考證辨訂。即諸子軼聞，百家雜說，可以參考古制者，亦詳徵博引，曲證旁通，而辯說則頗採宋儒，以補鄭氏所未

〔註123〕見王重民《中國善本書提要》，經部禮類，頁18，明文書局，1984。

備（參見《四庫提要》）。〈凡例〉云：「古六經皆有圖、蓋左圖右史，所以按驗而便稽考也。茲編既成，復因禮器三禮諸圖之舊，損益爲圖，並加圖說，俾窮經者瞭如指掌。」其所附圖說，自卷七十八至八十二，凡五卷，亦題曰禮器圖。卷七十八爲月令中星、疆域井田、明堂宗廟、玉瑞符節等圖，卷七十九爲冠服屨佩、概量筐筐、投壺射算等圖，卷八十爲尊彝鼎俎、爵角槃匜、旌旗甲冑等圖，卷八十一爲枕止敧甋、鐘鼓樂器及五音相生等圖，卷八十二爲喪服、喪器及宗法等圖。其圖五卷，皆前圖後說，大抵因三禮諸圖之舊，損益爲圖，並加說明，體例與陳氏《禮書》類似，頗爲詳明，足備言禮者之參考。有《四庫全書》本、《摛藻堂四庫薈要》本。

152 《王制井田圖》一卷　　（宋）阮逸撰

阮逸，字天隱，宋福建建陽人。仁宗天聖五年（1027）進士，調鎮江軍節度推官。景祐二年，鄭向上逸所撰《樂論》并律管，命與胡瑗等校定鐘律。康定初，爲太子中允，上鐘律制議并圖三卷。歷武學教授、國子監丞。皇祐二年，召赴大樂所更定鐘磬制度，官至戶部屯田員外郎，著有《易筌》等書。事蹟具陸心源《宋史翼》卷二三阮逸傳〔註124〕。是編《通志・藝文略二》（卷六四禮類）著錄，朱彝尊《經義考》卷一四八亦著錄，注云佚。

153 《王制井田圖》一卷　　（宋）余希文撰

余希文，宋人，事蹟未詳。是書《通志・藝文略二》（卷六四禮類）著錄。《玉海》卷三九云：「余希文撰《井田王制圖》一卷，凡三十有二圖。」〔註125〕《宋史・藝文志》著錄，亦作「井田王制圖」，朱彝尊《經義考》卷一四八亦載之，則從《通志》作「王制井田圖」，並云佚。

154 《王制井田演算法解》一卷　　（清）談泰撰

談泰，字階平，清江南上元人。乾隆五十一年（1786）舉人，官山陽南匯教諭。淹通經史，專志撰述，不爲世俗之學，尤精天文曆算，得梅文鼎之傳。著有《觀書雜識》、《測量周徑正誤》等書。《清史列傳》卷六十九李銳附傳。是書首解畿外八州建二百一十國之實數，次解天子畿內九十三國之實數，又次解畿內外井田之地，並以里數畝，十百千萬，以次遞升，位數參差，易失其序。又爲里數表、億小數表、億大數表、一里方積表、十里方積表、五

〔註124〕陸心源，《宋史翼》卷二三，頁2，鼎文書局，1980。
〔註125〕見王應麟《玉海》卷三九，頁29，《四庫全書》本，商務印書館。

十里方積表、七十里積表、百里方積表、千里方積表附於後。其後則解畿外九州建國之法，亦頗詳審。惟其所解或不免有未盡確，違背經義之咎，然自可啓牖後學，固未可忽視。見《續修四庫目提要》。有金陵叢刻本（《叢書集成初編》）

155 《梁月令圖》一卷　　（梁）不著撰人

是編撰人不詳。《隋書·經籍志》著錄，朱彝尊《經義考》卷一四九亦據梁阮孝緒《七錄》著錄《梁月令圖》一卷，注云佚。

156 《月令圖》一卷　　（唐）王涯撰

王涯（？～835），字廣津，唐太原人。德宗貞元進士，舉宏辭。累官同中書門下平章事。穆宗時，出爲劍南東川節度使，後又任鹽鐵轉運使。文宗時，召拜太常卿，以吏部尚書總鹽鐵，爲政苛急，民受其困。涯博學好古，能爲文，家書數萬卷，侔於秘府。著有《太玄經注》，已佚。《舊唐書》卷一六九、《新唐書》卷一七九有傳。是編《通志·藝文略》著錄，朱彝尊《經義考》卷一四九亦著錄，注云佚。

157 《月令節候圖》一卷　　（宋）劉先之撰

劉先之，宋人，事蹟未詳。是編《宋史·藝文志》著錄，題作「月令節候圖」〔註126〕，並云：「玄，一作先。」朱彝尊《經義考》卷一四九，則作「劉氏先之月令圖」，注云佚。

158 《月令氣候圖說》一卷　　（清）李調元撰

李調元（1734～1803），字羹堂，號雨邨，清四川綿州人。乾隆二十八年（1763）進士，改翰林院庶吉士，散館授吏部主事。官至直隸通永道。聰敏好學，自經史百家以及稗官野乘，靡不博覽，群經小學皆有撰述。所爲詩文，天才橫逸，不假修飾。著有《童山詩文集》、《雨村詩話》等書。《清史列傳》卷七十二有傳。是書薈萃諸家之說，參以己見，凡總說一篇，分說二十四則，並冠「中星氣候圖」於首，凡陰陽消長，景物移易，星辰出入，無不可按圖而知焉。今傳有《函海》本。

159 《七十二候表》一卷　　（清）羅以智撰

羅以智（1800～1860），字鏡泉，清浙江錢塘人。道光五年（1825）拔貢，

〔註126〕見《宋史·藝文志》子類二·五行類。

官鎮海訓導。工古詩文，晚年潛研經史，撢析疑義，恒終日斷斷無倦容。著有《應潛齋年譜》、《養恬齋文鈔》等書〔註127〕。是書卷前有莊仲方、胡敬、姚元之諸序及海昌羊復禮書後，卷末有項名達暨李慈銘跋。李跋略言其書取《時憲書》及〈夏小正〉、〈月令〉、〈時訓解〉、〈十二月紀〉、〈時則訓〉、《易緯通卦驗》及歷代史志，合而譜之，著其沿革同異，復博採諸家之說以爲之注，中加考核，俱極精慎，可與蔡鐵耕《蔡氏月令》並行。是表凡分六格，首《時憲書》、《夏小正》，次《小戴記‧月令》，次《逸周書‧時訓解》，次《呂氏‧十二月紀》、《淮南子‧時則訓》，次《易緯通封驗》，次歷代史志，旁行斜上，以見沿革異同之故，甚便觀覽。有清光緒八年海昌羊復禮刻本（《四庫未收書輯刊》本據此影印）。

160《月令粹編》二十四卷《圖說》一卷　　（清）秦嘉謨撰

秦嘉謨，字味芸，清江蘇江都人，事蹟未詳。是書前有吳錫麒及陳壽祺二序，次爲凡例。〈凡例〉云：「《歲華紀麗》簡而未備，《古今類傳》雜而不純。是書之成，意在博取，尤在去瑕。」又云：「取裁先經後史，後子後雜家小說，先後準乎時代，採擇必照原書，較之《類傳》，微有體例。」其書蓋遠仿唐韓鄂《歲華紀麗》，近仿明董穀士《古今類傳》，而擇其尤雅，正其疵謬。陳壽祺稱其書「去取頗精當」，蓋非虛譽。是編卷首爲圖說，自月令主屬大全圖、氣候循環易見圖、日出日沒永短圖、月生月盡虧盈圖、經星昏明迭見圖、閏月成歲爲章圖、玉衡隨杓指建圖、招搖逐月推移圖，以迄爾雅十幹月陽圖、爾雅十二月名圖，總凡列圖二十，皆前圖後說。有清嘉慶十七年（1812）江都秦氏琳瑯仙館刻本。

161《明堂圖說》二卷　　（北魏）封偉伯撰

封偉伯，字君良，北魏勃海蓨人。博學有才，爲儒者所稱。初爲太學博士，北魏明帝正光末（正光一至五年），爲關西行臺郎。蕭寶夤背魏，偉伯潛結關中豪右謀除寶夤，事敗被殺。著有《封氏本錄》，并詩賦碑誄雜文數十篇。《魏書》卷三十二、《北史》卷二十四封軌附傳。〈魏書‧封軌傳〉云：「每朝廷大議，偉伯皆預焉。……尋將經始明堂，廣集儒學，議其制度。九五之論，久而不定。偉伯乃搜檢經緯，上《明堂圖說》六卷。」是編清張鵬一《隋書

〔註127〕參見羊復禮書後暨謝巍《中國歷代人物年譜考錄》，頁524，北京中華書局，1992。

經籍志補》著錄，並云二卷〔註128〕，已佚。

162《明堂圖議》二卷　（隋）宇文愷撰

宇文愷（555～612），字安樂，隋朔方夏州人。少有器局，家世武將，愷獨好學，博覽書記，尤多技藝。隋文帝時，以愷有巧思，詔領營新都副監。嘗鑿廣通渠，決渭水達河，以通漕運。煬帝即位，遷都洛陽，以愷爲營東都副監，揣帝意宏侈，規畫東都窮極壯麗，帝大悅，拜工部尚書，終金紫光祿大夫。著有《東都圖記》等書。《隋書》卷六十八本傳、《北史》卷六十宇文貴附傳。是編清張鵬一《隋書經籍志補》著錄，已佚。

163《明堂定制圖》一卷　（宋）李覯撰

李覯（1009～1059），字泰伯，宋南城人，學者稱爲旴江先生。俊辯能文，舉茂才異等不中，親老，以教授自資，學者常數十百人。宋仁宗皇祐初，范仲淹薦爲試太學助教，上《明堂定制圖》。嘉祐中，用國子監奏，召爲海門主簿、太學說書。著有《周禮致致太平論》、《李覯集》等書。《宋史》卷四三二有傳。是編朱彝尊《經義考》卷一四七著錄，並云圖佚，惟略載其序，猶可窺其大概。序云：「伏以明堂者，古聖王之大務也。所以事上帝，嚴先祖，班時令，合諸侯。朝廷之儀，莫盛於此。然而年世久遠，規模靡見。經傳所出，參差不同。群儒譸張，各信其習。專門自用，互相非毀。故自漢迄於有唐，布政之宮，屢曾營繕，而規爲鹵莽，莫合聖制，群議交鬪，將誰正之。……臣敢以所見制度，具圖以獻。圖凡以九分當九尺之筵，東西之堂共九筵，南北之堂共七筵。中央之地自東至西凡五室，自南至北凡五室、每室二筵，則取於《周禮·考工記》。一太室、八左右个，共九室，室有四戶，八牖，共三十六戶七十二牖，則協於《大戴禮·盛德記》。九室四廟，共十三位，則本於《禮記·月令》。四廟之面，各爲一門，門夾兩牕，是爲八牕，四闥，則稽於《白虎通》。十二室則采於聶崇義《三禮圖》。四面各五門，則酌於〈明堂位〉、《禮記外傳》。兼取諸書，略無偏棄，異同之論，庶可息焉。古先之模，或在於是，號曰《明堂定制圖》。若夫棟宇之高卑，土木之文飾，至尊所居之服御，上神所享之儀物，此禮官學士之職，非小臣之所能盡也。」〔註129〕

〔註128〕見張鵬一《隋書經籍志補》，頁3，《二十五史補編》，台灣開明書店，1974。
〔註129〕李序全文，見《李覯集》卷十五，北京中華書局，1981。

164《明堂定制圖并序》無卷數 （宋）姚舜仁撰

姚舜仁，字令由，宋歸安人。神宗元豐八年（1085）進士，爲太學正，召對稱旨，除館職，遷庫部員外郎。進《明堂定制圖并序》，上賜對褒獎。又撰《明堂訓解》一卷，擬復上之而疾，弗果。後兄姚舜哲表進以成其志。見《嘉泰吳興志》卷十七〔註130〕。是編朱彝尊《經義考》卷一四七著錄，題云「明堂定制圖序」，無「并」字，並云佚。

165《明堂圖說》一卷 （宋）朱熹撰

朱熹（1130～1200）有《儀禮圖》，已著錄。朱彝尊《經義考》卷一四七著錄，並云存。按《晦庵集》卷六十八〈明堂說〉一篇，後附明堂圖一，疑即此篇，有《四庫全書》本。

166《明堂通釋》一篇 （清）汪中撰

汪中（1744～1794），字容甫，清江蘇江都人。幼孤貧，賴母授讀。少長，助書賈鬻書於市，因徧讀經史百家，過目成誦。乾隆四十二年（1777）拔貢生。以母老不赴朝考，後校《四庫全書》於浙江文瀾閣，卒於西湖僧舍。著有《廣陵通典》、《述學》等書。《清史稿》卷四八一、《清史列傳》卷六十八有傳。是篇收於《述學》一書中。《述學》六卷，雖卷帙無多，而精卓爲一時冠，《四庫全書》收入集部。其書卷一有〈明堂通釋〉一篇，並附明堂五室二圖（曰考定明堂五室圖、曰鄭志考工五室之圖）、明堂位圖及呂氏春秋明堂圖，凡有四圖。文末自述其作意云：「議禮之家，古稱聚訟，較其甚者無若明堂。禮曰『毋勦說，毋雷同，必則古昔，稱先王。』孔子曰『蓋有不知而作之者，我無是也。多聞，擇其善者而從之，多見而識之，知之次也。』竊取其義以作是篇。」有《皇清經解》二卷本、《四部叢刊》六卷本。

167《明堂考》三卷 （清）孫星衍撰

孫星衍（1753～1818），字淵如，清江蘇陽湖人。乾隆五十二年（1787）進士，授編修，官至山東督糧道。少工詞章，與同里洪亮吉、黃景仁等齊名。後深究經史文字音訓之學，旁及諸子百家，皆通其義。著有《周易集解》、《尚書今古文注疏》等書。《清史稿》卷四八七、《清史列傳》卷六十九有傳。是書卷首有自序，略言後儒惑於明堂之制，乃成斯帙。全書三卷，

〔註130〕見談鑰《嘉泰吳興志》卷十七，頁6，1914年刊，吳興先哲遺書本，成文出版社，1983。

卷上爲古名宮遺制考，卷中爲周明堂遺制考，卷下爲明堂圖考，說則匯通諸經，制則稽合象數，左圖右書，通天地人以明其說，考證明確。卷下有圖八幅，曰明堂圖，曰明堂應太微官圖，曰周明堂漢元始明堂靈臺引水爲辟雍圖，曰漢中元明堂靈臺太學引水爲辟雍圖，曰明堂位圖，曰夏世室圖，曰殷重屋圖，以及據周制推之而作之「夏世室圖」，間注尺寸，並多有說，頗爲明晰。有《問經堂叢書》本。按《清史稿・藝文志》著錄孫星衍《明堂考》三卷，彭國棟《重修清史藝文志》同，皆不及孫馮翼。王紹曾主編之《清史稿藝文志拾遺》亦未載孫馮翼有《明堂考》一書，是孫馮翼未嘗撰《明堂考》，蓋無可疑。《續四庫提要》著錄孫馮翼《明堂考》三卷，注云《問經堂叢書》本，而不及孫星衍書。今所見孫馮翼所輯《問經堂叢書》，收有《明堂考》三卷，書題孫星衍撰，卷末鈐有一印，云「嘉慶壬戌年九月十九日承德孫馮翼鳳卿氏校于白門中丞第之鄭學寓」。孫馮翼，孫星衍之侄也，是此書但經孫馮翼校對，而實非其所撰。吳廷燮爲該書《提要》，誤以爲孫馮翼撰，蓋有未審。

168 《明堂圖說》一篇　　（清）阮元撰

阮元（1764～1849）有《考工記車制圖解》，已著錄。阮元博學淹通，長於考證。《清史稿》卷三六四本傳稱其「身歷乾嘉文物鼎盛之時，主持風會數十年，海內學者奉爲山斗焉」。其所撰文集，曰揅經室集。全書分《揅經室集》四〇卷、《揅經室續集》十七卷、《揅經室外集》五卷，共六十四卷。是篇見載於《揅經室續集》卷一。文前有序，略言明堂異名同實及上古中古之分，已著論明之，今復取近代諸家之說而驗其圖，皆未能確。依〈月令〉當有八個，而〈考工記〉惟有五室，斷不相合。戴氏震乃除太室，而以四室置之外四隅，即名之爲个而共互之，謂明堂之左个即青陽之右个，總章之右个即玄堂之左个，其說過巧，竊有未安。且即如其說，而四隅丈尺，猶于經文有不能相合之處。元乃別爲圖，移四室於堂背，四隅重屋之下，而以四堂之後八角接之，如此則與經文丈尺合，室爲室，个爲个，不相假借，且于上圓下方重屋之制亦合，即匠人據此築基構木而造之，亦必能成之，非紙上空談。爰更分析爲十說，并圖以明之云云。其於汪中《述學》明堂圖，秪一面向南之堂，而無東西北三面之堂，金榜《禮箋》以明堂屋爲妄，並以爲非。末附五圖：曰今定四面堂个廟室圖，曰今定堂个室丈尺之圖，曰今定上圓下方重屋圖，曰戴氏明堂舊圖，曰汪氏明堂五室圖。有《文選樓叢書》本。

169《明堂圖說》二篇　（清）陳澧撰

陳澧（1810～1882）有〈戈戟圖說〉，已著錄。陳氏〈明堂圖說〉有一、二兩篇，後篇考訂汪中〈明堂通釋〉之偽誤，有說無圖。前篇則主在辨正江聲及阮元明堂說之疏舛〔註131〕。以爲阮氏圖个與太廟同深，四太廟八个之中央地方，九筵中爲太室，四隅爲四室，而虛其四正。江氏圖太廟之左右，前爲个，後爲室，四太廟之後即太室，又較阮氏爲密，然猶有未合者。每一面太廟，兩个合九筵，而其後當三室僅六筵。江氏圖五室離立，遂使廟个後皆空缺，而不能掩。且四隅室在四太廟序外，其室壁與序之間，有如隘巷。又室牖爲序，所蔽不能納明，則牖亦爲無用，此未明〈考工記〉室二筵之義。爰因江、阮二家之說而補苴之，並擬爲明堂之圖。篇末附明堂圖一、明堂圖二，以及江氏明堂二圖與阮氏明堂三圖，凡七圖。是編見載於《東塾集》卷一，今傳有光緒十八年刻本。

170《明堂考》一卷　（清）胡犉撰

胡犉（1813～？）有《射侯表》，已著錄。是書卷首有張壽鏞序及所撰胡伯寅先生家傳。卷前有犉自序，略言自古議禮之聚訟，莫甚於明堂。宗鄭康成者，言五室四堂，宗蔡伯喈者，言九室十二堂。至本朝戴東原之說出，而五室九室之異通爲一。蔡氏以太廟、路寢、辟雍、明堂爲同處，鄭君或信或不信。阮芸臺之說出，而制之有全有偏，時之有分有合，亦復豁然無疑義，此皆古今之快論也。而惟於明堂之丈尺，從來未有確解。本〈考工〉者意主於小，本二戴者意主於大，而鄭君之注〈考工記〉，殷周小而夏反大，既非前質後文之意，南北陜而東西長，又乖圓覆方載之儀，誠有如李諡、宇文愷所規者。先師黃薇香（黃式三字），歷考古今之言丈尺者，本鄭注而校核之，予樂得而詳考焉云云。是伯寅蓋據黃薇香之說，重在丈尺者也。其書爲圖凡十五：曰鄭注世室圖，曰鄭注明堂圖，曰戴震明堂會通圖，曰汪中明堂圖，曰江聲明堂五室圖，曰孔廣森世室圖，曰黃式三世室圖，曰黃式三明堂圖，曰擬世室井字圖，曰初擬夏後氏世室圖，曰初擬重屋明堂圖，曰夏后氏世室圖，曰周人明堂圖，曰明堂一面放爲廟寢圖，曰周人明堂門塾圖。圖各有說，考核精詳，洵治禮者所宜注重。有《四明叢書》本。

〔註131〕江聲對明堂相關論述，見《尚書集注音疏》卷九〈康王之誥〉後附。

171 《明堂會通圖說》一卷　　（清）鄒伯奇撰

鄒伯奇（1819～1869），字特夫，清廣東南海人。諸生。少聰穎絕人，諸
經義疏，無不研究，覃思聲音文字度數之原，尤精天文曆算，能薈萃中西之
說而貫通之。與陳澧交最契，東塾對其論學，尤爲心折。同治三年，侍郎郭
嵩燾特疏薦之，堅以疾辭。曾國藩督兩江，於赴上海設書院，延伯奇教授，
亦不就。著有《深衣考》、《學計一得》等書。《清史稿》卷五〇七、《清史列
傳》卷六十九有傳。是篇載於《學計一得》卷下，鄒氏於篇末言其作意云：「嘗
謂明堂之制，散見《考工記》、《逸周書》、《大戴禮記》，必須互證而後明。漢
作明堂，經諸儒論定，如見《黃圖》及《明堂月令論》者亦必因循舊圖，不
大戾於古。故今所定用九章方程御隱雜互見之意，求其會通，校訛補缺，爰
作明堂六圖世室一圖，以證其說焉。」篇中於清儒阮元、孔廣森、江聲諸家，
並有所指摘，且就古制尺寸及古文獻中所載數字解讀，分析明堂平面，而於
部位名稱從門、窗、廳、室、階、柱之證名，以至位置、尺寸，皆有詳細解
說，並繪製明堂相關圖，有「下基」、「擬大戴記原圖」、「上」、「度數」、「堂
構」、「門堂」及「夏世室圖」，凡七圖。對明堂由基礎至上蓋，由平面至立體，
由方位至局部，皆有具體之論述，固治明堂者所宜注意。有清同治十三年
（1874）鄒徵君遺書本。

172 《明堂圖說》不分卷　　（清）熊羅宿撰

熊羅宿（1866～1930）），字繹元，清江西豐城人。光緒間以高材生從皮
錫瑞講學於景陸堂，鹿門以黨禁被黜去國，羅宿亦竄跡日本，民國二十年卒。
是書卷前有羅自序，云：「明堂之說，言人人殊。余舊著通考盈卷，未攜行篋，
且未有圖，因作此補之。悟前書仍有未是，復約略爲之說。前人巨謬，都在
誤讀《考工》，疏別隱滯，揭于左首，戴《記》及逸禮遺文，既是先秦古書，
并錄坿參檢，示非孤證。諸家紛說，概置弗道，不欲以群言淆本義也。」其
書蓋本《周禮・考工記》而爲之繹說，並取戴《記》、逸禮遺文互相參證，以
考明堂之制。謂《考工記》明言內有九室，外有九室，本無五室之言，言五
室者，恐是先儒誤句。又駁賈逵、馬融、鄭玄諸儒「九階」之誤，而間接考
證世室、重屋、明堂確爲異名同物，其說實較前儒爲精審。惟其釋文，祇至
「凡室二筵」句，自「室中度以幾」至「九卿朝焉」，則未載焉。據自序言「全
書卒業，不知定在何時。宿之有負于先師（皮錫瑞），滋不堪言。書此以警方
來，冀他日終有以續成，毋再爲半途之廢」，又言今以三書互相讐勘，尺度實

較若畫一，因據圖之。其書雖曰圖說，而實無附圖，疑其書蓋非全本。參見
《續修四庫全書總目提要》。是編有清宣統二年（1910）江西玉隱刊書處刊本，
北京圖書館分館藏書。

173《宗法小記》一卷　　（清）程瑤田撰

程瑤田（1725～1814）有《考工創物小記》、《溝洫疆理小記》等書，已
著錄。是書專論《禮記》宗法，詳為考述，並附圖表以明之。一曰宗法表，
略言宗道，先王之所以一天下，自大夫以下于庶人，乃猶散無友紀，此公
子之宗道所由立。為士大夫之庶者，宗其士大夫之適者，此所謂有大宗而
無小宗。若無適而宗庶，則禮如小宗，此所謂有小宗而無大宗。其無宗亦
莫之宗者，惟公子一人。所以然者，諸侯之子稱公子，公子不得禰先君，先
君不得禰之，於今君安得兄之？此宗法之通其窮，自卑而別於尊之義。此
別子之名所由起。至於後世皆得各自為祖，而歸於大同之宗法。下列大小
宗支相承世次表及公子宗道三事表，二曰庶姓述，三曰世次順數說，四曰
庶子不祭明宗說，五曰庶子不祭表，六曰庶子不為長子三年述，七曰宗法
述，而以「宗法表支庶旁行衺上及祖遷宗易提要圖」及「宗法表補義」附
焉。其於大小宗法，經之緯之，昭然若揭。所附大小圖表有七，亦頗為詳
明，甚便檢閱。有《皇清經解》本、《通藝錄》本（《續修四庫全書》本據此
影印）。

174《深衣制度》一卷　　（宋）朱熹撰

朱熹（1130～1200）有《三禮圖》，已著錄。朱彝尊《經義考》卷一五〇
著錄朱熹《深衣制度》一卷，不云并圖。是編見載於《晦庵集》（卷六十八），
並題「深衣制度并圖」，附有深衣前圖、深衣後圖、曲裾裁制、曲裾縫制、曲
裾成制、大帶、緇冠、黑履、幅巾、左帶、右帶等十一圖。有《四部叢刊》
本、《四庫全書》本。

175《深衣圖辨》一卷　　（宋）王幼孫撰

王幼孫（1223～1298），字季雅，號自觀，宋廬陵人。性篤孝，博覽經
史，兼涉醫學。理宗寶祐四年（1256），上萬言書議國事，未被採納，遂回鄉
執教。宋亡，其友文天祥兵敗被執，過廬陵，謁於驛舍，為文祭之，期以必
死。辭氣慷慨，左右嗚咽，莫能仰視。自是日，與賓客過從守經執禮以終。
著有《中庸大學章句》、《太極圖說》等書。事蹟具陸心源《宋史翼》卷三四

王幼孫傳〔註132〕。是編朱彝尊《經義考》卷一五〇著錄，注云佚。

176《深衣圖說》一卷　　（宋）舒岳祥撰

　　舒岳祥（1236～？），字舜侯，一字景薛，宋寧海人。理宗寶祐四年（1256）進士，授奉化尉，仕終承直郎。以文學名。宋亡不仕，避地奉化，與戴表元相友善。晚益覃思著作，詩文皆稱心而出，不事雕繢。嘗讀書於閬風台，人稱閬風先生。所著通曰《閬風集》。《宋元學案》卷五五，《台州府志》卷一一六有傳〔註133〕。是編朱彝尊《經義考》卷一五〇著錄，注云佚。

177《深衣圖考》三卷　　（元）汪汝懋撰

　　汪汝懋（1308～1369），字以敬，元徽州歙人，後徙淳安。歷官定海縣尹，以慈恕簡靜稱，而折獄如神明，境內無冤。暇則與諸生講學，在定海五年，以老病致仕歸故里。著有《春秋大義》、《遯齋稿》等書。見《宋元學案》卷七四〔註134〕。是編朱彝尊《經義考》卷一五〇、錢大昕《補元史藝文志》並著錄。其書已佚，今所見者，惟《經義考》所載戴良序而已。戴序略言《禮記》有〈深衣〉篇，而諸儒論之辨矣，何有於《圖考》？《圖考》之折衷於諸儒，其大節有四：謂續衽爲連續旁縫，鉤邊爲左右交鉤，則以蔡氏之說爲當守，而楊氏、方氏以襟爲衽，司馬氏以裾爲衽，呂氏、陳氏衣裳各有殊制，說皆非也。謂方領當循頭，而下方折以抱胸，則以鄭注、孔疏爲可從，而司馬氏別施一衿，映所交頸，別爲一物，折之領上，與夫交領、直領之議，皆非也。謂辟二寸爲總言帶辟之廣，再繚四寸爲總言帶之結鈕，則以陸氏之意爲可推，而注疏家士用單練，廣二寸，再度繞腰，亦四寸之言，皆非也。此《圖考》之不可以不作也。或曰朱子作《家禮》，亦有圖說可徵矣，然則彼皆非與？朱子之《家禮》本司馬氏之《家儀》，司馬氏於前四者之失，已不暇詳考而精求，是宜《家禮》之難徵也。《圖考》烏乎祖？祖乎經也。祖乎經，則諸儒紛紛之議，可得而折衷矣。古語云：「諸儒異同稽諸聖，眾說混淆折諸經。」《圖考》有焉。《圖考》孰作？睦汪君也。

〔註132〕見陸心源《宋史翼》卷三四，頁6，鼎文書局，1980。
〔註133〕黃宗羲原著，全祖望續修，王梓材校補，《宋元學案》卷55（第14冊，頁83），河洛圖書出版社，1975。
　　　　　喻長霖，《台州府志》卷一一六〈人物傳十七〉，頁15，成文出版社，1970。
〔註134〕見《宋元學案》卷74（第19冊，頁102），河洛圖書出版社，1975。

178《**深衣圖說**》一卷　　（明）鄭瓘撰

鄭瓘，字溫卿，號北園，明蘭溪人。弘治三年（1490）進士，授鄒平知縣，改長洲。以執法不阿，爲權要所疾，再改楚雄判官，遂致仕。著有《儀禮纂通》、《蛙鳴集》等書。見清陳田《明詩紀事》丁籤卷六〔註 135〕。是編朱彝尊《經義考》卷一五〇著錄，注云未見。胡宗楙《金華經籍志》引黃虞稷《千頃堂書目》，云佚〔註 136〕。

179《**深衣圖論**》一卷　　（明）王廷相撰

王廷相（1474〜1544），字子衡，號浚川，明儀封人。孝宗弘治十五年（1502）進士，官至兵部尙書。廷相博學好議論，以經術稱，於星曆、輿圖、樂律、河圖、讖書及周、邵、程、張之書，皆有所論駁。著有《雅述》、《愼言》等書，收入《王氏家藏集》。《明史》卷一九四有傳。是書自序略言古者深衣，天子養老於學則服之，大夫夕視朝則服之，庶人吉則服之，通於上下，衣之便者也。近世司馬溫公好古，製此爲燕居服，因漢鄭康成之說爲裁衣法，文公《家禮》圖注雖稍有更定，大要亦不出此。故今世之爲說者有三：短袷無袵，曲裾裂裳，如《家禮》本圖，一也。長袷有袵，無裾裂裳，如瓊臺丘氏新擬圖，二也。長袷六袵，無裾無裳，通幅如袍，如四明王氏古製圖，三也。《家禮》，鄭注誤之也，丘氏得矣，而裂裳之義未盡也。黃氏多袵無要，戾經文矣。朱子晚歲所服深衣，去舊說曲裾之制而不用，是先生亦有疑矣。邇者取所藏諸禮書疏讀之，質諸本經，晰以事宜，參之旁通，證之散見，本之法象，要之大體，益知今之圖制論說，眞有大不然者，乃敢會萃眾論而折衷之。以古朝祭喪服皆有袵，故論續袵鉤邊；以衣連裳不殊製，上下當有定分，故論要縫半下；以裳割裂，無所取義，而橫斜累綴，非善服，故論裳削幅；以制飾完具，冠履相稱，而後可以成服，故作統論。雖以諸儒之說不盡符合，或於古人制服之宜，不至相遠。乃並圖其制象，附之於末，俾學者有所考焉。是書《明史・藝文志》、《經義考》卷一五〇並著錄，朱書載其序，並云存。黃宗羲《深衣考》亦嘗列引其圖說。按是編未見傳本。

180《**深衣圖說**》一卷　　（明）吳顯撰

吳顯，字一愚，明休寧人。事蹟未詳。是書朱彝尊《經義考》卷一五〇

〔註 135〕陳田，《明詩紀事》丁籤卷六，頁 3，《續修四庫全書》，上海古籍出版社。
〔註 136〕胡宗楙，《金華經籍志》卷三，頁 15，古亭書屋，1970。

－99－

著錄，並云未見。按是編未見傳本。

181《深衣考》一卷　　（清）黃宗羲撰

黃宗羲（1610～1695），字太沖，號南雷，清浙江餘姚人。明諸生。學識淵博，精通經史、天文、地理，樂律，學者稱梨洲先生。明亡，隱居不仕，清廷累相招致，皆力辭不往。其學雖出劉宗周，而不恣言心性，說經則宗漢儒，立身則宗宋學。平生勤於著述，年逾八十，尚矻矻不休。所著有《明夷待訪錄》、《明儒學案》等書。《清史稿》卷四八六、《清史列傳》卷六十八有傳。是書先列己說，並為之圖，後就〈深衣〉經文及〈玉藻〉一節為之論說，並取朱熹、吳澄、朱右、黃潤玉、王廷相五家圖說，各摘其謬，其說大抵排斥前人，而獨申己見，其謬誤蓋亦不少。如謂上衣下裳之幅數，釋續衽以及釋衽當旁，皆無所依據。《四庫提要》已辨之。書中附黃氏深衣圖、朱熹深衣圖、曲裾裁制、曲裾縫制、曲裾成制以及黃潤玉、王廷相諸深衣圖。有《四庫全書》本、《借月山房匯抄》本。

182《深衣考誤》一卷　　（清）江永撰

江永（1681～1762），字慎修，清安徽婺源人。康熙時諸生。博通古今，專心十三經注疏，而於三禮功尤深。嘗一至京師，桐城方苞、荊溪吳紱，質以禮經疑義，皆大折服。好學深思，長於比勘，步算、鍾律、聲韻尤精。著有《周禮疑義舉要》、《禮書綱目》等書。《清史稿》卷四八七、《清史列傳》卷六十八有傳。是書卷首江氏謂深衣之義，鄭注孔疏皆得之，獨其裳衽之制，裁布之法，與續衽鉤邊之文，鄭氏本不誤，而疏家皇氏、熊氏、孔氏皆不能細繹鄭說，遂失其制度。後儒承偽襲舛，或以臆為之，考辯愈詳而誤愈甚，其失自〈玉藻〉始云云。按深衣之制，眾說糾紛，大率踵裳交解十二幅之偽，江氏是書前說後圖。據〈玉藻〉言「衽當旁」，則非前後之正幅，舉鄭注「如裳前後當中者，為襟為裙，皆不名衽，惟當旁而斜殺者乃名衽」以正《疏》誤。以其說考諸訓詁書，雖有合有不合，而核之經文，其義最當，實非孔疏所能及。故《四庫提要》稱其說考證精核，勝前人多矣。卷末附「深衣裁布圖」（內有三圖）、「深衣裳裁布圖」（內有四圖）、「深衣前圖」、「深衣後圖」，以及舊說深衣裳裁布圖、舊說深衣裳圖、家禮深衣前圖、家禮深衣後圖、家禮著深衣前兩襟相掩圖。有《四庫全書》本、《皇清經解》本。

183《深衣圖說》一冊 （清）許克勤撰

許克勤，字勉夫，清浙江海寧人。諸生。僑居蘇州，於書無所不窺。凡經史、天文、地理及五行術數之學，皆喜探討，有所見則筆之簡端。嘗謂學問當法漢儒，品行當法宋儒，其為學一歸於徵實。見徐世昌《清儒學案》卷一八四〔註137〕。是書乃許氏於光緒十八年所錄簡略手稿。書後有許氏手記，云：「甲申歲（光緒十年）曾備考之，今錄其大略於此。」惜其備考之全稿，存佚莫明。全書凡有六圖：一為深衣裁布圖，又細分江氏裁衣正身圖、裁袂與祛圖、裁前右外襟圖、裁裳前襟後裾圖、裁鉤邊圖、裁裳衽圖及小要圖，二為江氏深衣前圖，三為深衣後圖，四為深衣面前圖，五為深衣背後圖，六為深衣既服圖。其於前儒之疏謬，亦間有補正。有清抄繪本，今藏復旦大學圖書館。

184《投壺格》一卷 （宋）鍾唐卿撰

鍾唐卿，宋人，事蹟未詳。是編朱彝尊《經義考》卷一四七著錄，並云佚。

185《投壺新格》一卷 （宋）司馬光撰

司馬光（1019～1086），字君實，世稱涑水先生，宋夏縣人。仁宗寶元初進士，官至尚書左僕射，諡文正。學識淵博，史學之外，音樂、律曆、天文、術數，無所不通，著有《資治通鑑》、《涑水紀聞》等書。《宋史》卷三三六有傳。是書前有光自序，略言世傳投壺格圖，皆以奇雋難得者為右，是亦投瓊探鬮之類，非古禮之本意。今更定新格，增損舊圖，以精密者為右，偶中者為下，使夫用機徼幸者，無所措其手。壺口徑三寸，耳徑一寸，高一尺，實以小豆壺，去席二箭半，箭十有二枝，長二尺有四寸，以全壺不失者為賢，偶不能全，則積算先滿百二十者勝，後者負，俱滿則餘算多者勝，少者負，為圖列之左方，並各釋其指意云云。晁公武曰：「舊有投壺格，君實惡其多取奇中者以為僥倖，因盡改之。」朱彝尊《經義考》卷一四七著錄，並引晁公武曰：「舊有《投壺格》，君實惡其多取奇中者，以為僥幸，因盡改之。」〔註138〕是編《宋史‧藝文志》著錄，列入「子部‧雜藝術類」。有清順治四年（1647）兩浙督學李際期刊本，中央圖書館藏書。

〔註137〕見徐世昌《清儒學案》，卷一八四，頁25，世界書局，1962。
〔註138〕見《郡齋讀書志》卷十五，頁4，中文出版社，1978。

186 《投壺禮格》 （宋）王趯撰

王趯，宋人，事蹟未詳。是編《宋史・藝文志》著錄，列入「子部・雜藝術類」，朱彝尊《經義考》卷一四七亦載之，注云佚。

187 《投壺圖》一卷 （宋）方承贊撰

方承贊〔註139〕，宋人，事蹟未詳。是編朱彝尊《經義考》卷一四七著錄，注云佚。

188 《投壺儀節》一卷 （明）汪禔撰

汪禔（1490～1530），字介夫，號孽庵，明祁門人。善屬文。既冠，補邑庠弟子員，即以學行知名遠近，多執經從游，然屢試有司，不利，士夫深惜之。其學深於禮，著有《家禮砭俗》、《檗庵集》等書。見焦竑《國朝獻徵錄》卷一一四王諷〈檗菴汪先生禔行狀〉〔註140〕。是編朱彝尊《經義考》卷一四七著錄，云未見。是書卷前有嘉靖八年（1529）高應經序及禔自序。自序略言是禮固射禮之變，古人所甚重者，而世俗莫知重焉。廼取前所輯者，命王生錄爲一帙，題曰「投壺儀節」，復綴集先儒之說，間附己意，著「投壺義」，附於其後。將以告諸吾同志者，相與講行，則亦庶幾復古之一端云云。全書凡分八節，曰合用之人，曰合用之物，曰儀節，曰魯鼓音節，曰貍首聲調，曰詩樂作止之節，曰奏詩投壺之節，曰投壺義，曰疑義，卷末附菽園雜記。書中附「上投壺圖」以及投壺相關器物等圖，凡三十有八，可供參考。今傳有《夷門廣牘》本。

189 《投壺譜》一卷 （明）李孝元撰

李孝元（？～1560），字松橋，明滑縣人。紀模云：「魯人松橋李君，先爲南京左都督參軍，復擢順天府治。」（《投壺譜拾遺》序）。《四庫提要》云：「嘉靖中，官都司經歷」〔註141〕，其事蹟可知者如此。是書卷前有楊大寬序，略言松橋於壺矢之技，得之手而應之心，凡讌賓客必舉壺以樂賓，見者罔不拱揖前卻，而未之或先。每於退政之暇，乃作壺譜以廣其義。凡目百三十有二。壺自一矢至十二矢，每矢品之以題，每題圖之以譜，每譜著之以訣，如見古人之風云云。朱彝尊《經義考》卷一四七著錄此書，並載楊序，並云存。

〔註139〕方承贊，《經義考》云「或作張」。
〔註140〕見焦竑《國朝獻徵錄》卷一一四，頁42，明文書局，1991。
〔註141〕按是書《四庫全書》列爲存目之書，見《四庫提要》子部二十四藝術類存目，題曰《壺譜》。《提要》云：「其書以投壺之法，圖之爲譜，凡十八目，一百三十餘式。雖非禮經古制，亦技藝之一種也。」

《明史·藝文志》亦著錄《投壺譜》一卷。《經義考》又著錄《投壺譜拾遺》一卷，據所引紀模序，略稱投壺古禮，所以淑賓主，聯交道，為習射之基。魯人松橋李君為南京左都督參軍，復擢順天府，治中觀藝於射，會心於壺，以其妙寓於譜。李氏卒後五歲，其譜已失，紀求其刊本，亦闕其半，乃為拾遺而重梓之，命曰《投壺譜拾遺》。凡為圖，直者三十有七，橫者十，臥者五，倒者二。二矢：直壺二十，橫壺六；三矢：直壺十，橫壺二；四矢：直壺八；五矢：直壺六；六矢：直壺亦六；七矢、八矢、九矢、十矢、十一矢、十二矢各二，又八卦圖各一。是書朱注亦云存。按此二書皆未見傳本。

190《投壺譜》一卷　　（清）周筼撰

周筼（1623～1687），初名筠，字青士，清浙江嘉興人。少嗜學。遭兵亂，棄舉子業，就市廛賣米。嘗得故家書一船，積於肆中，且賈且讀，吟誦不輟，與王翃、范路、朱彝尊等相唱和。胸無柴棘，視朋友如一身，晚年好與浮屠道士遊。所為詩俊逸拔俗，不輕襲前人片語。又精詞律，徧搜唐、宋、元諸詞家，分別體裁，編成《詞緯》、《今詞綜》。著有《采山堂集》、《析津日記》等書。《清史列傳》卷七十一有傳。是編朱彝尊《經義考》卷一四七著錄，並云存。按是編未見傳本。

第四節　　三禮總義類

191《三禮圖》九卷　　（漢）鄭玄、阮諶撰

鄭玄（127～200）有《喪服譜注》，已著錄。阮諶，於史無傳。《三國志·魏書》卷十六〈杜恕傳〉裴松之注，引《阮氏譜》云：「武父諶，字士信，徵辟無所就，造《三禮圖》傳於世。」按據《隋志》諶官後漢侍中，與《阮氏譜》說異。《隋志》著錄《三禮圖》九卷，鄭玄及後漢侍中阮諶等撰。朱彝尊《經義考》卷一六三云佚，並引張昭曰：「諶受禮學于綦毋君，取其說為《圖》三卷，多不案禮文而引漢事，與鄭君之文違錯。」考聶崇義《三禮圖》引鄭氏圖、阮氏圖以及舊圖，馬國翰謂皆一書之文，故又搜採他書，輯為一卷，其編纂次第，亦皆本聶氏之圖。其言曰：「蓋鄭注三禮，遂為之圖，阮復因鄭圖而修之，故世只稱阮諶《三禮圖》，而《隋志》推本而題之也。今佚。考聶崇義《三禮圖》引鄭氏圖、阮氏圖，又引舊圖，皆一書之文，復從他書搜採，輯為一卷，即就聶圖次第編之。聶於舊圖往往有所駁議，而要其去古未遠，

見聞非後人可及，惜其圖盡亡，觀者就文考之，猶如覯三代法物云。」〔註 142〕
惟孫啓治《古佚書輯本目錄》以爲「馬國翰謂蓋圖爲鄭玄作，而阮氏因而修
之，爲臆測無據。以《隋志》既題爲鄭玄、阮諶等撰，則撰者不止二家，作
《三禮圖》者，尚有梁正、夏侯伏朗及張鎰諸人，蓋以其書同類，後人合爲
一袟，取便參觀耳〔註 143〕。清人輯本，馬國翰《玉函山房輯佚書》有鄭玄、
阮諶《三禮圖》一卷，王謨《漢魏遺書鈔》及黃奭《黃氏逸書考》亦各有阮
諶《三禮圖》輯本〔註 144〕。

192 《五宗圖》一卷　　（漢）鄭玄撰

鄭玄（127～200）有《三禮圖》，已著錄。《隋書·經籍志》著錄梁有《五
宗圖》一卷，不著撰人名氏。《通典》卷七十三引薛綜述鄭氏禮《五宗圖》
〔註 145〕，而侯康《補三國藝文志》則載薛綜《五宗圖》一卷〔註 146〕。按《三
國志》載薛綜有《五宗圖述》一書。薛綜（？～243），字敬文，三國吳竹邑
人。少明經，善屬文，從劉熙學。孫權召爲五官中郎將，除合浦、交阯太守，
官至太子少傅。所著詩賦雜論，凡數萬言，名曰《私載》，又注張衡〈二京賦〉。
《三國志》卷五三有傳。又按：據杜佑《通典》，則鄭玄有《五宗圖》，《三國
志》又載薛綜定《五宗圖述》，則似《五宗圖》與《五宗圖述》，明爲二書，
惟原書皆已亡佚，莫可詳考。

193 《周室王城明堂宗廟圖》一卷　　（漢）祁諶撰

阮諶有《三禮圖》，已著錄。唐張彥遠《歷代名畫記》云：「古之祕畫珍
圖，則有〈周室王城明堂宗廟圖〉一卷。」〔註 147〕是書《隋書·經籍志》著
錄，題祁諶撰。姚振宗《後漢藝文志》謂「祁」當是「阮」之寫誤，《隋書經
籍志考證》同〔註 148〕，可從。已佚。

〔註 142〕見《玉函山房輯佚書》，《三禮圖輯本·序》，文海出版社，1967。
〔註 143〕孫啓治、陳建華編，《古佚書輯本目錄》，頁 40，北京中華書局，1997。
〔註 144〕王謨，《漢魏遺書鈔》，大化書局，1981。黃奭，《黃氏逸書考》，藝文印書館，
　　　　　1972。
〔註 145〕杜佑，《通典》卷七三，頁 2，大化書局，1978。
〔註 146〕侯康，《補三國藝文志》卷一，頁 4，《二十五史補編》，台灣開明書店，1974。
〔註 147〕張彥遠，《歷代名畫記》卷三「述古之祕畫珍圖」，《四庫全書·子部·藝術
　　　　　類》。
〔註 148〕見姚振宗《後漢藝文志》，頁 18（「阮諶三禮圖」條下按語），《隋書經籍志考
　　　　　證》，頁 82（「周室王城明堂宗廟圖」條下），並《二十五史補編》本，臺灣

194《三禮圖》十二卷　　（隋）夏侯伏朗撰

夏侯伏朗，隋人，事蹟未詳。是編《舊唐書・經籍志》、《新唐書・藝文志》並著錄。朱彝尊《經義考》卷一六三，注云佚，並引張彥遠曰：「隋文帝開皇二十年，敕有司撰，左侯執旗侍官夏侯伏朗畫。」

195《三禮圖》九卷　　（□）梁正撰

梁正，不詳何人。王堯臣《崇文總目》載《三禮圖》九卷，梁正撰〔註149〕。又《玉海》載張昭等議曰：「《四部書目》有《三禮圖》十三卷。是隋開皇中敕禮官修撰。其圖第一題梁氏，第十題鄭氏。今書府有《三禮圖》，亦題梁、鄭。後有梁氏者，集前代圖記，更加評議。題曰陳留阮士信，受禮學於穎川綦毋君，取其說爲圖三卷，多不按禮文，而引漢事，其阮士信，即諶也。」〔註150〕據此則梁氏之書，似爲修訂阮氏而作，惟梁氏爲何時人，亦無明說。王謨《漢魏遺書鈔》於阮諶《三禮圖・序錄》云：「《隋、唐志》所載《三禮圖》祇鄭康成、阮諶、夏侯朗、張鎰四家，而聶崇義博采舊圖，乃有六本。四家之外，有二梁氏，其一梁氏，在鄭氏前，張昭所謂不知名位者也。其一梁氏，名正，隋唐間人，張昭所謂後有梁氏者也。」黃壽祺雖據王謨梁氏有二之說，然對其定梁正爲隋唐間人，則以爲「不審何據，殆以臆度之」〔註151〕。今其書已佚，惟聶崇義《三禮圖》引之。馬國翰因據以輯錄，凡得十條，釐爲一卷，收入《玉函山房輯佚書・補遺》，題曰梁氏三禮圖。

196《三禮圖》九卷　　（唐）張鎰撰

張鎰（？～783），字季權。唐蘇州人。初以父蔭授左衛兵曹參軍。德宗建中二年（781），拜中書侍郎、同中書門下平章事，集賢院學士。盧杞忌其剛直，出爲鳳翔隴右節度使，後爲李楚琳所害。著有《五經微旨》、《孟子音義》等書。《舊唐書》卷一二五、《新唐書》卷一五二有傳。據《舊唐書》本傳，大曆五年，鎰除濠州刺史，爲政清淨，州事大理，乃招經術之士，講訓生徒，撰《三禮圖》九卷。《新唐書・藝文志》著錄卷數相同。今原書已佚，惟聶崇義《三禮圖》引之，馬國翰因據以輯錄，凡得十餘條，釐爲一卷，收入《玉函山房輯佚書補遺》，題曰張氏三禮圖。黃壽祺曰：「考

開明書店，1974。

〔註149〕王堯臣，《崇文總目》卷一，《叢書集成簡編》，商務印書館，1965。

〔註150〕王應麟，《玉海》卷五六，頁16，《四庫全書》本，商務書館。

〔註151〕見《續修四庫全書提要》「梁氏三禮圖」條下，北京中華書局，1993。

竇儼聶氏〈三禮圖序〉，稱其博采舊圖，凡得六本，今以聶圖所引考之，止有鄭玄、阮諶、梁正及鎰四家，而鎰書最晚出，故於元端、上公衮冕、絺冕、緇衣、玄衣諸條，引證獨詳，其他如釋委貌、皮樹中、匜、罍等制度，亦間存舊說，足資以折衷是非，輯而存之，固足以與鄭、阮諸家遺說相頡頏也。」〔註152〕

197《三禮圖集注》二十卷 （宋）聶崇義撰

聶崇義，宋洛陽人。少舉三禮，善禮學。後漢乾祐中，官至國子禮記博士，曾校定《公羊春秋》。後周顯德中，累遷國子司業兼太常博士，世宗詔其參定郊廟祭器。《宋史》列諸儒林之首，事蹟具卷四三一本傳。是書始撰於周世宗時，凡山陵禘祫、郊廟器玉之制度，悉從其討論。因取先儒三禮舊圖，凡得六本〔註153〕，稽其詳略是非，考正然否，每篇自敘其凡，參以古今沿革之說。宋太祖建隆三年（962）表上於朝，竇儼為序。詔尹拙集儒學之士，更同參議，拙多所駁正，崇義復引經以釋之，悉以下工部尚書竇儀，俾之裁定〔註154〕，詔令頒行，即是編也。〈目錄〉序云：「舊圖十卷，形制闕漏，文字省略，名數法式，上下差違，既無所從，難以取象，蓋久傳俗不知所自也。臣先於顯德三年（956）冬，奉命參定郊廟器玉，因敢刪改，其或名數雖殊，制度不別，則存其名，而略其制者，瑚簋車輅之類是也。其名義多而舊圖略，振其綱而目不舉者，則就而增之，射侯喪服之類是也。有其名而無其制者，亦略而不圖，仍別序目錄，共為二十卷。凡所集注，皆周公正經，仲尼所定，康成所註，傍依疏義，事有未達，則引漢法以況之，或圖有未周，則於目錄內詳證，以補其闕。又案詳近禮，周知沿革。至建隆二年四月辛丑，第敘既訖。冠冕衣服，見吉凶之象；宮室車旗，見古今之制；弓矢射侯，見尊卑之別；鐘鼓管磬，見法度之均；祭器祭玉，見大小之數；圭璧繅藉，見君臣之序；喪葬飾具，見上下之紀。舉而行之，易於詳覽。」聶圖無凡例，而著述之概要，則略見於此。按是書雖係承旨撰定，博采六本三禮舊圖，尋繹推校，重加考訂而成，然細繹圖象，蓋與古製或有不類，是以南北宋儒者即有議其疏舛者。若歐陽修《集古錄》譏其簋圖與真古簋不同，沈括《夢溪

〔註152〕見《續修四庫全書總目提要》三禮總義類，「張氏三禮圖」條下，北京中華書局，1993。

〔註153〕據《四庫提要》，所謂六本者，鄭玄一，阮諶二，夏侯伏朗三，張鎰四，梁正五，以及隋開皇所撰六。

〔註154〕按聶圖初上，尹拙、張昭即多所駁正，具見《宋史》本傳中。

筆談》譏其穀璧、蒲璧未可爲據，林光朝譏其圖全無來歷，趙彥衛《雲麓漫鈔》亦譏其爵器、犧象之非〔註155〕。而歷來糾舉其謬誤者，亦屢有所見。如錢謙益謂其其圖考猶未覈，戴震謂其考工諸器物尤疏舛〔註156〕，《四庫提要》謂其宮室車服等圖與鄭注多相違異。惟此書原係鈔撮諸家，頗承舊式，不盡出於杜撰，其誤或本舊說而來，又無實物可徵，其有與古不合者，蓋亦難免，且若無此書奠基，則後世禮圖更無所本。孝宗淳熙二年（1175），陳伯廣嘗爲重刻，跋其後云：「其圖，度未必盡如古昔，苟得而考之，不猶愈於求諸野乎！」〔註157〕斯言允矣。是書爲圖十九卷，或一頁一圖，或一頁數圖，而以說附載圖四周，末卷則其序目，都爲二十卷。卷一冕服圖、卷二后服圖、卷三冠冕圖、卷四宮室圖、卷五投壺圖、卷六卷七射侯圖、卷八弓矢圖、卷九旌旗圖、卷十玉瑞圖、卷十一祭玉圖、卷十二匏爵圖、卷十三鼎俎圖、卷十四尊彝圖、卷十五卷十六喪服圖、卷十七襲斂圖、卷十八卷十九喪器圖、卷二十目錄。每卷圖數不一，多者三十七圖（卷三冠冕圖），少者四圖（卷十九喪器圖下），全書總共列圖三百六十有九，大抵皆爲名物器用。《宋史・儒林傳》稱崇義爲學官兼掌禮，僅二十年，世推其該博，非虛譽也。有《通志堂經解》本、《四庫全書》本。

198《禮象》十五卷　　（宋）陸佃撰

陸佃（1042～1102），字農師，宋山陰人。幼居貧苦學，映月讀書，嘗受經於王安石，而不以新法爲是。神宗熙寧三年（1070）進士，官至尚書右丞。長於禮家名數之說，著有《埤雅》、《春秋後傳》等書。《宋史》卷三四三有傳。陳振孫《直齋書錄解題》卷二云：「《禮象》十五卷，陸佃撰，以改舊圖之失。其尊爵彝鼎，皆取公卿家及祕府所藏古遺器，與聶圖大異。岷隱戴先生分教吾鄉作閣齋館池上，畫此圖於壁，而以『禮象』名閣，與論堂禮圖相媲云。」《中興館閣書目》亦云：「《禮象》十五卷，陸佃撰，圖其物象而爲之釋，以救舊圖之失。元祐七年（1092）三月序。」〔註158〕《宋史・藝文

〔註155〕歐陽修，《集古錄》卷一，頁11。沈括，《夢溪筆談》卷一九，頁1。趙彥衛，《雲麓漫鈔》卷四，頁2，並四庫全書本。林光朝說見《經義考》卷一六三，頁4引，中華書局，1979。

〔註156〕錢說見朱彝尊《經義考》卷一六三，頁7引。
戴說見《考工記圖》卷前自序，《戴東原先生集》，大化書局，1978。

〔註157〕見《四庫提要》禮類四「三禮圖集注」條下引。

〔註158〕見王應麟《玉海》卷五十六，頁19引，《四庫全書》本，商務印書館。

志》著錄，其書在朱彝尊撰《經義考》時，尚見傳世，惟已殘闕不完〔註159〕。《四庫全書總目提要》則謂今已不傳〔註160〕。按朱氏（1629～1709）為康熙間人，陳廷敬序此書於康熙己卯（三十八年），而《四庫全書》完成於乾隆三十七至四十七年，故知此書約亡於康熙晚期以至雍正、乾隆之際。今唯於宋建刊本《禮記舉要圖》及高麗刊本《纂圖互注周禮》所引，猶可窺其一斑。

199 《補正三禮圖》三十八卷　　（宋）楊杰撰

楊杰，字子章，宋寧海人。理宗嘉熙二年（1238）進士，官國子監丞，著有《周禮講義》等書。見《寧海縣志‧藝文一》〔註161〕。朱彝尊《經義考》卷一六三著錄，注云未見，並引其自序曰：「《周禮》六篇，首曰建國。國建而其所重者，天地之丘壇，祖宗之廟貌也。三者既安，則不可無宮室庠序之教，衣冠車旂之飾，寶貨物用之利，物物得正，利樂生焉。有所未和，和之以樂，有所未正，正之以威。物正於國，則歷象順於天，則災咎不形於物。格災咎于一時，傳簡書于萬世。故禮圖之次：一曰天地（八卷），二曰丘壇（三卷），三曰宗廟（二卷），四曰宮室，五曰庠序（共一卷），六曰衣冠（三卷），七曰車旂（三卷），八曰寶貨（一卷），九曰物用（三卷），十曰樂制（一卷），十一曰武制（二卷），十二曰歷象（三卷）〔註162〕，十三曰失利災應（共二卷，通圖議三卷，序目三卷，為三十八卷）。伏惟聖王，覽其所圖，鑒其所次，法其所大法，行其所未行，致休祥為簡書之傳，無災咎為號令之應。歷象得而順，禮得而正，樂得而和，寶貨物用得其利，衣冠車旂得而飾，宮室庠序得而嚴，丘壇宗廟得而安，天下之地得而制。然後聖神宗支，傳億萬載，此愚臣次篇之意也。」是書又見項元勳《台州經籍志》著錄〔註163〕。按是編未見傳本，蓋已亡佚。

〔註159〕《經義考》卷一百四十一，頁 5：「按陸氏《禮象》，丹徒張先生鵬巡撫山東獲之章丘李中麓家，惜已殘闕矣。」
〔註160〕見《四庫提要》「宋陳祥道禮書」條下。
〔註161〕張濬等纂，《寧海縣志》卷一四〈藝文一〉，頁7，清光緒 28 年刊本，成文出版社，1975。
〔註162〕按「三」，《四庫》本、《備要》本，誤作「二」。見中研院文哲所《點校補正經義考》第五冊，頁 400，1997。
〔註163〕項元勳，《台州經籍志》卷三，頁 1，廣文書局，1969。

200《三禮圖》十二卷　　不著撰人

是編撰人不詳，《宋史‧藝文志》著錄，《經義考》卷一六五亦載之，注云佚。

201《三禮圖駁議》二十卷　　不著撰人

是編撰人不詳，《宋史‧藝文志》著錄，《經義考》卷一六五亦載之，注云佚。

202《韓氏三禮圖說》二卷　　（元）韓信同撰

韓信同（1251～1332），字伯循，號中村，元福寧人。陳普弟子，性穎異，工文賦，教授石堂，究心濂洛關閩之學。仁宗延祐間應浙江鄉舉，不合，歸隱不仕。嘗主建安雲莊書院，以四書、六經爲課，從者甚眾，學者稱爲古遺先生。著有《三禮旁注》、《四書標注》等書。見《宋元學案》卷六十四、《福建通志》卷五十一〔註164〕。是書首有元延祐四年（1317）霍林陳尚德原序，清陳壽祺、趙在翰二序及王學貞書後。尚德序略言伯循注三禮竣事，又取先儒圖說，考訂異同，撰成斯編。全書上下二卷，卷上分列周九服、周王畿方千里、六鄉、六遂、軍旅制、方百步爲百畝、方一里爲井、方十里爲成、方百里爲同、公田方五百里、侯田方四百里、伯田方三百里、子田方二百里、男田方百里、公城九里、侯伯城七里、子男城五里、附庸城三里、夏世室、殷重屋、周明堂、廟、周天子廟、諸侯廟、遷廟禮、天子寢制、士寢制、天子至庶人寢室配偶、鄉飲酒，凡二十九目，爲圖二十有七。卷下分列天子三朝、周太學、天子諸侯公卿大夫庶人入學不同、釋菜釋幣飲至釋奠不同、斧依、越席、蒯席、蒲席、莞席、繅席、次席、熊席、車蓋、車輿、軹、蔽、幦、轂、輪、厭翟車、有虞綏、夏后旂、殷大白、周大赤、太常、旂、物、旗、旃、旐、旟、旌、縿、總、緇布冠（缺項）、夏毋追、殷章甫、周委貌、有虞氏皇、夏收、殷冔、周弁、五冕、皮弁、絃纓色說、大裘冕、紘瑱，凡四十七目，爲圖五十有三。大抵皆前圖後釋，亦有無圖之文者。此書卷帙雖簡，而多補聶氏舊圖所未備，所摭傳注，自三禮注疏外，兼及毛《傳》、韋昭《國語注》、杜預《左傳注》、《爾雅》、《方言》、《說文》、《韓非子》等書。徵引雅贍，條理井然，尤多宗漢儒遺說。陳壽祺序稱其「大抵皆援據明通，持論不苟，與講學家之空談肛決者異。有元一代，發明禮學之書，典覈若此者

〔註164〕郝玉麟等監修，《福建通志》卷五十一〈文苑〉，頁72，《四庫全書》本。

蓋尟，是可貴也。」朱緒曾亦稱其「大抵說有利鈍，瑕瑜不掩，在覽者善擇之。聶圖之後，劉圖之前，備一家焉。」〔註165〕錢大昕《補元史藝文志》、盧文弨《補遼金元藝文志》、金門詔《補三史藝文志》皆不及此書。《續修四庫全書總目提要》載有嘉慶刊本，且云：「是本初藏福州高固齋兆家，後歸何監生述善。嘉慶己巳（十四年），歸安張侍郎撫閩，嘗錄副本以進，自是始傳於世。」今傳有嘉慶十八年（1813）王氏麟後山房刊本（《學術叢編》所收據此影印）。

203 《三禮圖》二卷　　（明）劉績撰

劉績，字用熙，號蘆泉，明江夏人。弘治三年（1490）進士，官至鎮江府知府。學識淵博，精於考據。著有《喪服傳解》、《管子補注》等書。（《四庫提要》卷二十二）。是書卷前有績自序，略言三代制度本於義，故推之而無不合。自漢以來，失其傳而率妄作，間有微言訓詁者又誤，遂使天下日用、飲食、衣服、作止皆不合，績其病之。既注《易》以究其原，又注《禮》以極其詳，顧力於他經不暇，故作此圖以總之。凡我同志留心焉，則可以一貫矣。勿泥舊說，見舊是者，今不復圖云云。其書雖謂推廣聶崇義之《圖》而為之，然書前二卷，全然剽竊韓信同《三禮圖說》，而未嘗更易一字，祗於卷首增補「禹貢五服」一圖而已。四庫館臣未見韓氏《圖說》，稱劉氏《圖》「宮室制度，輿輪名物，凡房序堂夾之位，較賢藪之分，亦皆一一分析，不惟能補崇義之闕，且以拾希逸之遺，其他斑茶曲直之屬，增舊圖所未備者，又七十餘事。過而存之，未始非兼收並蓄之義」云云，實即對韓氏《圖說》之推許，覽者不可不知也。其後二卷，所圖一本陸佃《禮象》、陳祥道《禮書》、林希逸《考工記解》及《博古圖》諸書，而取諸《博古圖》者尤多，與舊圖多異。所附服飾、喪服、喪器、玉瑞、瓠爵、鼎俎、尊彝、射侯、牲體等圖及表，凡百六十有餘，大抵前圖後釋，頗為簡明。其引《博古圖》、《考古圖》者，多為尊彝鼎爵之屬。《四庫提要》謂「《宣和博古圖》所載，大半揣摩近似，強命以名，其間疏漏多端，洪邁諸人已屢攻其失，績以漢儒為妄作，而依據是圖，殊為顛倒。」按《提要》之說要非的論，參之近世出土彝器可證。《明史‧藝文志》著錄《三禮圖》二卷，今傳《四庫全書》本為四卷。

〔註165〕見朱緒曾《開卷有益齋讀書記》卷一，廣文書局，1969。
　　　　　按劉績《三禮圖》四卷，其前二卷，全然鈔襲《韓氏三禮圖說》。

204《禮圖》無卷數　（明）許判撰

許判，字資戭，明漳浦人。武宗正德丁卯（1507）鄉薦〔註166〕。通判瑞州，治將六載，上下悅服，擢辰州同知。嘗著家禮及諸書附註，以相發明，而約歸於《儀禮》、《記》之義。爲《禮圖》及《愼終集》、《歐蘇譜例》、《古深衣訂》，皆可傳述。《福建通志》卷五十一有傳〔註167〕。朱彝尊《經義考》卷一六六著錄，注云未見。按是編未見傳本。

205《廟制考議》不分卷　（明）季本撰

季本（1485～1563），有《讀禮疑圖》，已著錄。是書卷前有嘉靖 25 年（1546）王畿序。全書前後兩部分：前爲總論，分爲七義，曰親親，曰尊尊，曰賢賢，曰男女之閑，曰昭穆之序，曰廟寢之制，曰祭享之時，後爲附錄七十七圖。圖前有本序，言其作意云：「愚述廟制考義，以親親、尊尊、賢賢以爲綱領，此蓋制禮之本也。顧秦漢以下，諸儒議者雖多，於此漫無區別，且又分以廟分昭穆，其說尤拘，窒碍難通，殆有由矣。聖人制禮，必近人情，豈徒立格局，示美觀，困人以所難行哉。故推三代之意，以成一家之言，驟聞之間，似難遽信，於是復求古制，摹擬形容，并雜取近世載記所傳，爲圖辭說，而群言有合於古者，悉采附焉，以備參考。夫禮貴從宜，不必盡泥迹轍。君子於此，或有擇焉。變而通之，庶亦可以折得其衷耳。」所附七十七圖，始自廟在寢東圖，終以擬魯禘圖，並皆有說。《四庫提要》嘗糾舉本書之疏舛，謂其論廟制，如謂商七世之廟，專指相土，乃自太甲逆溯相土爲七世，其說舛謬，蓋緣僞古文尙書之言七廟，而致穿鑿附會。又如謂昭穆之制，太祖居中，昭不必居左，穆不必居右。古人以右爲尊，當於太祖廟之東，平行以次，而東爲四親廟，爲無稽之談。至若不信商祖契，周祖后稷，尤爲荒經蔑古之甚。前明三禮之學，本最著稱，後世儒者往往承其謬說，故舉其最誤者辨之，庶可得其是非之實焉。（詳見〈禮類存目〉廟制考議條）。有明嘉靖刻本（《四庫全書存目叢書》本據此影印）。

206《大小宗通繹》一卷　（清）毛奇齡撰

毛奇齡（1623～1716），字大可，學者稱西河先生，清浙江蕭山人。康熙

〔註166〕按明武宗在位十五年，從正德元年丙寅至十五年庚辰，其中祇有丁卯（二年）與己卯（十四年），而無辛卯。林登虎等纂《漳浦縣志》（康熙三十九年刊本）作丁卯，據改。

〔註167〕郝玉麟等監修，《福建通志》卷五十一〈文苑〉，頁 49～50，《四庫全書》本。

十八年（1679），薦舉博學鴻儒科，授翰林院檢討，充明史館纂修官，後以病乞歸。博覽載籍，所自負者在經學，然好為駁辯，他人所已言者，必力反其詞，著述甚富，有《仲氏易》、《古文尚書冤詞》等書。《清史稿》卷四八一、《清史列傳》卷六十八有傳。是書前有西河自序，略言古封建之世，極重世爵。諸侯之子，除正適繼世為諸侯外，其群弟不得與諸侯同宗，故諸侯子弟有自立一宗，以為合宗收族之法，因創為大宗小宗二名，而其制無聞。天子宗法已不可考，祇諸侯公子略見於〈喪服小記〉及〈大傳〉二篇，而說又不詳，此固三代以前不傳之制。封建既廢，原可棄置勿道，顧後儒紛紛無所折衷，即鄭註、孔疏亦大率周章無理，而趙宋以還，立說倍多，則倍不可信。因取〈小記〉、〈大傳〉言宗法者數條，略為疏解，似較於諸經重有發明。且就文曲釋，更有諸經所未詳，從來晦塞者，而一旦皆有以通之，因題之曰「大小宗通繹」云云。是書專論大小宗，並附大宗小宗圖說。其書有得有失，若論別子諸弟之子，亦得各為小宗，不特別子庶子之子而已，此說頗有根據。然其好為彊辨，遂併沒所長。詳見《四庫提要》。有清康熙刻《西河合集》本（《四庫全書存目叢書》本據此影印）、《皇清經解續編》本。

207《學禮質疑》二卷　　（清）萬斯大撰

萬斯大（1637～1689）字充宗，號跛翁，學者稱褐夫先生，清浙江鄞縣人。剛毅有守，不事舉業。其為學尤精《春秋》、三禮。有所著述，輒能融會諸家，考證詳確。著有《學春秋隨筆》、《儀禮商》等書。《清史稿》卷四八一、《清史列傳》卷六十八有傳。是書前有黃宗羲序及自序。自序略言充宗自丁未（1667）學禮以來，心有所疑，則取其大者，條而說之，而質之其師黃梨洲者也。全書凡三十三篇，卷二有〈宗法〉八篇，黃宗羲稱其冠古絕今，必傳之作〔註168〕。另有〈公子宗道三圖并說〉、〈大宗百世不遷之圖并說〉及〈小宗五世則遷之圖并說〉三篇，凡附五圖（〈公子宗道三圖〉有「有大宗而無小宗圖」、「有小宗無大宗圖」、「無宗亦莫之宗圖」）。圖表簡明，頗便檢閱。有《皇清經解》本（無黃宗羲序）、《經學五書》本。

208《廟制圖考》四卷　　（清）萬斯同撰

萬斯同（1638～1702），字季野，清浙江鄞縣人。萬斯大之弟，學者稱石

〔註168〕見支偉成《清代樸學大師列傳》第十三，頁352，藝文印書館，1970。

園先生。學承劉宗周，以愼獨爲主，博通經史，尤熟於明代掌故。康熙十八年（1679），薦博學鴻儒科，辭不就。曾修《明史稿》，著有《群書疑辨》、《石園詩文集》等書。《清史稿》卷四八四本傳、《清史列傳》卷六十八萬斯大附傳。是書卷前目錄後有斯同從孫萬福序及其自序。自序言其作意云：「宗廟之制，眾說紛如。帝王制禮，因有同異，自非折衷群言，曷由歸於一是。綜其大概，約有數端：太廟居北，昭穆分列，以次而南者，孫毓之說也。太廟居中，群廟並列，無分上下者，賈公彥之說也。周制七廟，并數文武世室者，韋元成、鄭康成之說也。周制七廟，不數文武世室者，劉歆、王肅之說也。彼皆引經證傳，各有依據，而王、鄭兩家尤爲眾說之鵠。自同堂異室之制興，近親四廟之典定，先王遺意殆無復存，欲昭盛代之規模，必復元公之制作，採〈王制〉七廟之文，參劉氏三宗之說，會而通之，典禮斯在，作『廟制圖考』。」《四庫提要》稱其書統會經史，折衷廟制，上溯秦漢、下迄元明，凡廟制沿革，悉爲之圖，以附於經圖之後，而綴以己說，用功頗勤，義例亦頗明晰，較之明季本之書爲賅備。雖大旨宗王黜鄭，固守一隅，所論亦得失互陳，有未深考者，然通貫古今，有條有理，不可謂非通經之學也〔註169〕。是書本爲四卷〔註170〕，《清史稿‧藝文志》著錄同，《四庫全書》本祇一卷，《四明叢書》本同，蓋傳鈔者所合併。前二卷爲夏商周廟制圖，而以周制爲主，所列圖表，如周制左祖右社圖、孫毓周七廟圖、賈公彥周制五廟圖、鄭康成七廟圖、王肅周制九廟圖、劉歆周廟制圖、朱子周七廟圖等，凡一十有七。後二卷則自秦廟制圖，以至明世宗時祫祭圖，皆前圖後說，披覽頗便。有清辨志堂刻本（四卷），首都圖書館藏書。

209 《敬齋禮說》不分卷　　（清）蔡德晉撰

蔡德晉，字仁錫，號敬齋，清江蘇無錫人。雍正四年（1726）舉人。乾隆二年（1737），禮部尚書湯明時薦德晉經明行修，授國子監學正，遷工部司務。嘗謂橫渠（張載）以禮教人，最得孔門博約之旨，故其律身甚嚴。其學覃精三禮，論三禮多發前人所未發。著有《禮經本義》、《禮傳本義》等書。《清史稿》卷四八一沈彤附傳、《清史列傳》卷六十八顧棟高附傳。是書不分卷，無序跋，有殘缺。今所見者自「三代正朔說」至「作三軍（襄公十一年）」止，凡立五十六目（有十餘目屬《書》、《詩》及《左傳》），其後則不可見。

〔註169〕見《四庫提要》卷八二史部政書類二。
〔註170〕見乾隆三十年萬斯同從孫萬福序（辨志堂刻本），首都圖書館藏書。

其有圖（表）與說者，有周曆圖、商曆圖、井田一畝之圖、井田一夫之圖、井田一屋之圖、井田一井之圖、井田一通之圖、井田一成之圖、井田一成變圖、井田一終之圖、井田一同之圖、井田一同變圖、九賦圖說、宮室制度說（附左廟右寢之圖、殿屋圖、夏屋圖、書顧命執兵者立處圖）、周世次昭穆圖說、牲體說（文末注明「附牲體圖，見楊信齋儀禮圖」）、喪奠說（附喪奠圖，有始死奠、小斂奠、大斂奠、朔月奠及大遣奠五圖）、王五門三朝六寢圖、后六宮圖、王宮宿衛總圖、三代畝夫異同之圖、四郊門關之圖、王畿千里圖、九服圖、職方氏方千里約封國之圖、祭神壇坎之圖、五學圖、魯國學四室之圖、學校之圖、鄉飲酒禮席位圖、九命禮儀之圖及冕服圖，皆前圖後說。有說無圖者亦有之，若三代正朔說、廟制說、宗廟六祭說、布席說、家廟神位拜向說、袒褐襲說、車制說皆是也。有清景福樓抄本，一冊，上海圖書館藏書。

210《三禮圖》五卷　　（清）王文清撰

王文清（1696～1787）有《周官圖》，已著錄。是書《湖南通志》卷二四六〈藝文〉著錄，注云：「縣志」〔註171〕。按是編未見傳本。

211《歷代宗廟圖考》二卷　　（清）王原撰

王原，清人，事蹟未詳。是書《松江府志》卷七二〈藝文志〉著錄〔註172〕。按是編未見傳本。

212《三禮圖說》無卷數　　（清）杜長炌撰

杜長炌，清人，事蹟未詳。是書《揚州府志》卷六二〈藝文〉著錄〔註173〕。按是編未見傳本。

213《三禮圖表》無卷數　　（清）郭啓悊撰

郭啓悊，清湖南興寧人，事蹟未詳。是書《湖南通志》卷二四六〈藝文〉著錄，注云：「興寧縣志」〔註174〕。按是編未見傳本。

214《群經宮室圖簡明說》無卷數　　（清）寇鈁撰

寇鈁，清湖北安陸人，事蹟未詳。是書《湖北通志》卷七八〈藝文〉著

〔註171〕曾國荃等纂，《湖南通志》卷二四六〈藝文二〉，華文書局，1967。
〔註172〕孫星衍等纂，《松江府志》卷七二〈藝文志〉，成文出版社，1970。
〔註173〕姚文田等纂，《揚州府志》卷六二〈藝文〉，成文出版社，1974。
〔註174〕曾國荃等纂，《湖南通志》卷二四六〈藝文二〉，華文書局，1967。

錄〔註175〕。按是編未見傳本。

215《祭服圖》三冊 （唐）劉孝孫撰

劉孝孫，唐人，事蹟未詳。是書《湖北通志》卷七八〈藝文〉著錄〔註176〕，佚。

216《昭穆圖》一卷 （元）戚崇僧撰

戚崇僧，元人，事蹟未詳。是書《浙江通志》卷二四二〈經籍〉著錄〔註177〕，注云：「見黃溍〈戚君墓誌〉」。已佚。

217《五宗圖說》一卷 （清）萬光泰撰

萬光泰（1712～1750），字循初，號柘坡，清浙江秀水人。乾隆元年，試鴻博，旋舉鄉闈。博學工詩文，善畫山水。才思富贍，讀書穿穴經傳，詣極精微。於小學、音韻，皆有所得。其卓然獨絕者，為天算之學。著有《轉注緒言》、《柘坡居士集》等書。《清史稿》卷四八五王又曾附傳、《清史列傳》卷七十二王元啓附傳。是書卷前有光泰自序，繼以「五宗圖」一、「五宗圖說」、以及與吳廷華之「五宗問答」、汪孟鋗之「五宗圖說問答後」、「宗法論」，而殿以光泰「五宗餘說」。自序略言禮經宗法，互詳於〈喪服小記〉及〈大傳〉，二篇記述大同小異，遷繼意義亦無難明。惟繼禰小宗，推移升降，非造次所能論定，不審其序，詞益煩，義益晦。先儒多有借甲乙以說禮者，特踵用之，又廣之以十二辰、二十八宿、六十四卦，於是一世二世，按位可尋，再從三從，循次可得。憑臆之說，本不敢置喙禮家，然以簡□煩言，解釋沈惑，亦指掌之示云云。有《學術叢編》本。

218《禮箋》三卷 （清）金榜撰

金榜（1735～1801），字輔之，又字蕊中，號檠齋，清安徽歙縣人。乾隆三十七年（1772）進士第一，授翰林院修撰。散館後，養痾讀書，不復出。《清史稿》卷四八一戴震附傳、《清史列傳》卷六十八本傳。金氏師事江永，友戴震，專事窮經，尤邃於三禮，以鄭康成為三禮之宗，而病賈、孔二疏不能補其漏，宣其奧密，乃自著論數十篇，祖「毛詩鄭箋」之義，名曰「禮箋」，以

〔註175〕 楊承禧等纂修，《湖北通志》卷七八〈藝文〉，華文書局，1967。
〔註176〕 楊承禧等纂修，《湖北通志》卷七八〈藝文〉，華文書局，1967。
〔註177〕 傅王露纂修，《浙江通志》卷二四二〈經籍〉（乾隆元年重修本），華文書局，1967。

為釋鄭云爾。是書三卷，書首有朱珪序及自序，卷一《周禮》十五篇，卷二《儀禮》十七篇，卷三《禮記》十六篇。大而天文、地域、田賦、學校、郊廟、明堂以及車旗、服器之細，無不貫串群言，審慎判斷，折衷一是。朱序稱其詞精而義賅，不必訓詁全經，而以之宣釋聖典，不失三代制作明備之意，豈獨以禮家聚訟，姑以是為調人。其書卷一末三篇，專釋《考工記》器物。〈戈戟〉附有「羊子戈圖」、「鄭注戟圖」二圖，〈桃氏為劍〉附有「桃氏劍圖」，〈鳧氏為鍾〉附有「鍾圖」，皆註明部位或尺寸，頗為簡明。有《皇清經解》本。

219《三禮陳數求義》三十卷　　（清）林喬蔭撰

林喬蔭（1746～？），字育萬，又字槾亭，清福建侯官人。乾隆三十年（1765）舉人，知江津縣。博洽多聞，善文辭。少與弟澍蕃、及龔景翰、鄭存、鄭光策諸人，均以府試而為大興朱珪所賞。著有《瓶城居士集》等書。《閩侯縣志》卷七〇有傳〔註178〕。是書卷前有喬蔭自序，略言三禮聚訟久遠，自鄭玄以來，注者多家，而說多紛歧，後人猶不能無遺議。其間儀物度數，往往有不相通者，乃專取三禮本文，反復尋繹，以彼此前後相參證。其三禮所無，則旁徵諸經，諸經所無，乃取證於秦漢間人言之近古者，以求其會通。因輒抒所見，著為論辯，間附以圖云云。自謂生平精力盡殫於是書，然亦以多掊擊注疏，而為時流所不喜。全書三十卷，凡分天時、地域、田賦、財用、職官、學校、明堂、廟祧、祭序、祭儀、郊社、群祀、巡狩、師田、朝聘、饗燕、飲射、冠昏、宗法、喪服、喪紀、宮室、冕服等二十三類。考證名物度數，以上溯先王制禮之義，頗多精義。其書於卷一「天時」，附有天地形體圖、七衡六間圖、日月交道圖、恒星差圖、高卑差圖等五圖。卷三「田賦」，附有一區百畝之圖、一井九百畝之圖、一成之圖、一同之圖、方千里為百同之圖等五圖。卷七「明堂」，附有明堂五宮總圖與明堂九室十二堂三十六戶七十二牖圖二圖。卷二〇「宗法」，附有宗法圖，卷二十三「喪服」附有五服冠衰用布升數圖，卷二十九「宮室」，附有宮寢圖。諸圖表頗為明晰，甚便檢閱。所傳有清嘉慶八年誦芬堂刻本（《續修四庫全書》本據此影印）。

〔註178〕陳衍，《閩侯縣志》卷七〇〈儒林〉，頁17，1933年刊本，成文出版社，1966。

220《說祼》一卷《圖》一卷　（清）龔景瀚撰

龔景瀚（1747～1802），字惟廣，一字海峰，清福建閩縣人。工文辭。乾隆三十六年（1771）進士，歷知甘肅諸縣。乾隆五十七年（1792）署循化同知，纂修《循化廳志》，官至蘭州知府。著有《祭儀考》、《澹靜齋文抄》等書。事蹟見陳壽祺〈龔景瀚傳〉〔註179〕。是書亦名《澹靜齋說祼》，卷一釋說祼義，包括祼禮用酒、祼禮相關用器以及祼禮施用範圍。卷二器物圖，有卣、雞彝、鳥彝、斝彝、黃彝、虎彝、蜼彝、舟、畫布巾、龍勺、疏勺、蒲勺、圭瓚、璋瓚、槃、纍、疏布巾、大罍、瓢齎、蜃尊、概尊、散尊、玉爵、肆器與斗，凡二十有五圖，圖後多有說解。其新定圖有舟、畫布巾、蒲勺、璋瓚、槃、纍、疏布巾及玉爵，餘皆依據《三禮義疏》，而以《周官義疏》禮器圖爲多。今傳有清道光六年（1826）《澹靜齋全集》本，中央研究院藏書。別有稿本一冊，今藏蘇州圖書館。

221《禮學卮言》六卷　（清）孔廣森撰

孔廣森（1752～1786），字眾仲，一字㧑約，號巽軒，清山東曲阜人。孔子六十八代孫，襲封衍聖公傳鐸之孫，戶部主事孔繼汾之子。乾隆三十六年（1771）進士，授檢討。嘗受經戴震、姚鼐之門，精公羊、三禮之學，著有《公羊通義》、《大戴禮記補注》等書。《清史稿》卷四八一、《清史列傳》卷六十八有傳。是書六卷，卷一包括儀禮廟寢異制圖說、匠人世室明堂圖解、辟雍四學解三篇，卷二包括論禘、論郊、九廟辨、五門考、軍乘考、禮服釋名六篇，卷三爲周禮雜義，卷四爲儀禮雜義，卷五爲小戴記，卷六爲周禮鄭注蒙案。卷一「儀禮廟寢異制圖說」，附廟、寢各一圖。孔氏以爲「大夫士之廟，乃左右有房，其寢固東房西室，以降於君。〈饋食禮〉每言東房，又言左房，東以對西，左以對右，以爲廟無兩房者，信不然也。〈昏禮〉言房者五，言房中者四，〈喪禮〉言房者四，言房中者一·〈虞禮〉言房中者一，言房者二，而皆不指其東西左右，則以爲寢有兩房者，亦未必然也。諸家圖《儀禮》者，並廟寢無別，故特著其所異者」，其說蓋有可採。「匠人世室明堂圖解」，附有二圖，一爲「考工記世室月令明堂會通圖」，一爲「周人明堂制度如前廣脩數異」。四圖皆前圖後說。有《皇清經解》本。

〔註179〕見《澹靜齋文抄》卷首，陳壽祺〈龔景瀚傳〉，上海古籍出版社，2002。

222 《三禮圖》三卷　　（清）孫星衍、嚴可均同撰

孫星衍（1753～1818）有《明堂考》，已著錄。嚴可均（1762～1843），字景文，號鐵橋，清浙江烏程人。嘉慶五年（1800）舉人，官建德縣教諭，引疾歸。精於校勘、輯佚，著有《鐵橋漫稿》、《四錄堂類集》等書。《清史稿》卷四八二、《清史列傳》卷六十九有傳。是編《清史稿・藝文志》著錄，范希曾《書目答問補正》云未刊〔註180〕。按是編未見傳本。

223 《三禮圖考》無卷數　　（清）龔麗正撰

龔麗正（1767～1841），字闇齋，清浙江仁和人。師段玉裁，玉裁以女妻之。嘉慶元年（1796）進士，官任禮部主事，累遷郎中。出爲徽州知府，擢江南蘇松太兵備道。道光七年（1827），引疾歸，主講杭州紫陽書院。能傳玉裁之學。著有《國語韋昭注疏》、《兩漢書質疑》等書。見李元度《清朝先正事略》卷三五〔註181〕。是書《杭州府志・藝文》著錄〔註182〕，《兩浙著述考》亦載之，云未見。按是編未見傳本。

224 《三禮圖》三卷　　（清）孫馮翼輯

孫馮翼，原名彤，字鳳埔，清奉天承德人。貴州巡撫孫曰秉之子，賜官二品候選道。受孫星衍薰陶，學有成就。喜延攬賓客，輯刊古籍。嘉慶間匯輯經學傳注、先秦諸子，刊爲《問經堂叢書》。按是編係輯前人三禮圖，有文無圖。有《問經堂叢書》本。

225 《宮室圖說》四卷　　（清）何濟川撰

何濟川有《溝洫圖說》，已著錄。是書四卷，皆依據〈釋宮〉，以禮文爲經，以諸家說爲緯，而折衷於《欽定三禮義疏》，時參以己見，要皆能發明經意，不離其宗。自宮廟、朝社、門寢、堂階、夾塾以及明堂、學宮、射宮，皆著其規而申其象，凡二十餘圖：卷一有國中宮廟朝社門庭總圖、宮庭朝堂房室兩夾總圖、堂後正室左右房圖等圖，卷二有東西兩夾室并兩堂圖、門屋中門左右兩塾圖、宮寢圖等圖，卷三有天子諸侯燕朝圖、宗廟房室堂寢門庭總圖、明堂圖等圖，卷四有學宮圖、一耦初射之圖、二耦以次升降交射圖等圖，皆先圖後說，頗爲詳明。程璋序稱其書云：「由是圖而推之，器數可稽，

〔註180〕見《書目答問補正》，頁11，新興書局，1963。
〔註181〕李元度，《清朝先正事略》卷三五，頁16，明文書局，1985。
〔註182〕龔嘉儁修，《杭州府志》卷八六「藝文一」，頁20，成文出版社，1974。

方位可定，節次可明，不啻登古人之堂，而雍容揖讓於其間也。朱子曰『鄭康成考禮名數大有功』，吾於何子亦云。」可謂推崇備致。有清活字印本，一冊，今藏北京圖書館。

226《禮表》一卷　（清）鄭士範撰

鄭士範（1795～1874），字伯法，號冶亭，清陝西鳳翔人。道光二年（1822）鄉試第一。歷知貴州印江、安化、貴築諸縣，官至平越知州。士範解經，純主宋學，晚年居家著述，著有《春秋傳注約編》、《朱子年譜》等書。見來新夏《近三百年人物年譜知見錄》〔註183〕。是書專爲三禮而作，前有賀瑞麟序，士範自序與跋。其書蓋本典命職文，言尊賢之等而列之。首爲爵命表，次爲統國家之表九：一曰國家祿表，二曰鄉遂井田表，三曰鄉遂制軍表，四曰鄉遂造表，五曰天官序職表，六曰地官序職表，七曰春官序職表，八曰夏官序職表，九曰秋官序職表。又次爲宮室之表五：一曰城宮表，二曰宗廟表，三曰正寢表，四曰燕寢表，五曰朝廷表。又次爲車旗之表二：一曰車旗表，二曰安車表。又次爲衣服之表六：一曰吉服表，二曰朝服表，三曰諸侯朝服表，四曰燕服表，五曰裘服表，六曰內服表。又次爲禮儀之表十有二：一曰朝聘禮儀表，二曰會同禮儀表，三曰諸侯待賓客禮數表，四曰諸侯待王從者禮數表，五曰諸國相爲賓客禮儀表，六曰冠禮表，七曰婚禮表，八曰喪禮表，九曰棺槨表，十曰祀天神禮表，十一曰祀地示禮表，十二曰享人鬼禮表，終以稱名表，總凡三十有六表。各表綱次分明，有條不紊，洵治禮者所宜注意。賀瑞麟序曰：「夫禮之所以別嫌明微，辨貴賤、尊卑之等，明是非同異之殊，皆於此而見，所謂其數易知，其義難知者，果得其數，則其義可得而言矣。」余寶齡嘗爲之〈提要〉，云：「作者以爲《周官》去籍，《儀禮》失容，《禮記》出於孔子之徒，在春秋之後，王室既卑，大國方數圻，有臣如季氏富於周公者實多，上陵夷而下僭蹴，莫正名分久矣。有心人述所傳聞，約以王公大夫庶而闕所疑，或擬王章以矜侯度，或推士禮而致于天子，往往子男混同公侯，孤卿降從大夫，諸侯之卿大夫猶士也，度越乎元士，注疏家尊記爲經，宋元明諸儒，發明精義，於是未聞辨晰，故此表多致因仍，是則令人躊躇而未能滿志者也。尚望後人觀會通以行典禮，本朱子命數之說以通之，庶幾於禮之等差可得而定。然而斯表之作，終於禮經有補矣。」（續修四庫全書總目提要》

〔註183〕見來新夏《近三百年人物年譜知見錄》，頁331「鄭冶亭年譜」條下，北京中華書局，2010。

經部禮類）。有光緒十九年（1893）周正誼堂刊本，台灣師範大學國研所藏書。

227《三禮通釋》二百八十卷　　（清）林昌彝撰

林昌彝（1803～約1854），字惠常，號薌溪，清福建侯官人。道光十九年（1839）舉人。受學於左海之門，治經精博，兼長詩筆。生平足跡半天下，性精勤，舟車之中手不釋卷。尤留心時務，與魏源等相知。著有《小石渠經說》、《射鷹樓詩話》等書。《清史列傳》卷七十三有有傳。是書釐爲二百八十卷，分列一千二百八十四門（另附某門後者有二十八），爲釋二百三十卷，爲圖五十卷，首天文，終喪服，而殿以圖焉。書前有毛鴻賓、郭嵩燾兩序，以及自撰論略二十八則，冠以上論及禮部奏議、進書呈詞。郭嵩燾序其書云：「窮天地之紀，述人道之用，因禮書制度儀文，諸儒所辨證者，參合比引，究其旨歸，書例略依陳氏《禮書》，而持論各別。爲圖者五十卷，兼取宋以來圖說，旁採林之奇、鄭景炎、項安世、王廷相諸家，分圖使足與經相考訂。而於國朝諸儒所著錄，凡於禮有發明，廣爲採摭，而於其師陳壽祺受授淵源，訂定尤至，一以表章鄭學爲義，參攷諸儒之說，糾正其失。」甚見推崇。其書後附圖五十卷（二百三十一卷至二百八十），於天文甚詳，而於喪服則太略。雖言兼採宋以來，若聶崇義、陳祥道、林希逸、韓信同、劉績，以及清儒江聲、戴震、程瑤田、龔景瀚、張惠言、焦循、阮元、王引之、陳壽祺等諸家圖說，以及《三禮義疏》之所定，然要以聶崇義《三禮圖》與陳祥道《禮書》爲主。其圖因襲舊圖而仍沿其誤者，以器用名物居多。蓋其書雖兼綜諸家，但時出肊決，鮮以實物參證。若犧尊象尊，並沿聶《圖》陳《書》舊說，而不取劉績《三禮圖》形作牛象，鑿背爲尊。簠簋二器，亦因循聶《圖》陳《書》而誤。又鉶爲古器，其形制，聶氏引舊圖云「兩耳三足有蓋」，圖象似鼎，陳《書》則圖無兩耳，非鼎屬明甚，而《通釋》則從陳說。又若穀璧蒲璧，《通釋》沿襲聶說，穀璧畫穀，蒲璧畫蒲，而不知據劉績所繪器象以訂正舊圖（陳書穀璧亦文如粟紋）。又若鹿中、兕中、皮樹中、閭中、及虎中諸盛筭之器，《通釋》圖象皆襲陳書不鑿背，而不從聶圖鑿背以容筭，若此則又何以容筭？林書雖錄戴震爵圖、丁父丁爵圖及辛父辛爵圖（卷二六七），然於其《通釋》仍兼存聶、陳舊說所傳（圖作鳥身負杯形），是仍猶疑不能斷也。至若卷八九大琮、王駔琮、后駔琮，卷九一介圭、黃琮，皆有說無圖，卷九二大璋、卷二六七戴氏爵、卷二六七、二六八斗等圖皆重出，而卷二七〇之科圖，實亦與上舉之斗形不異。凡此皆見其書之疏漏。胡玉縉論其書云：「是書

大致放陳祥道《禮書》之例，而臚舉成說，下以己意，間或正鄭，要以申鄭
爲主，與陳之好事捃擊者異。惟去取未能悉當，且少所貫串，或於說之異者，
誤合爲一，說之同者，誤分爲二，遠不逮黃以周《禮書通故》之精。李慈銘
《桃華聖解盦日記》謂『其宮室圖中，以堂之左右爲東西廂，即東西夾』一
條，『論西郊爲四郊之誤』一條，又謂『宗廟、喪服圖皆太略』，又謂『其圖
雖兼綜諸家而時出肊決，往往不可信』，又謂『其圖有重出者，有續而未成者，
有所題非所圖者，且有圖無說者十之九，又續事未工，或時染坊刻禮書之陋
習。……足見此書全是鈔集而成。』若斯之類，或失穿鑿、或失鹵莽，均不
足據。但全書博綜經傳，縷析條分，前釋後圖，體例完具，即有疏舛，不失
爲禮書中之巨著也」〔註184〕。其書薈萃經記，廣集眾說，堪稱博洽。條分縷
晰，綱舉目張，嘉惠士林，厥功亦偉。雖其中瑕瑜互掩，利病相參，然其爲
治禮者所宜注重，要在讀者知所擇耳。有清同治三年廣州刻本，中央研究院
藏書。

228《讀禮條考》二十卷　　（清）王曜南撰

　　王曜南，字燦文，清安徽婺源人。貢生。敦行嗜學，殫心經義，綜覈漢
唐以來注疏及宋五子書，剖析異同，數十寒暑不輟。咸豐元年（1851）舉孝
廉方正，辭不就，授徒自給。平居深衣方履，兢兢以守身爲主。著有《詩
經集義》、《春秋繹義》等書。《清史列傳》卷六十九有傳。是編合三禮而爲
書，分別各條，全書二十卷。卷一爲封建官制，卷二爲田賦，卷三爲軍賦，
卷四爲祭祀，卷五爲朝聘饗射，卷六爲冠昏，卷七爲宮室，卷八爲席考，
卷九爲飲食，卷十爲冠服，卷十一爲車旗，卷十二爲喪禮，卷十三至十五
爲樂律，卷十六爲用樂，卷十七爲樂舞，卷十八爲附錄儀禮敘略，補錄周官
諸侯相朝禮，卷十九爲祀饗補逸，卷二十爲禮經圖。王氏以爲禮有求之書
未悉，而觀于圖則易明者。禮圖對初學者實不可少，因擇其要者附于卷末

〔註184〕參見胡玉縉《許廎學林・三禮通釋跋》，世界書局，2009。
　　　　又李慈銘《越縵堂讀書記》載潘祖蔭說，言其師陳頌南侍御嘗謂此書乃侯官
　　　　林一桂所譔。惠常爲其弟子，攘而有之。及進書得官，其師之子，欲訟其事，
　　　　惠常賄之，始得解。侍御正人，又同鄉里，所言必不妄。惠常自言受業于陳
　　　　恭甫，又爲一桂弟子，口耳傳授，亦有一知半解，足於欺人也。（見《越縵堂
　　　　讀書記》，頁84，世界書局）。按胡玉縉以爲惠常《三禮通釋》非攘林一桂書，
　　　　說見〈三禮通釋跋〉。

〔註185〕。其禮經圖，包括禮制圖十三，禮節圖十九，禮器圖十五（附牲體圖）以及樂律圖四，凡爲圖五十有一。大抵多本先儒，如溝洫圖本程瑤田《溝洫疆理小記》，朝制過位升堂趨進及深衣諸圖本江永《鄉黨圖考》，堂室席位及大射、鄉射、冠禮、喪服諸圖則本《儀禮義疏》是。吳廷燮云：「按《隋書・經籍志》有《三禮義宗》、《三禮宗略》諸書，即係蒐合三禮輯述之編。宋陳祥道《禮書》更爲分冕服諸類，雖彙錄漢晉以後，不止三禮，而實爲後來說禮者所宗。是書分封建諸類，迄於樂律樂舞等，而又錄儀禮略敘等編，最後爲禮經圖，俾學者可一目瞭然，致力既勤，用心亦苦。」〔註186〕有道光二十九年（1849）刻本（《四庫未收書輯刊》本據此影印）。

229 玉佩考一卷　　（清）俞樾撰

俞樾（1821～1906）有《士昏禮對席圖》一卷，已著錄。是書專考古代佩玉之制，卷前有樾自序，略言古人佩玉，詠於《詩》，載於《禮》，而其制則經無明文，雖大儒如鄭康成，然其言佩玉之制略矣。韓退之云惜乎吾不及其時，進退揖讓於其間。吾蓋於玉佩之制尤歎息焉，因掇拾古義，稍附己意著於篇云云。全篇引《毛詩》、《韓詩》、大戴《禮記》、鄭氏《禮記注》，司馬彪《續漢書》以及賈公彥、孔穎達、盧辯諸家之說，考證佩玉之形狀及其佩帶方法。末附「琚瑀之圖」，以彰其形。有《皇清經解續編》本。

230 《禮書通故》五十卷　　（清）黃以周撰

黃以周（1828～1899），字元同，號儆季，清浙江定海人。同治九年（1870）舉人，歷署遂昌、海鹽訓導。光緒十四年、十六年，兩經舉薦，賜內閣中書銜，補處州府學教授。晚年執教於南菁書院。爲學不分門戶，精於三禮，著有《禮說》、《禮說略》等書。《清史稿》卷四八二黃式三附傳、《清史列傳》卷六十九本傳。是書發揮禮學，上自漢唐，下逮當世，經注史說，諸子雜家，義有旁涉，率皆甄錄，去非求是，務折其中。全書自「禮書通故」，至「名物通故」，分四十七門，又有「禮節圖」、「名物圖」及「敘目」，凡五十目。分條貫通，考訂精到。其中駁鄭注百餘條，又有舊疏申鄭未合而重申者，發前人所未發者甚多。卷前有俞樾序，云：「禮家聚訟，自古難之。君爲此書，不墨守一家之學，綜貫群經，博采眾論，實事求是，惟善是從。有駁正鄭義者，

〔註185〕見《讀禮條考・例略》，頁3。
〔註186〕見《續修四庫全書總目提要》「讀禮條考」條下。

有申明鄭義者。至其宏綱巨目，凡四十有九，洵足究天人之奧，通古今之宜，視秦氏《五禮通考》博或不及，精則過之。」梁啓超《中國近三百年學術史》稱其「博而能精，又成書最晚，可謂集清代禮學之大成」，胡玉縉亦以爲「禮學至斯爲盛，盛極必衰，無惑乎近世學者罕言三禮」〔註187〕，皆推挹甚至。是書卷四十八有禮節圖表一（又分冕服表、弁冠服表及婦服表）、禮節圖表二（又分喪服升數表、喪服表及變除表）、宗法表、井田表、學校表、六服朝見表。又有禮節圖，圖前有小序，略言禮節有圖，昉于趙彥肅、楊信齋，堂階籩具，椉樏全非。近張皋文圖雖有度數，然時乖經文、更逞肊見，此〈禮節圖〉之所以作也。又言〈聘食禮〉經文多詳明，無須爲圖以顯，故圖較張書爲簡。〈覲禮〉質略，必合〈周官〉、〈禮記〉之文乃備，故其圖又較張書爲繁。〈食禮〉附「燕食圖」，〈覲禮〉附「日視朝圖」，皆補經禮之闕，列圖一百六十有五，頗訂張圖之疏漏。卷四十九爲名物圖，又分爲九類：一曰宮室，二曰衣服，三曰玉瑞符節，四曰尊彝鼎俎諸名物，五曰樂器，六曰射器，七曰兵器，八曰車制，九曰喪服喪器，皆前圖後釋，頗爲詳明。圖前小序略言「禮器制度昉于漢孫叔通，鄭、阮《禮圖》，多本其說。後之學者迭相增改，古意滋失。《博古》、《集古》諸書·大半贋器，又無足憑。今據經記之文，參注疏之言，疑以傳疑，信以傳信，雖曰髣髴，思過半矣。」黃氏博觀歷代著作，去取之間，極爲明愼，然綜觀其名物圖，或本諸鄭玄、阮諶，或剿襲聶崇義《三禮圖》、陳祥道《禮書》，而採聶、陳圖象者爲多。按《博古》所錄，宋代所出禮器多見於此書，此書每據實物以訂《三禮圖》之疏失，而黃氏以爲其書無足憑，致多誤以傳誤，而不得實物之眞相。如犧象二尊，並圖阮氏圖義，而不信王肅目驗，是其所考猶有未覈，而有「觀其圖，度未必盡如古者」之失。有光緒十九年（1893）黃氏試館刊本。

231 三禮儀式圖解三卷　　（清）鄒向魯撰

鄒向魯，字東山，清秦州人。教授鄉里凡三十年，從行者甚眾〔註188〕。是編《隴右著作錄》著錄，王鍔《三禮研究論著提要》亦載之。按是編未見傳本。

〔註187〕梁說見《中國近三百年學術史》，頁189，中華書局，1969。
　　　　胡說見《續修四庫提要》經部禮類〈禮說〉條下，北京中華書局，1993。
〔註188〕見張維《隴右著作錄》引《秦州志續編》，《中國少數民族古籍集成》（漢文版），頁105，四川民族出版社，2002。

232 《周政三圖》三卷　　（清）吳之英撰

吳之英（1857～1918）有《儀禮奭固禮事圖》,《儀禮奭固禮器圖》,並已著錄。是書爲吳氏研究周代禮制之專著,自敘稱封建、井田、學校三者爲古之要政。古禮三十九篇云亡,未有專篇,因據《周官》、《小戴禮記》撰成《周政三圖》,附《儀禮奭固禮器圖》後,備說禮者之參考。此書分上中下三篇,三篇圖說並重,故稱三圖。上篇爲封建圖。考封建之制,中附九州、九服以及公國、侯國、伯國、子國、男國七圖,詳考其宮室衣服,論其道里典制。中篇爲井田圖。先考王畿,次考井邑丘甸縣都、比閭族黨州鄉,及鄰里酇鄙縣遂等之官制戶口。附以王畿圖,井邑丘甸縣都六圖、比閭族黨州鄉六圖、鄰里酇鄙縣遂六圖以及五溝五塗圖、畎遂井溝成洫同澮川九圖。凡邦畿之制,山澤之賦,以至軍旅,莫不詳備。下篇爲學校圖。附以王國學圖及侯國學二圖。凡古昔教養之方,五學之法,與三老五更之席,禮樂經典之度,三代之規,於斯可見。全書所附大小圖凡三十有八,圖後皆有極詳盡考釋。其考三政遺制,以經證經,雖間有附會,而亦研究古禮制者所宜考也。有民國九年吳氏刻壽櫟廬叢書本（附《儀禮奭固禮器圖》後,《續修四庫全書》本據此影印）。

233 《禮書》一百五十卷　　（宋）陳祥道撰

陳祥道（1053～1093）,字用之,一字祐之,宋福州人。陳暘兄。英宗治平四年（1067）進士,哲宗元祐中爲太學博士,終祕書正字。博學,尤精於禮,著有《注解儀禮》、《論語全解》等書。《宋史》卷四三二陳暘附傳。是書一百五十卷,前有〈進禮書表〉,次有祥道自序。陳序略言考六藝百家之文,以究先王禮樂之迹,辨形名度數之制,發仁義道德之蘊,凡二十年而後成,可謂勤矣。晁公武《郡齋讀書志》稱其「解禮之名物,且繪其象,甚精博」,陳振孫《直齋書錄解題》亦稱其「論辨精博,間以繪畫。」〔註189〕其書自卷首以迄卷末,但有細目而不分門,大抵以冕服、冠冕、服制、后服、佩用、地域、田賦、耕藉、天時、宮室、學校、玉瑞、冠昏、廟制、禘祫、用牲、田獵、祭儀、群祀、禮器、射儀、射侯、弓矢、投壺、兵器、樂器、旌旗、車制、喪服爲次。於歷代諸儒之論,宋初聶氏之圖,或正其所失,或補其所闕,庶幾古人之髣髴可以類推而見之。惟祥道爲王安石客,安石說經,既創

〔註189〕見晁公武《郡齋讀書志》卷二,陳振孫《直齋書錄解題》卷二。

造新義，務異先儒，故陳氏亦皆排斥舊說。然貫穿經傳，縷析條分，固考禮者之淵藪也。此書前圖後說，考訂詳悉，體例與聶氏不同，且超出聶圖甚多，若五服九州、鸞器曲植、十二月令、二十四氣、璿璣土圭、幣帛贄鴈、六龜筮法、鬱鬯秬鬯、疆域井田、兵器射器、樂器車制等圖象，應有盡有，包羅極廣。然亦有有說無圖者，如卷六十五、六十六昏禮，卷一四八至一五〇喪服、喪器皆有說無圖。其圖雖頗正聶圖之失，而補其遺缺，然其圖亦祇繪名物輪廓，未加解析詳註，是仍沿聶氏《三禮圖》之陋習。所附大射、鄉射及投壺儀節，祇有數圖，且甚簡陋。有元至正七年福州路儒學刻明修本、《四庫全書》本。

234 《儀禮經傳通解》三十七卷

（宋）朱熹撰《續編》二十九卷黃榦、楊復撰

朱熹（1130～1200）有《儀禮圖》，已著錄。楊復有《儀禮圖》，亦已著錄。黃榦（1152～1221）字直卿，號勉齋，宋閩縣人。少受業於朱熹，熹稱其志堅思苦，以女妻之。及熹病革，出所著書授榦，託傳其學。歷官漢陽軍、安慶府，所蒞多善政。著有《禮記集註》、《勉齋集》等書。《宋史》卷四三〇有傳。是書初名《儀禮集傳集注》，以《儀禮》為經，而取《禮記》及諸經史書所載，有及於禮者，皆附本經之下，具列注疏諸儒之說，以補其闕。朱子歿後，於嘉定十年（1217），刊版於南康。凡家禮五卷、鄉禮三卷、學禮十一卷、邦國禮四卷，共二十三卷，曰《儀禮經傳通解》。卷二十四至三十七，凡十四卷，曰《儀禮集傳集注》，蓋仍前草創未刪改之本，故用舊名，是為〈王朝禮〉。陳振孫《直齋書錄解題》謂「其十四卷，草定未刪改，曰《集傳集注》者，蓋此書初名也。其子在刻之南康，一切仍其舊」〔註190〕者，是也。趙希弁《郡齋讀書志·附志》云：「《儀禮經傳通解續纂》祭禮十四卷，朱文公編集，而喪、祭二禮未就，屬之勉齋先生（黃榦），勉齋既成喪禮，而祭禮未就，又屬之楊信齋（楊復）。信齋據二先生稿本，參以舊聞，定為十四卷，為門八十一。鄭逢辰〔註191〕為江西倉，進其本於朝。」〔註192〕陸心源〈宋槧續儀禮經傳通解跋〉云：「朱子纂《儀禮經傳通解》既成家、鄉、邦國、王朝禮，而

〔註190〕陳振孫，《直齋書錄解題》卷二，頁 18，中文出版社，1978。

〔註191〕鄭逢辰（？～1248），宋福建蒲田人，為楊復門人，淳祐七年（1247）江西轉運使，見〈進表〉。

〔註192〕見《郡齋讀書志·附志》卷五上，頁 30，「儀注類」，中文出版社，1978。

以喪、祭二禮屬之黃勉齋，嘉定己卯（1219），勉齋始成喪禮，而以祭禮稿本授楊信齋，信齋隨時咨問，抄識以待筆削，而勉齋即世。張虙知南康，續刻喪禮，又取祭禮稿本刊之，以待後學，四方朋友未有取而修定之者。信齋自念齒髮浸衰，曩日幸有所聞，不可不及時傳述，遂據稿本，參以所聞，稍加更定，以續成其書。是張虙所刊，乃信齋受于勉齋之稿本，即《四庫》所收，呂氏所重刊者。此則信齋以稿本修定者，與張刊本不同。故以呂刊互勘，或增或刪，或改或易，竟無一條全同。」〔註193〕是今傳《續儀禮經傳通解》祭禮，蓋有兩部，一為黃榦之祭禮，即經楊復編次者，一為楊復之祭禮，係信齋據黃稿本，參以所聞而修定者〔註194〕。綜而言之，《正編》三十七卷，前為《儀禮經傳通解》二十三卷，後為《儀禮集傳集註》十四卷，為朱熹撰，刊於宋嘉定十年。始家禮，次鄉禮，次學禮，次邦國禮，而以王朝終焉。《續編》二十九卷，包括喪禮十五卷，喪服圖式一卷及祭禮稿本十三卷。喪禮十五卷為黃榦撰，祭禮稿本十三卷，係黃榦稿本而經楊復編次，卷十六〈喪服圖式〉，則出於楊復之手。正編卷十三「鍾律」附有「拾貳律陰陽辰位相生次第」、「旋宮捌拾肆聲」等圖表，卷三十七「師田」附「戰陳圖」，而其禮圖重要部分，則端在《續編》楊復之〈儀禮喪服圖式〉一卷。是卷又分四類，首五服圖，次五服義例，次五服式，末為五服沿革。五服圖有本宗圖、為人後者為其本宗服圖、天子諸侯正統旁期服圖、大夫降服或不降服圖等十八圖表；五服義例附五服衰冠升數等三圖表；五服式則包含十七圖目，始「始死變服圖」，終「禫服圖」，其中或間附圖象。若於「衰分制圖」衽條下，附裁布圖，沓綴圖，「成服衰裳制」下附衰制圖二（前、後），裳制圖一，其他笄、纚、縞總等圖，亦散見於五服式中。綜觀此卷，「五服圖」之十八表，與信齋《儀禮圖》卷十一所附喪服表，幾近全同〔註195〕，而「五服式」中諸表，多為《儀禮圖》所無。全卷雖分四類，而實皆以喪服為主，為最早見之喪服表，至廣且詳，後之繼作者，大抵沿其流而加密焉。有《四庫全書》本。

〔註193〕見《儀顧堂續跋》卷二，頁5，廣文書局。

〔註194〕按楊復別修之祭禮，其書乃據朱、黃草本，參以所聞而修定者，凡十四卷八十一門，與黃榦祭禮十三卷不同。此書十四卷，經林慶彰等人整理，已於2011年，由中研院文哲所出版，題曰「楊復再修儀禮經傳通解續卷祭禮」。

〔註195〕按楊復序榦書云：「喪禮十五卷，前已繕寫，喪服圖式今別為一卷，附於正帙之外」，後之學者亦多以為〈喪服圖式〉為勉齋草創而信齋重修。然揆以信齋《儀禮圖》中之喪服圖表，多與〈喪服圖式〉雷同，是〈圖式〉縱為勉齋草創，而其實多出於楊復之手，蓋可說也。

235《家禮》五卷　　（宋）朱熹撰

朱熹（1130～1200）有《儀禮圖》，已著錄。是書舊題宋朱子撰，而後人多疑之。元應氏作《家禮辨》，首致其疑，以爲非出朱子之手〔註196〕。清初王懋竑《白田雜著》有〈家禮考〉一篇，遍考年譜、行狀以及文集、語錄所載，而一一詳證之，以決《家禮》非朱子之書。又有〈家禮後考〉十七條，引諸說以相印證，〈家禮考誤〉四十六條，引古禮以相辨難〔註197〕，乃斷爲時人因朱子《三家禮範跋》語而依仿作成以傳世者。《四庫全書總目》錄《家禮》一書，即據王氏之說立論，以爲考證最明，精核有據。並云：「懋竑之學，篤信朱子，獨於《易本義・九圖》及是書，斷斷辨論，不肯附會，則是書之不出朱子，可灼然無疑。」周中孚《鄭堂讀書記》則以爲此書當如《通鑑綱目》，蓋朱子之意，而門人記之〔註198〕。其後夏炘於〈跋家禮〉則云：「《家禮》一書，朱子所編輯，以爲草創未定則可，以爲他人之所僞託則不可。」又云：「總之，《家禮》爲未成之書，其中議論節目，不能無待於修補，儒者更以《書儀》及諸家之說，參酌而行之。然其大體則已得之，烏得以爲非朱子之書？」〔註199〕其實在夏氏之前，明邱濬對應氏之疑早有駁正〔註200〕。近人錢穆對於《家禮》之眞僞，亦有所考辨，而不以王懋竑說爲然。高仲華、周一田二位先生亦皆以《家禮》必出於朱子之手爲說〔註201〕。是書自元、明以來，流俗沿用，俱與司馬光《書儀》並稱，故《四庫總目》雖據懋竑之說立論，而仍錄而存之。按《家禮》刻本，傳世滋多，增注箋補，互有歧異。《四庫》所錄，爲陸費墀家藏本，凡《家禮》五卷，附錄一卷，皆不見有圖，丘濬重修《文公家禮》，書前始見附圖。然考《儀禮經傳通解》卷十六〈斬衰圖〉下注云：「此圖係案先師朱文公《家禮》纂出，仍加領於闊中者，與《儀禮》注合」

〔註196〕應氏《家禮辨》，其文不傳，今見邱濬《文公家禮儀節》卷首按語（《四庫全書存目叢書》本），及王懋竑《白田雜著》卷二，〈家禮後考〉頁八至九，《四庫全書》本。

〔註197〕並見《白田雜著》卷二，《四庫全書》本，商務印書館。

〔註198〕見周中孚《鄭堂讀書記》卷六，頁18，《叢書集成續編》，新文豐出版公司，1969。

〔註199〕詳見夏炘《述朱質疑》卷七〈跋家禮〉，頁11～13，收入《景紫堂全書》，藝文印書館。

〔註200〕同註196。

〔註201〕詳見錢穆《朱子新學案》第四冊，頁169，三民書局，1982。
高仲華，〈朱子的禮學〉，《輔仁學誌》第十一期，輔仁大學，1982。
周一田，《禮學概論》頁87，三民書局，1998。

等語，或據此注，以爲《家禮》原本似有附圖，然《經傳通解》此卷下注之言，乃楊復所修定，其言似又未必可以盡信。第其究竟，似已不可詳考。有《四庫全書》本。

236《文公家禮儀節》八卷　（宋）朱熹撰　（明）邱濬重編

邱濬（1418～1495），字仲深，號瓊台。明瓊山人。景泰五年（1454）進士，選庶吉士，授編修，進翰林學士。孝宗時，累官文淵閣大學士，參預機務。著有《大學衍義補》，亦工詩，有《瓊台集》。《明史》卷一八一有傳。是書卷首有邱濬成化十年（1474）序，次朱熹「家禮序」，次節錄黃榦等諸儒論《家禮》語。邱序云：「取文公家禮本註，約爲儀節，而易以淺近之言，使人易曉而可行，將以均諸窮鄉淺學之士。若夫通都鉅邑、明經學古之士，自當考文公全書，又繇是而進於古儀禮」，其重編此書之意，甚爲明白。丘氏稱《文公家禮》五卷，不聞有圖，今刻本載於卷首，不言作者，而卷首圖註，亦多不合於本書。夫書不盡言，故圖以明之，丘氏雖知諸圖非出朱子，而仍取卷首諸圖，分別散附於各卷之末者，蓋以此。所以便考閱也。若舊以家廟祠堂爲首，而大小宗圖在主式之後，今首列宗法，以爲家禮大義之所繫。圖不用古諸侯別子之說，而易以始祖者，蓋就今人家言之。除去家廟圖者，以通禮止有祠堂，無家廟也。（詳見卷一通禮圖下）。是書取世傳朱子《家禮》，而以當時之禮制損益之，每章之末，又附以「餘注」及「考證」，已非原本之舊。書本五卷，邱氏復衍以圖式，參酌編次，釐爲八卷。卷一通禮，有大宗小宗圖、祠堂三間之圖、深衣前圖、深衣後圖、新擬深衣圖等圖。卷二冠禮，有長子冠圖及眾子冠圖。卷三昏禮，有親迎圖、禮婦圖、醮壻圖及醮女圖。卷四喪禮，有襲含哭位之圖、裁辟領圖、裁袵圖、衰衣圖、冠制以及本宗五服圖、外族母黨妻黨服圖等圖。卷五喪葬，有大轝舊圖、黼翣、方相圖等圖，卷六喪虞，有說無圖，卷七祭禮，有正寢時祭之圖、每位設饌舊圖等祭圖，卷八雜錄，亦有說無圖。《四庫提要》評其圖云：「圖散於各章之中，龐雜錯落，殊無倫敘。其香案圖前以二丫髻童子執旛前導，如釋家之狀，決非舊圖所有，亦決非濬之所爲，蓋又坊刻所竄亂者矣。」有日本慶安元年（1648）風月宗知刊本，中央圖書館藏書。

第五節　群經總義類

237《六經圖》六卷　　（宋）楊甲撰

楊甲（約1110～1184），字鼎卿，一字嗣清，宋遂寧人。南宋高宗紹興年間，開舉薦，楊甲以經學知名，被薦爲賢良。乾道二年（1166）進士，孝宗閱覽對策不悅，授文林郎，後貶爲嘉陵教授，未得大用，終以坐事罷官，隱居靈泉山。甲人品高潔，有聲於時，頗爲清議推重。工詩文，著有《棣華館小集》等書。宋《中興書目》誤以楊甲爲布衣，而後之學者，若明顧起元、陸元輔〔註202〕，清潘耒鼎（《六經圖考》序）、王曉（《六經圖定本》序）亦並沿其誤。《四川通志》有傳〔註203〕。所謂六經者，以五經併《周禮》爲六也。是書《宋史・藝文志》著錄，朱彝尊《經義考》卷二四三亦載之，並注云存。按楊氏之《圖》成於紹興中，嘗勒石於昌州郡學，事見王象之《輿地記勝・昌州・碑記》〔註204〕，惟無拓本傳世，已難詳考其原目。今之所傳，則爲乾道初，苗昌言爲序，而毛邦翰所增補之本，蓋已非楊圖之全貌。

238《六經圖》不分卷　　（宋）楊甲撰　毛邦翰補

楊甲（約1110～1184）有《六經圖》，已著錄。毛邦翰，宋江山人，紹興二十七年進士（1157），乾道初，官撫州州學教授，終於轉運判官，見陸心源《儀顧堂題跋》〔註205〕。《四庫提要》稱「邦翰不知何許人」，蓋爲失察。楊甲《六經圖》約成於紹興年間，邦翰所增補，則刊行於乾道初。是書不分卷（或分六卷，一經爲一卷），前有乾道元年（1165）苗昌言序。序載陳大夫爲撫之期年，取六經圖編類爲書，刊之於學，事在乾道元年。序後列知撫州陳森，次通判學正各一人，學錄二人，經論六人，邦翰爲州學教授。苗序並無邦翰補圖之說。按陳振孫《直齋書錄解題》引宋《館閣書目》，則載「《六經圖》六卷，楊甲撰，毛邦翰復增補之」，是爲邦翰補圖之證〔註206〕。苗昌言〈六經圖序〉云：「凡得《易》七十，《書》五十有五，《詩》四十有七，《周禮》六十有五，《禮記》四十有三，《春秋》二十有九，合爲圖三百有九」。陳氏《書錄解題》引《館閣書目》，載邦翰增補之本，所列圖數並同。惟今所見宋本，

〔註202〕見朱彝尊《經義考》卷二四三，頁4。
〔註203〕見《四川通志》卷九上〈人物〉，頁30，《四庫全書》本。
〔註204〕王象之，《輿地記勝》卷一六一，頁10，道光29年文選樓影宋鈔本。
〔註205〕陸心源，《儀顧堂題跋》卷一，頁24，廣文書局，1968。
〔註206〕見《直齋書錄解題》卷三，頁34，中文出版社，1978。

此書除《易》、《書》圖數相同外，餘則《詩》四十有五，《禮記》四十有一，皆較原數少二圖，《周禮》六十有八，較原數多三圖，《春秋》四十有二，比原數多十三圖，共爲圖三百二十一，多出十有二圖，則似復有增損改定。《四庫提要》以爲「不知何人所更定」。按《四庫提要》於吳繼仕《七經圖》條下云：「仕自序云得舊本，摹校舊圖三百有九，今加校正爲三百二十有一」，丁丙《善本書室藏書志》據以爲說，其言曰：「吳繼仕得毛氏舊本，摹校原圖，由三百有九，增至三百二十有一。」〔註207〕按查吳氏《七經圖》自序，實無《提要》所引「（仕）得舊本，摹校舊圖三百有九，今加校正爲三百二十有一」〔註208〕之言，不知何所據也。其《易》、《書》、《詩》、《春秋》諸圖非關本題，姑置弗論。〈周禮文物大全圖〉凡六十有八：曰天官冢宰，曰地官司徒，曰春官宗伯，曰夏官司馬，曰秋官司寇，曰冬官考工記，曰王宮制圖，曰營國制圖，曰經涂九軌圖，曰朝位寢廟社稷圖，曰宗廟圖，曰社稷圖，曰治朝圖，曰燕朝圖，曰外朝圖，曰夏世室，曰商重屋，曰周明堂，曰宮寢制圖，曰辰制圖，曰几筵制圖，曰王畿千里圖，曰王畿鄉遂采地圖，曰井田之法圖，曰四井爲邑圖，曰四邑爲丘圖，曰四丘爲甸圖，曰四甸爲縣圖，曰四縣爲都圖，曰四都爲同圖，曰六鄉圖，曰六遂圖，曰五等采地圖，曰六鄉之地圖，曰職方氏九服圖，曰職方九州圖，曰行人六服朝貢圖，曰王公侯卿士冕服圖，曰后服制圖，曰圭璧璋瓚繅藉制圖，曰圜丘樂圖，曰方丘樂圖，曰宗廟樂圖，曰分舞樂圖，曰筍虡鍾磬制圖，曰鳧氏爲鍾，曰木鐸金鐸，曰鼓人四金圖，曰舞師樂師舞制圖，曰鼓制圖，曰樂器制圖，曰祭器制圖，曰六尊制圖，曰六彝制圖，曰掌客器圖，曰冊人制圖，曰金車玉輅制圖，曰墨車制度圖，曰厭翟車制圖，曰輪人爲蓋圖，曰九旗制圖，曰射矦制圖，曰馮相太歲圖，曰龜人圖，曰簭人圖，曰土圭測日圖，曰水地法圖，曰傳授圖。〈禮記制度示掌圖〉凡四十有一：曰四十九篇數，曰二十四氣圖，曰七十二候圖，曰月令中星圖，曰月令明堂圖，曰十二律還相爲宮圖，曰月令十二律管候氣圖，曰月令所屬圖，曰月令仲春昏星圖，曰月令仲夏昏星圖，曰月令仲秋昏星圖，曰月令仲冬昏星圖，曰五社制度圖，曰五帝坐位圖，曰王制商建國圖，曰王制周建國圖，曰王制公卿大夫士圖，曰天子縣內圖，曰周公明堂圖，曰武舞表

〔註207〕見丁丙《善本書室藏書志》卷四，頁8，廣文書局，1967。

〔註208〕按《七經圖》前有焦竑序，序稱「繼仕見宋刻《六經圖》而奇之，手自摹畫考校，授之梓人與好學者共焉」，亦無「今加校正爲三百二十有一」之言。

位圖，曰冠冕制圖，曰器用制圖，曰七廟制圖，曰祫廟制圖，曰五廟三廟圖，曰別子祖宗圖，曰郊禘宗祖圖，曰堂上昭穆圖，曰室中昭穆圖，曰燕禮圖，曰投壺禮圖，曰鄉飲禮圖，曰養老禮圖，曰冠禮器圖，曰昏禮器圖，曰習射禮圖，曰饗禮圖，曰內外用事之日圖，曰祭祀用樽之數圖，曰禮記名數圖，曰禮記傳授圖。舉凡日月星辰、土田疆域、以及朝廟衣冠、鼎彝尊罍、五玉三帛、鍾磬樂舞、兵戎韎韐、旗旌弓矢，與夫車馬之類，飲食器用之具，所涉既廣且富。其圖多為上圖下釋，大抵因聶氏之書，間有獨出己意者，若《周禮圖》末附〈周禮傳授圖〉，《禮記圖》末附〈禮記傳授圖〉，並為舊圖所無。有明熙春樓仿宋刊本、《宋版六經圖》影印本（中央圖書館藏書）。

239《六經圖》七卷　（宋）葉仲堪撰

葉仲堪，字思文，宋溫州人。嘗官興化薄，事蹟未詳。是書《宋史‧藝文志》載有七卷，《經義考》卷二四三亦著錄，注云未見。陳振孫《直齋書錄解題》云：「《六經圖》七卷，東嘉葉仲堪思文重編。案《館閣書目》有六卷，昌州布衣楊甲鼎卿所撰，撫州教授毛邦翰增補之。易七十，今百三十。書五十五，今六十三。詩四十七，今同。周禮六十五，今六十一。禮記四十三，今六十二。春秋二十九，今七十二。然則仲堪蓋又以舊本增損改定者耶？」據《書錄解題》，陳氏所見葉氏《六經圖》，其圖總凡四百三十有五，超出楊、毛舊本甚多，惟其損益源委，無從究詰。按是編未見傳本。

240《六經圖說》十二卷　（宋）俞言撰

俞言，宋人，事蹟未詳。是書《宋史‧藝文志》、《經義考》卷二四四並著錄，朱注云佚。

241《六經圖》五卷　（宋）趙元輔撰

趙元輔，宋人，事蹟未詳。是書《經義考》卷二四五著錄，注云未見。按楊甲《六經圖》苗昌言序，載「州學經論吳翬飛、黃松年、崔崇之、唐次雲、李自修、趙元輔編」，疑趙元輔與苗序所言州學經論之趙氏為同一人。是編未見傳本。

242《六經圖》無卷數　（明）不著撰人

是編撰人不詳，《經義考》卷二四六著錄，注云佚。其書雖佚，而朱善為斯書刻梓之序，猶見載於朱（彝尊）書。朱善序曰：「古之學者，有書必有圖，何也？不得於理，則必求諸書，而古人之傳授可見已，不得於象則必求

諸圖，而古人之製作可考已。此圖之與書，所以可相有，而不可相無也。六經有圖，其來已久。然兵變之後，古書存者十無一二，況於圖乎？豫章李君用初，家藏《六經圖》甚古，予嘗得借是圖而觀之，以天文則中星有〈堯典〉、〈月令〉之異同，以地理則疆域有〈禹貢〉、《春秋》之沿革，以人文則《儀禮》之有詳略，官制之有繁簡，城郭宮室、宗廟井田、會同軍旅、冠昏喪祭、衣裳弁冕、旌旗車輅、籩豆簠簋、圭璋琮璜，凡文質之有損益，以物理則昆蟲草木、鳥獸魚鼈之細微，又於《詩》爲特詳。然五經之圖，可觀者象而已。若《易》則伏羲先天四圖，邵子終日言而不離乎是，其爲理也微矣。文王後天方位，雖不與先天同，然先天純乎天理，後天各以人事，體用一源，顯微無閒，其有功於天下後世一也。《易》圖之外，益之以揚子之《太玄》，司馬之《潛虛》，邵子之《皇極經世》，使學者可以一覽而得其大概，好學之士果能兼此六圖而並觀之，譬諸千蹊萬徑皆可以適國，但得一道而入，何患學之不進哉？用初將命工摹寫，且與同志裒金刻梓以廣其傳，茲事若成，其有功於學者多矣，豈曰小補之哉。」

243《九經圖注》無卷數　　（明）周安撰

周安，字孟泰，明莆田人。家貧，遇鬻書者，以耕牛易之，卒後，遺書爲外孫所焚，鄰人亟拾之，得《九經圖注》，制度極精巧。見《經義考》載陸元輔引周瑩《藏山錄》〔註209〕。是書《經義考》卷二四七著錄，注云佚。

244《五經圖全集》五卷　　（明）胡賓、伍偉輯
　　《六經圖全集》六卷　　（明）胡賓編輯

胡賓（1506～1557），有《禮經圖》，已著錄。伍偉，明人，生平事蹟未詳。是書五卷，卷一爲〈易經圖全集〉，卷二爲〈書經圖全集〉，卷三爲〈詩經圖全集〉，卷四爲〈春秋圖全集〉，卷五則爲〈禮經圖全集〉。前四卷無涉本題，姑置弗論。卷五名爲禮經，實即指《禮記》言，名從唐《五經正義》，以小戴《禮記》爲禮經也。其圖多上圖下釋。圖凡有四十三：曰全經篇數，曰禮運總論禮圖，曰禮器總論禮圖，曰明堂大饗帝圖，曰宗廟大饗圖，曰月令總圖，曰昏旦考中星圖，曰律呂還爲宮圖，曰五等禮文圖（上、下），曰四代之制圖（上、下），曰當體之禮，曰內心之禮，曰深衣圖，曰冠服圖，曰養老圖，曰鄉飲圖，曰五宗圖，曰周公明堂圖，曰月令明堂圖，曰禮不忘初圖，

〔註209〕《經義考》卷二四七，頁5。

曰禮必祭先圖，曰郊祭圖，曰冠冕制圖，曰器用制圖，曰王制九命圖，曰王制開方圖，曰天神之祀，曰地示之祭，曰人鬼之享，曰天子諸侯祫祭圖，曰天子諸侯時祭圖，曰天子習五戎圖，曰天子大射圖，曰禮以義起，曰非古之禮，曰非禮之禮，曰名數圖（上、下），曰卿爵位，曰士爵位，曰投壺圖，曰燕禮圖，曰諸侯相朝大饗圖，曰諸侯遣臣相聘圖。是編有明建安刊本，現藏中央圖書館。又《明史・藝文志》及《經義考》卷二四八並著錄胡賓《六經圖全集》六卷，朱彝尊注云未見。北京圖書館分館藏有是書明刻本，六卷六冊，書題南京陝西道監察御史胡賓編輯。卷五爲〈禮經圖全集〉，版式行款及圖目悉與《五經圖》同。卷六爲〈周禮圖全集〉，圖凡六十有三：曰天官之屬六十有四，曰地官之屬七十有九，曰春官之屬七十有一，曰夏官之屬六十有九，曰秋官之屬六十有六，曰冬官之屬二十有九，曰朝位寢廟社稷之圖，曰大宰掌治圖，曰司徒掌教圖，曰宗伯掌禮圖，曰司馬掌政圖，曰司寇掌刑圖，曰司空掌事圖，曰王畿千里圖，曰邦國畿服圖，曰王國經緯涂軌圖，曰王畿鄉遂采地圖，曰井田之法圖，曰井邑丘甸縣都同圖，曰燕朝圖，曰治朝圖，曰外朝圖，曰大射圖，曰燕射圖，曰賓射圖，曰任地之法，曰征稅之法，曰六鄉之圖，曰六遂之圖，曰理財之官，曰理財之法，曰賓興賢能圖，曰教養國子圖，曰宗廟樂圖，曰圜丘樂圖，曰方丘樂圖，曰律呂相生圖，曰廢置誅賞圖，曰出入要會圖，曰民數校比圖，曰刑法之圖，曰役法之圖，曰救荒之政圖，曰軍旅之法，曰馬政之法，曰天子冕服制圖（一、二、三），曰后服制圖（一、二），曰臣冕服制圖（一、二），曰九鼓制圖（一、二），曰九旗制圖（一、二），曰六幣圖，曰六節圖，曰圭璧璋瓚繅藉之制圖，曰射器圖，曰樂器制圖，曰天子玉輅制圖，曰墨車制圖，曰重翟制圖，曰禮器圖，曰金聲圖，曰舞器圖，曰六尊圖，曰六彝圖。按今傳信州本《禮記》圖及《周禮》圖，以胡賓所編輯爲最古，取與楊、毛本對校，不祇圖數出入頗大，而圖目內容亦多所不同，其增補改定，甚爲顯明。若〈禮經圖全集〉中之禮運總論禮圖、禮器總論禮圖、五等禮文、四代之制圖、當體之禮、內心之禮、禮不忘初圖、禮必祭先圖、王九命圖、王制開方圖、地示之祭、人鬼之享、天子習五戎圖、禮以義起、非古之禮、非禮之禮等圖，皆非楊、毛圖所有。〈周禮圖全集〉中之大宰掌治圖、司徒掌教圖、宗伯掌禮圖、司馬掌政圖、司寇掌刑圖、司空掌事圖、任地之法、征稅之法、理財之官、理財之法、賓興賢能圖、教養國子圖、律呂相生圖、廢置誅賞圖、出入要會圖、民數校比圖、刑法之圖、役

法之圖、救荒之政圖、軍旅之法、馬政之法等圖，亦皆楊、毛本所無。考《大明一統志》載元至元年間（1264～1293），江西廣信府名宦盧天祥守信州，興學校，崇詩書，延儒生，論理致，刻《六經圖》於石，立兩廡下〔註210〕。或謂江西廣信府《六經圖》石刻，即至元中盧天祥所立，蓋本昌州《六經圖碑》，宋紹興中，楊甲所撰者也。胡玉縉《四庫全書總目提要補正》即以爲廣信府《六經圖碑》爲楊甲昌州石本之舊〔註211〕。雖然，信州石本或爲楊甲昌州石本之舊，但取與楊、毛本經圖對校，不祇圖數出入頗大，而圖目內容亦多所不同，蓋隱然已別爲另一系統。故就〈周禮圖〉與〈禮記圖〉而論，信州系統，經由胡賓《五經圖》（《六經圖》），盧謙《五經圖》，江爲龍《朱子六經圖》，盧雲英《五經圖》，鄭之僑《六經圖》，以至楊魁植之《九經圖》，其相承之跡，歷歷可見。而吳繼仕《七經圖》、陳仁錫《六經圖考》、潘宷鼎《六經圖考》以及王皓之《六經圖》，並承襲昌州楊、毛本之舊，亦無庸置疑。胡賓此二書，《五經圖》有明建安刊本，中央圖書館藏書，《六經圖》亦有明刻本，現藏北京圖書館分館。

245《五經圖說》　　（明）王循吉撰

王循吉，字宗一，明開州人。少習舉子業，有聲庠序間。及讀宋四子書，悅之，棄去故業，潛心理學，齋居十年，著《五經圖說》及《帝王憂世心法諸圖說》。嘉靖中，獻其書於朝，世宗下大臣議，共奏曰：「此理儒也」，賜處士號以旌之，並下所司修明道書院，以教授生徒。《畿輔通志》卷七十八有傳〔註212〕。是書《經義考》卷二四八著錄，注云未見。按是編未見傳本。

246《七經圖》不分卷　　（明）吳繼仕編

吳繼仕，字公信，一字信甫，號蒼舒子，書室名熙春堂，明休寧人。精通音律，曾據宋邵雍《皇極經世·聲音倡和圖》及李文利《律呂元聲》二書，撰成《音聲紀元》六卷，有圖有表，有論有述，《四庫全書提要》評其所見未精，得失參半。《七經圖》刊於萬曆乙卯，卷前有焦竑序，繼仕自序，〈儀禮會通圖〉前繼仕又序。《四庫提要》曰：「《六經圖》原宋楊甲撰，後毛邦翰增

〔註210〕見李賢等撰，《大明一統志》卷五一〈江西廣信府·名宦〉，頁11，明天順五年（1461）刊本，中央圖書館藏。
〔註211〕見胡玉縉《四庫全書總目提要補正》，頁199，木鐸出版社，1981。
〔註212〕唐執玉、李衛等監修，田易等纂，《畿輔通志》卷七十八，頁17，《四庫全書》本。

補之，爲圖三百有九。繼仕自序，稱得舊本，摹校舊圖三百有九，今加校正，爲三百二十有一，又增《儀禮圖》二百二十有七，共爲圖五百四十有八。所謂舊本，即毛邦翰之書；所謂《儀禮圖》，亦即楊復之書，均非繼仕自撰。」是所謂七經圖者，蓋即摹畫考校楊甲《六經圖》，並編纂楊復《儀禮圖》，合爲《七經圖》也。按《提要》述是書新舊圖數目一節，謂本於繼仕自序，查吳氏自序中，實無此語，蓋誤以告白當之也。丁丙《善本書室藏書志》據以爲說，並誤〔註213〕。焦竑序云：「新安吳君繼仕見宋刻《六經圖》而奇之，手自摹畫考校，授之梓人與好學者共焉。又念《儀禮》爲朱子所定，其徒楊復篇爲之圖，並加編纂，合爲七經圖，以傳學者，得而讀之，可謂粲然明備，無復遺憾」云云，今以此書觀之，竑之所許，良不誣也。有明萬曆間原刊本，現藏中央圖書館。

247《六經圖》五卷　（明）趙元輔編

趙元輔，明人，事蹟未詳。是編《經義考》卷二五○著錄，注云未見。按宋有趙元輔《六經圖》五卷，苗昌言序楊甲《六經圖》「經論六人」，趙元輔爲其中之一。《經義考》著錄是書，則爲明人趙元輔所編，朱說頗有可疑。

248《五經圖》六卷　（明）章達、盧謙輯

章達，楚人，生平事蹟未詳。祇知刻此書時，以無爲州知州攝盧江縣事。盧謙（？～1635），字吉甫，明盧江人，萬曆三十二年（1604）進士，授永豐知縣，擢御史，出爲江西右參政，引疾歸。崇禎八年，流賊犯盧江，城陷，謙服命服，罵賊死，贈光祿卿。《明史》卷二九二有傳。是書卷前有萬曆四十二年章達序。序稱盧公自永豐令歸，攜信州學《五經圖》石本以授余，且曰：公幸割俸鐫之，以示承學。余亟命工刊石，樹之學宮。又念石本摹搨之艱，不及行遠，更損爲卷帙，刻於金陵云云。可知章達係校刊之人，而傳是圖者則盧謙也。是書雖名五經，而實兼圖《周禮》，其書一經一卷，故合〈周禮圖〉總爲六卷，而題曰五經，名實殊爲舛迕。其中〈禮記圖〉共有圖四十二，全採胡賓、伍偉同輯之〈禮經圖全集〉，而小變其前後之序，且併合「天子諸侯祫祭圖」與「天子諸侯時祭圖」而爲「天子諸侯禘祫時圖」，故胡、伍圖四十

〔註213〕丁丙，《善本書室藏書志》卷四，頁8，「七經圖七卷」條下云：「宋館閣書目載《六經圖》六卷，爲昌州楊甲撰，撫州教授毛邦翰增補之，爲圖三百有九。繼仕得毛氏舊本，摹校原圖，由三百有九增至三百二十有一。」

有三，而章、盧圖四十有二。于敏中《天祿琳琅書目》稱是書所載各圖，亦採宋人《六經圖》中所刻者，小變其前後之序，詳略之文，而《周禮》、《禮記》合爲一經，遂名之曰五經圖，殊失古制之舊云云〔註214〕，蓋非其實。〈周禮圖〉共有五十九圖，乃併胡賓〈周禮圖全集〉中之六官之屬等六圖爲「六卿圖」，「禮器圖」分上下二圖，而稍變其圖目前後之序。有明萬曆四十二年（1614）刻本（《四庫全書存目叢書》本據此影印）。

249《六經圖考》三十六卷　　（明）陳仁錫撰

陳仁錫（1581～1636），字明卿，號芝台，明長洲人。嘗從武進錢一本學《易》，得其旨要。天啓二年（1622）進士。授翰林編修，典誥敕。以忤魏忠賢削籍歸。崇禎初，召復故官，累遷南京國子祭酒。性好學，喜著書。著有《四書備考》、《經濟八編類纂》等書。《明史》卷二八八焦竑附傳。是書《明史·藝文志》及《經義考》卷二五一皆有著錄，朱彝尊並注云未見。按是編未見傳本。又陳仁錫別有《六經圖》六卷，卷前有顧起元序及宋苗昌言原序，其書實即楊甲撰毛邦翰增補之《六經圖》。疑《六經圖考》與《六經圖》實爲一書。此書有明天啓六年刻本，收於《八編類纂》中，《續修四庫全書》本（子部類類書類）據此影印。

250《七經圖考》　　（明）吳蒼舒撰

吳蒼舒，明新安人，事蹟未詳。是編《安徽通志稿·藝文考》群經總義類著錄，未見傳本。

251《朱子六經圖》十六卷　　（清）江爲龍等編

江爲龍，字我一，號硯崖，清安徽桐城人。康熙三十九年（1700）進士。初任宜春知縣，歷任兵部主事、吏部主事，撰有《宜春縣志》等書。（《四庫提要》卷三四）。是書卷前有葉涵雲序及康熙四十八年硯崖自序，自序略言信州學宮舊有六經圖勒石，以其印摹維囏，致流傳不廣。因舉全圖，與葉長山彙次成帙。復取《四書圖》斟酌損益，互爲參考，同者去之，異者存之，以附於後〔註215〕。俾天下之凡讀六經四子書者，其於日月星辰之徵，山川土田

〔註214〕見《天祿琳琅書目》卷七，頁21、22。
〔註215〕按江氏所得《朱子六經圖》，史志不載，朱彝尊《經義考》亦未見著錄。至如《四書》圖，《經義考》著錄者有林處恭《四書指掌圖》、程復心《四書章圖》、吳成大《四書圖》、吳繼仕《四書引經節解圖》及吳蒼舒《四書圖考》等，除程書外，餘則朱氏亦未嘗見。

疆域之界，侯王公卿之等殺，以及朝廟衣冠、鼎彝尊罍之屬，五玉三帛之禮，
昭德象功之樂，與夫兵戎、靺鞈、旗旐、弓矢、車馬之類，貴賤居處、飲食、
動作、器用之具，習聞其名，胥得進而究其實，即深求義縕，討論乎天人性
命之旨，危微精一之傳者，亦得備觀其圖象，熟悉其源流，庶幾經義昭著於
天下，將考亭夫子啓迪苦心，流傳千萬世而不朽云云。全書依次爲《詩經》、
《尚書》、《周易》、《周禮》、《春秋》、《禮記》，每經分上下卷，故爲十二卷，
又附〈四書圖〉四卷，共計十六卷。〈周禮圖〉五十有八，〈禮記圖〉四十有
三，皆依據信州學石本舊圖鈔錄成書〔註216〕，末所附〈四書圖〉，蓋亦自諸書
摘入。周中孚《鄭堂讀書記》云：「明章達有重刻《五經圖》六卷，清盧雲英
有重編《五經圖》十二卷，皆本信州石刻成編，而書名不標朱子之稱。此本
徒以附入〈四書圖〉之故，冠以朱子二字，究屬非是，故《提要》本刪之。」
鄭說是已。有清康熙四十八年（1709）刻本（《四庫全書存目叢書》本據此影
印）。

252《六經圖考》不分卷　　（清）潘宷鼎撰

潘宷鼎，清康熙時人，事蹟未詳。是書卷前有顧起元序，乾道元年苗昌
言序，康熙六十一年潘宷鼎序。全書分大易象數鉤深圖七十、尚書軌範攝要
圖五十五、毛詩正變指南圖四十五、周禮文物大全圖六十八、禮記制度示掌
圖四十一、春秋筆削發微圖四十二，凡三百二十有一圖。此本蓋縮摹明衛承
芳、方應明金陵摹刻本（楊、毛本）。潘宷鼎以其重刻本版式太大，「置諸几
之小者則溢于外，攜以遊則行篋不能容，不便於玩讀，今改梓焉。若坊本群
書之式，則無適而不可。」（潘序）馬文大嘗有〈六經圖版本及文獻價值〉一
文，謂「清康熙時潘宷鼎《六經圖考》於宋本之外大有發明，於考證六經圖
源流及訂補圖義上有較全面的闡述。其書十二卷，有清康熙間耕禮堂刊本存
世。」〔註217〕按據今傳所見，是書雖書口題曰「六經圖考」，而實即「六經

〔註216〕盧謙《五經圖‧周禮圖》爲五十九圖（「禮器圖」分上下），江爲龍《朱子六
　　　　經圖‧周禮圖》爲五十八（「禮器圖」合爲一圖），除圖目先後有部分移動，
　　　　其餘皆同。
　　　　江爲龍《朱子六經圖‧禮記圖》併「天子諸侯祫祭圖」與「天子諸侯時祭圖」
　　　　爲「天子侯祫祭時祭圖」，與盧圖同，而又增補「天子賜魯郊祀圖」，故其〈禮
　　　　記圖〉爲四十三，而盧〈禮記圖〉爲四十二。
〔註217〕馬文大〈六經圖版本及文獻價值〉，見1998年學苑出版社影印明熙春樓吳繼
　　　　仕摹刻宋刊《六經圖》。

圖」，北京圖書館分館藏有此書，中有季猷揚啓勛題籤曰「六經圖」。書前有顧起元、苗昌言二原序以及潘氏自序。台灣師範大學國文系所藏東北大學寄存圖書亦有此本，內容全同，不知馬氏所說何據。有清康熙間禮耕堂刊本，台灣師範大學藏書。

253《六經圖》六卷　　（清）王皜編

王皜，字又皜，號雪鴻，清安徽六安人。是書卷前有乾隆五年（1740）王皜序、高淑曾序及楊廷樽跋。皜序云：「六經圖平生所見諸本，互有異同。一爲西江信州學石本，未載何代鋟刻，編輯姓氏。好古者爲其摹搨之難也，易木本以行，每一經上下卷。一爲宋紹興中布衣楊甲鼎卿所撰，乾道初，苗昌言、毛邦翰序而刻之。迨萬曆乙卯，新安吳繼仕校讎摹刻，踰年丁巳，蘭谿郭若維依樣翻刻，康熙己丑龍眠江氏宗石刻縮爲常帙，又壬寅瀨上潘耒鼎宗吳本斂若群書式，別署禮耕堂本，雖皆剞劂弗逮，亦聊便披讀爾。皜按同爲經圖，各有漏略，郊居杜門，竊擬匯爲一書，專主鼎卿所撰，而以石本輔其未備，每圖務加詳覈，歸於至當。得〈易經圖〉七十有二，〈尙書圖〉六十有八，〈詩經圖〉四十有四，〈春秋圖〉一十有五，〈周禮圖〉六十有二，〈禮記圖〉五十有一，共圖三百一十有二。凡依舊本編錄者，或有圖無注，或圖詳注略，或圖注兩有舛錯，儻承僞襲謬，懼貽誤來學。迺會稡群書，參訂增補，附載各經圖卷後，折衷有道，示不敢逞臆見也。」是書蓋專主楊甲所撰，而以信州石本輔其未備，凡所補校，則列於每卷之末。《四庫提要》云：「是編取《六經圖》舊本，其稍加損益，凡所補校，具列於每卷之末。其中如〈書經圖〉中所繪十二章服，日爲三足烏形，已自非古，月作白兔擣藥形，杵臼宛然，曾唐虞而有此說乎？〈周禮圖〉中所繪墨車，以四馬盡置兩轅之中，亦全不解古車之制。如此之類，皆無所訂正，其校補概可見矣。」有清乾隆五年（1740）刻本（《四庫全書存目叢書》本據此影印）。

254《九經圖》七卷　　（清）楊魁植輯　楊文源增訂

楊魁植，字輝斗，清漳州長泰人。文源，字澤汪，魁植子。是書卷前有羅鶴齡、陳夢得、張士誠、劉希周、莊明呈諸序及其子楊文源識語，並有凡例八條。卷末有戴燦跋。書爲楊魁植編輯，而其子文源增訂〔註218〕。是書以信州學宮石刻《易》、《書》、《詩》、《周禮》、《禮記》、《春秋》六經圖爲本，

〔註218〕參見書前楊文源識語。文源，字澤汪。

析《春秋》三傳爲三〔註219〕，並增入《儀禮》一經，名曰九經。其三禮皆勦
聶崇義、楊復諸圖（〈士喪〉、〈既夕〉、〈士虞〉行禮諸圖，悉刪不載），而折
衷於《三禮義疏》，其餘諸經之圖，有散見各家者，亦採以附之，《四庫總目
提要》評其書「蓋科舉對策之本，不足以爲資考據也。」有乾隆三十七年（1772）
芳書房刻本，臺灣師範大學藏書。

255《七經圖考》　（清）陳嵐江撰

陳嵐江，字景川，清安徽霍邱人。歲貢生，候選教諭，積學授徒，精考
據學。是編蒐討至爲精詳，歿後同里趙羹湖弔以詩，有著書別自有名山之
句，惜兵燹後散佚。見《安徽通志稿‧藝文考》群經總義類〔註220〕。按是編
未見傳本。

256《果堂集》一卷　（清）沈彤撰

沈彤（1688～1752），有《儀禮小疏》，已著錄。沈氏博究古籍，精於考
據。《四庫提要》稱其書云：「是集多訂正經學文字，如〈周官頒田異同說〉、
〈五溝異同說〉、〈井田軍賦說〉、〈釋周官地征〉等篇，皆援據典核，考證精
密。其於《禮經》服制，多所考訂，尤足補漢宋以來注釋家所未備。其論
〈堯典〉星辰，不兼五緯，蓋主孔安國傳；又於在璇璣玉衡以齊七政，力闢
《史記》斗杓之解，雖未必盡爲定論，然各尊所聞，亦足見其用意之不苟
矣。集雖卷帙寥寥，而頗足羽翼經傳，其實學有足取者，與文章家又別論
矣。」是書於「儀禮喪服爲人後者爲本親問」條，附有喪服圖表一，頗爲簡
明。有《皇清經解》本（一卷），《四庫全書》本則增訂爲十二卷，並列入集
部別集類中。

257《重編五經圖》十二卷　（清）盧雲英輯

盧雲英（1693～1714），字夏子，號默存，清安徽廬江人。明江西布政司
參政盧謙之曾孫。初由國學生考任州同知。康熙五十三年（1714）捐穀助
賑，貤贈中憲大夫。事父母以孝，聞名鄉里，名列清光緒《廬江縣志》孝友
傳〔註211〕。著有《周禮文物大全》、《王薛教言》等書。是書卷前有雍正二年

〔註219〕按雖云析春秋三傳爲三，其實仍爲一卷，故全書共爲七卷。
〔註220〕見《安徽通志稿‧藝文考》群經總義類，頁15，成文出版社。
〔註221〕見錢鑅修，盧鈺等纂，《光緒廬江縣志》卷八〈孝友〉，頁34，光緒十一年刊
　　　　本，中央圖書館藏書。

楊恢基〈重刻五經圖序〉，王皜所撰〈重刻五經圖凡例〉以及萬曆甲寅李維楨、章達原序。雲英以其曾祖謙在永豐所刻《五經圖》，原本行款參差，復釐定增補，以成是編。凡例稱所改正凡五百餘處，大抵以其祖謙所刻《五經圖》（信州學石本）爲藍本，而予以增減。全書依《周易》、《尚書》、《詩經》、《春秋》、《周禮》、《禮記》六經之次，而各經圖又分上下，故爲十二卷。其中〈周禮圖〉五十有七，〈禮記圖〉四十有九。〈禮記圖〉四十九者，蓋本其曾祖謙〈禮記圖〉四十二，又增補楊、毛本《六經圖》（昌州本）七圖（曰月令十二律管候氣圖，曰月令所屬圖，曰七廟制圖，曰祫廟制圖，曰五廟三廟制圖，曰郊禘宗祖，曰堂上昭穆，故爲四十九圖）。〈周禮圖〉五十七者，併謙書「天子冕服之制圖」與「臣冕服圖」爲「王公侯卿士冕服圖」，又併「禮器圖」上下爲「禮器圖」，故謙圖五十有九，而雲英圖五十有七，少二圖。《四庫提要》謂大抵以楊書爲藍本而予以增減，說蓋未周。有清雍正二年（1724）刻本（《四庫全書存目叢書》本據此影印）。

258《六經圖》十二卷　　（清）鄭之僑編

鄭之僑（1707～1784），字茂雲，號東里，清廣東潮陽人。清乾隆二年（1737）進士，授江西鉛山縣令，兼弋陽縣令。歷任饒州府同知‧署廣西柳州府知府，湖南寶慶知府，山東濟東泰武道員，湖廣安襄鄖兵備道。致仕後家居近20年，著有《農桑易知錄》、《鵝湖講學彙編》等書。參見（廣東歷史人物辭典）[註222]。是書卷前有乾隆八年（1743）之僑序及九年雷鋐序，繼以凡例十條。雷序稱「鄭東里宰鉛山，每至鵝湖書院，諸生講論經學，按圖指劃，患其校訂未精，僞舛間出。爰細加攷正，凡易象天文，列國疆域，一字稍差，即陰陽異位，南北殊方，莫不釐然各歸其所。明堂之制，禘祫之禮，積爲聚訟，悉纂先儒成書折衷定論。更融會六經之源流，漢唐以來之著述，示學者以各經之大旨。石碑體製，難於展閱，易以黎棗，剞劂精工。東里之用心有益於經學，厥功鉅矣。」全書二十四卷，蓋以信州學宮石刻爲藍本，包含〈易經圖〉四卷八十有二圖，〈書經圖〉四卷六十有六圖，〈詩經圖〉四卷三十有七圖，〈春秋圖〉四卷二十有八圖，〈禮記圖〉四卷六十有五圖，〈周禮圖〉四卷六十有四圖，共計三百四十有二圖。卷十七至二十爲〈禮記圖〉，又分上下，圖前有「禮記源流」，鄭氏凡例云：「考歷代史志所載，并先儒各

〔註222〕管林主編，《廣東歷史人物辭典》，頁538，廣東高等教育出版社，2001。

家論說，纂爲源流，分敍於各經之首，以備學者考經之大凡」者是也。取與胡賓・伍偉〈禮經圖〉相校，幾增逾四分之一。鄭氏以爲〈大學〉、〈中庸〉原載《禮記》，後因程子表章之，而朱子又別爲之章句，後世學者始知聖經賢傳，燦然大備，而道統之傳，獨得其宗。此《學》、《庸》一書，亦何容贅及。然一載於三十一篇，一載於四十二篇，目不可缺，而圖自不可紊。因增補「大學總圖」及「中庸總圖」二圖。又以喪服圖式，原碑不載，或以爲凶服而置之。不知送終大故，節義攸關，倘失所依據，勢必至沿襲鄙陋而不知返。因取朱子《家禮》補入於《禮記》之後。所補有五服之圖、喪服之圖、襲斂之圖、喪器之圖、黼翣黻翣畫翣龍翣柳車總圖、方相氏圖等圖。餘若五聲八音之圖、周家大祫圖、周家時祫圖、成王廣魯圖、附庸之圖等亦其所補者也。〈周禮圖〉六十有四，其視胡賓書增多鄉遂溝洫圖、律呂同心一統圖、挈壺氏圖、節服氏圖、車蓋之圖、戈戟之圖，以及楊、毛本之職方九州圖與馮相太歲圖等圖。其篇目一仍信州石刻，石刻有缺漏者，則取先儒圖考補正之，各圖注釋亦時附以考證，頗爲詳明。凡例所稱「按圖集解，凡於諸儒辯證，各有可採者，悉爲補入，蓋欲俾習其器而知其義，庶以備後學稽古窮經之要」者，洵可無愧，固治經學者，所宜留意。有清乾隆九年（1744）潮陽鄭氏鵝湖述堂刊本，中央圖書館藏書。

259《問字堂集》六卷　　（清）孫星衍撰

孫星衍（1753～1818），有《明堂考》，已著錄。是書卷首有王鳴盛序及「閱問字堂集贈言」。其書卷五〈三禘釋〉、〈周制配天表〉及卷六〈五廟二祧辨〉三文，皆先釋說，後附圖表。〈三禘釋〉附周禘表，孫氏並云：「按方丘北郊，鄭注亦以爲禘則三禘實五」，因制表而橫列五禘：曰圜丘禘，曰郊禘，曰明堂禘，曰方丘禘及北郊禘。〈周制配天表〉後，附圜丘郊祀表、方丘北郊表、明堂大禘及迎氣還祭十二月告朔表等三表。〈五廟二祧辨〉後，附周禮七廟二祧表。有清嘉慶孫氏校刊《岱南閣叢書》本、《皇清經解》本（一卷）。

260《五經圖彙》三卷　　（日本）松本愼撰

松本愼（1755～1834），日人，生平事蹟未詳。是書卷首有日人督平信庸序及松本所撰凡例四條。凡例略言是編以清人王皓所刻楊氏《六經圖》爲藍本，參以明永樂編修大全，清康熙欽定四經圖及王圻《三才圖會》等書。全

書分上中下三卷，卷上為〈周易圖〉、〈尚書圖〉，卷中為〈毛詩圖〉，卷下為〈春秋圖〉及〈戴記圖〉。圖表悉依各經篇目先後為序，與先儒圖說略有不同。〈戴記圖〉首列〈曲禮〉、〈檀弓〉鼓、朱雀、斝、觶等圖，次〈王制〉諸侯田圖及盨、圭瓚、璋，次〈月令〉月令列宿圖，月令明堂圖及竿圖，次〈文王世子〉養老圖，次〈禮運〉五聲六律十二管還相為宮圖及冪、鍘圖，次〈禮器〉禮器總論禮圖及散、角、觚、禁等圖，次〈郊特牲〉匏、委貌、章甫等圖，次〈內則〉刀、礪、繫袠等圖，次〈玉藻〉笏圖、深衣圖，次〈明堂位〉明堂圖及犧尊、象尊、梡俎、厥俎等圖，次〈雜記〉畢、甕、羽葆等圖，次〈喪服小記〉斬衰圖，次〈大傳〉別子祖宗圖，次〈少儀〉劍、槾、夫襓等圖，次〈喪大記〉飾棺圖及大盤、功布等圖，次〈祭法〉天子九廟、諸侯五廟及大夫三廟之圖，次〈投壺〉投壺圖、〈鄉飲酒義〉鄉飲酒圖、〈射義〉射禮圖、〈燕義〉燕禮圖、〈聘義〉聘禮圖，末附五等禮文圖。是編大抵採集前人之說，對於名物，祇註明出處而無說，此乃美中不足之處。有日本明治十六年（1883）補刻本。

261《頑石盧說經》十卷　　（清）徐養原撰

徐養原（1758～1825），有《周官五禮表》，《五官表》，皆已著錄。是書研求經義考證之力甚勤，然其勇於自信，其中一邊之見，固不能免。江瀚於〈續修四庫提要〉已略有駁正。全書十卷，卷一〈量說〉，附有側視、平視二圖。〈磬折說〉附有二圖，並加釋文。〈侯說〉附有後鄭說圖及先鄭說圖，以比較二說異同。卷二〈明堂說〉，前有徐序，略言嘗取《考工記》、大戴《禮》、〈月令〉、〈明堂位〉諸書，參伍考訂，乃知明堂之制，有異於寢廟者，亦有同於寢廟者，苟得其制，則經傳異同之故，可得而考，先儒之臆說，亦可得而正。因采輯注疏，斷以己意，為〈明堂說〉，其〈方明壇〉、〈清廟〉亦附焉云云。此篇先說，再附以明堂圖、鄭氏明堂圖、朱子明堂圖、世室三四步四三尺圖、門堂圖及四門應門辟雍圖等六圖。卷三〈井田議〉附有九夫為田圖、方十里為成圖、方百里為同圖、百夫有洫圖、萬夫有川圖等五圖，末又附圖一，曰井田南東其畝之圖。卷九〈輪輮說下〉附有輻綆圖（正視、側視）、輪算圖，〈戈戟倨句內外解〉附有戈、戟二圖，〈皋陶說〉附有皋鼓圖及皋鼓又圖。圖多詳注尺寸與部位，頗資參考。有《皇清經解續編》本。

262《經義叢鈔》三十卷　　（清）嚴杰補編

嚴杰（1763～1843），字厚民，號鷗盟，清浙江錢塘人。國子生。潛研經

術，邃學能文。儀徵阮元督學浙江，深賞之。立詁經精舍，以爲上舍生。佐阮元編《經籍纂詁》。從至廣東，復佐編《皇清經解》。著有《小爾雅疏證》、《毛詩考證》等書。《清史列傳》卷六十九方成珪附傳。是書收有阮福〈耒耜考〉一文〔註223〕。阮福，清江蘇儀徵人，阮元子，官甘肅平涼府知府〔註224〕。此文前考釋，末附古今二圖：一爲據戴氏《考工記》摹之圖象（戴震考工記所繪耒復原圖），另一爲阮元就出東道中所見約略摹繪之耒圖（阮元道中所見所繪之耒圖）。另該書又收洪頤煊《禮經宮室答問》上下二卷，宗廟一附圖三，路寢二附圖四，詳見〈儀禮類〉該條下。有《皇清經解》本。

263《群經宮室圖》二卷　　（清）焦循撰

焦循（1763～1820），字里堂，清江蘇甘泉人。嘉慶六年（1801）舉人。雅尙經術，與阮元齊名。性至孝，一應禮部試，後以生母殷病，不復北遊。於家中築雕菰樓，讀書著述其中。於經史曆算聲音訓詁，無所不精，而於《周易》用力尤深，著有《易學三書》、《孟子正義》等書。《清史稿》卷四八二、《清史列傳》卷六十九有傳。是書分上下二卷，專論宮室制度，卷前有阮元序，後有循自敘。上卷分城、宮、門、屋四類，爲圖三十一，附圖七（〈城圖四〉附板圖、堵圖、雉圖，〈屋圖三〉附蔡邕通天屋圖，〈屋圖十一〉附堂涂、逆牆、窬逆牆圖）；下卷分社稷、宗廟、明堂、壇、學五類，爲圖十八，附圖五（〈明堂圖六〉附九室三三相連圖、四角之室接四室圖、七筵九筵分兩面圖、每堂深七筵圖，〈學圖四〉附鄉飲酒敷席圖）。全書共九類，圖四十九，附圖十二。每圖均有說一篇，圖在前，說在後，別所附十二圖，則分列有關篇目中。其圖以各角度解析宮室，或平面，或立體，或上下，或左右，或實線，或虛線，務在分析詳盡。其書雖標題群經，而所重實在三禮，廣徵博引，考據精核，貫通群經，頗能正前人之疏失。黃以周《禮書通故》嘗摘其北堂在室北，旁連兩房，楣在棟與楣之間以及夾室制等之非，然固無損其「考證宮室最通贍」〔註225〕之譽。有清道光半九書塾刻本（《續修四庫全書》本據此影印）、《皇清經解續編》本。

264《群經平議》三十五卷　　（清）俞樾撰

俞樾（1821～1906），有《士昏禮對席圖》，已著錄。俞樾之學，以高郵

〔註223〕見《皇清經解》第二十册，卷一三八四，頁 26～27，復興書局，1972。
〔註224〕見《清史列傳》卷三十六阮元傳。
〔註225〕見梁啓超《中國近三百年學術史》，頁 190，中華書局，1969。

王氏爲宗，發明故訓，是正文字，而務爲廣博，旁及百家著述。是書序目，俞氏有云：「本朝經學之盛，自漢宋以來，未之有也。余幸生諸老先生之後，與聞緒論，粗識門戶。嘗以爲治經之道，大要有三：正句讀、審字義、通古文假借，得此三者以治經，則思過半矣。三者之中，通假借爲尤要。諸老先生惟高郵王氏父子發明故訓，是正文字，至爲精審，所著《經義述聞》，用漢儒讀爲讀曰之例者居半焉。余之此書，竊附王氏《經義述聞》之後，雖學術淺薄，儻亦有一二言之幸中者乎？」是書即仿照王引之《經義述聞》體例，考訂十五種經史著作之訛舛，審字義，明通假，正句讀，而於文法修辭亦有闡發，並於王氏遺漏疏誤處拾遺補苴。此書第十四卷爲「考工記世室重屋明堂考」，係俞氏研究《考工記》夏世室殷重屋周明堂之專著。自「夏后氏世室」、「堂脩二七」、「廣四修一」、「五室三四步四三尺」，以至「五室，凡室二筵」，皆隨文考釋，而於鄭注之疏闊謬誤，亦「輒援鄭駁《異義》之例，駁而正之」（俞氏語）。末附「九室十二堂考」。篇中隨文附圖，有夏世室廣四脩一圖、五室三四步圖、內外霤圖、五室戶牖圖、四旁兩夾窗白盛圖、堂二室四圖、世室全圖、九筵圖、塾圖，又「九室十二堂考」別附四圖，都凡一十三圖。圖甚簡明，足備參考。第十五卷〈儀禮一〉「倍中以爲躬」（鄉射禮）條下，附有今、舊侯制二圖。第十六卷〈儀禮二〉「西夾六豆設於西墉下北上，韭菹其東醓醢，屈」（聘禮），附東夾西夾六豆陳設圖。又十六卷卷末〈附東房西室說〉，有東房西室圖一。有《皇清經解續編》本（卷前無俞氏序目）、清光緒二十五年（1899）刊春在堂全書本（《續修四庫全書》本據此影印）。

265《群經冠服圖考》三卷　　（清）黃世發撰

黃世發，字成憲，清貴州印江人。康熙三十五年（1696）舉人，授直隸肅寧知縣，除雜派，教民生計。雍正間以忤上官去，士民號泣挽留，特旨復官，加四品銜。旋晉授按察使兼直隸營田觀察使。《清史稿》卷四七七童華附傳、《清史列傳》卷七十四本傳。是書卷前有乾隆四十七年黃氏自序，後有戊寅（1938）吳縣王大隆跋。自序云：「古服制度與宮室同，不先條貫，則禮文所記，讀之芒無端緒，又何從而知先王制作差等之意。宋李如圭作《釋宮》一書，朱子取冠《儀禮經傳通解》，其書有提綱有分注，皆引據儒說爲主。若冠服古無專書，然鄭氏釋禮于衣服俱有通例，散在諸注，私不自揣，輒爲撮出，以類相比，略仿李書之意，爲大類三，小類十有八，每類之後可圖者圖焉，間有私見附著而已，不改先儒之業，顏曰群經冠服圖考。」此書分元服、

衷服、雜服三卷，而實以冠服爲主。卷一元服，附有冕圖一、弁圖四（皮弁圖、韋弁圖、冠弁圖、爵弁圖）、冠圖二（緇布冠圖、玄冠圖）；卷二衷服，附有衣章圖二（十二章圖、九章圖）、朝服玄端服圖二（朝服圖、玄端服圖）、深衣圖四（深衣前圖、深衣後圖、江氏深衣前圖、江氏深衣後圖）；卷三雜服，附有裳圖二（雜裳圖、昏禮緇袘圖）、黻韠圖二（黻圖、韠圖）、帶圖四（天子素帶朱裏終辟圖、諸侯素帶終辟圖、大夫素帶辟垂圖、士練帶率下辟圖）、玉佩圖一、笏圖五（天子玉珽圖、諸侯象笏圖、大夫竹笏圖、天子之士竹笏圖、諸侯之士竹笏圖）、舄圖二（舄圖、屨圖）。總凡三十有一圖。圖中亦加釋文，詳標細部，一目了然。其深衣圖，較江永爲略，玉佩圖之解說尤爲詳細，於舊圖舊注之謬誤，頗多考訂。《續四庫提要》評其書略似鄭氏釋禮，於弁服皆有通例，散在諸注，讀之茫無端緒。故仿李氏《釋宮》之意，以類相比，使成條貫，今覈其說義，似未足與體例相副也。如云延在上裏在下，又云紘屬於武，垂其兩端，立文皆不審諦，其疏失若此類者，尚多有之。然亦有數事，自出知見，不關因襲而闇與理會者，其謂冕旒之數，天子皆十二，諸侯皆九，以下悉準〈禮器〉，更無差等，足以正舊說而貽後嗣，功亦不可沒也。有 1938 年排印《戊寅叢編》本。

266《經義圖說》八卷　　（清）吳寶謨撰

吳寶謨，清安徽桐城人，生平事蹟未詳。是書卷首有吳氏嘉慶四年序及例言十一則。其〈例言〉略言嘗見《六經圖》拓本，相傳朱子所訂。吾邑江硯崖〔註 226〕序云是圖勒之石碣，藏之學宮，印摹維艱，致流傳不廣。今歲至京師，忽於書肆見宋時版本，載宋紹興布衣楊甲撰，乾道年間陳大夫森屬教授苗昌言校刻。苗昌言與文公同時，則是圖不成於文公手可知。茲本採錄頗多，更正亦復不少。恐學者遵奉朱子，必訝予之圖多與朱子背也，因辨及之。〈例言〉又謂「周之先祇七廟無九廟，至懿王乃立文世室，孝王乃立武世室，乃于武周之世，輒言九廟誤矣。姜嫄配地，爲王莽之邪說，圜丘配饗，又康成之訛言，尤所當深辨者」，是言雖略，固非淺學所能道。其爲圖說，凡二百八十有一，包羅至廣，亦云詳矣。其書雖題名經義，而實以三禮爲主。自序云：「三禮者，《周禮》爲經，《儀禮》、戴《禮》爲緯，古聖賢綳綸宇宙之書，爲萬世政事根本。扼其大旨，自建國君民，莫不就理。自修身至于平天下，

〔註 226〕江爲龍，號硯崖，編有《朱子六經圖》，書末並附以《四書圖》，詳見江爲龍
　　　　《朱子六經圖》條。

莫不兼綜。先王所以一天下于綱紀，致萬世于康平，備具無缺。……於是就《四子書》中應發明者，取三禮蒐討之。日積月累，新旨萌達，疑義紛絲，新者存之，疑者辨之，務使大義炳著。如九畿、五服、五門、三朝、七廟、兩觀、六宮、六寢，與夫六宗、八蜡、五祀、九獻、四飲、四飯、六佾、十夫等制，久經遺誤者，撥雲霧而見青天」，其用力可謂勤矣。其中雖不皆可據，要足以備參考。陳逢衡於嘉慶二十四年〈校刻經義圖說序〉，稱其書云：「予於己未秋，得吳君寶謨所輯《經義圖說》，愛其取材富，立論精，所繪圖典切而覈，洵有志經學者之津筏。自得此書後二十餘載，絕不見有他本，詢之桐城人，並無有熟其姓氏者。是非特其書不傳，而其名亦不傳，則夫世之苦心一志數十年，枯槁寂寞，而卒歸無有者，何可勝道。若吳君者，亦其可扼腕者也。余故校而刻之，以廣其傳焉。是書之刻，非予之能傳吳君，抑吳君有以自傳也。」有清嘉慶四年（1799）墨花軒刻本（台灣師範大學藏書）、嘉慶二十四年（1819）陳逢衡刻本（《四庫未收書輯刊》本據此影印）。

267《經傳繹義》五十卷　　（清）陳煒撰

陳煒，字星輝，清浙江慈谿人。諸生，生平事蹟未詳。是書卷首有〈例略〉十則，全書分曆象（四卷）、輿地（四卷）、封建（二卷）、官制（三卷）、食貨（三卷）、學校（一卷）、兵刑（三卷）、郊祀（二卷）、宗廟（四卷）、朝禮（一卷）、朝聘（三卷）、饗射（四卷）、冠昏（二卷）、宮室（一卷）、服器（二卷）、飲食（三卷）、樂律（三卷）、氏族（二卷）、經籍（三卷），凡一十九門，五十卷。各門下又再細分若干類，縷析條分，極為詳備。經籍別附圖，大抵排比經傳，各從其類，而雜採眾說，註於其下。或他經與此經轉相發明者，亦引註於此經之下。所採於注疏外，兼及諸史百家，後儒論說。若有闕誤，或引後儒之論，或加案訂之。其與各類不相關，而可以廣學人之聞見者，時亦橫見側出，以包羅之。惟輿地類，春秋地名，一宗杜氏，而棄高、顧、江諸家；經籍類，不全錄《漢志》，隋唐以下經義，則著其頒列於學官者而已。倫明稱其「博觀約取，甚費苦心。在類書中，自不可少此一體。無庸視之太高，亦不必責之過備也。王引之稱其績學功深，殆過譽矣。」〔註227〕其所附圖，於〈例略〉有云：「歷象圖、三垣、二十八舍，本《歷象考成》。輿地圖，本《皇輿圖》、《禹貢錐指》、《春秋大事表》。宗廟、朝聘、饗射、冠昏禮節諸

〔註227〕見《續修四庫提要》群經總義類「經傳繹義」條下。

圖，本楊氏《儀禮圖》、《儀禮義疏》，皆合數節爲一，歸於簡約。餘圖亦多本前人，其事義易知者，雖舊有圖，不錄。」有清嘉慶九年（1804）慈谿校字齋刊本，中央圖書館藏書。

268《經圖彙考》三卷　　（清）毛應觀撰

毛應觀，字盥三，清山西夏縣人。道光十五年（1835）舉人，嘗爲婁縣知縣〔註228〕。是書前有祁雋藻序，應觀自序，後有王鎏跋。祁序云：「盥三具通儒之學，謂考據非圖不能明，因彙先儒經圖，存其是而去其非，刪其煩而增其簡，著《經圖彙考》十卷。已刊者三卷，第一卷曰天文袪異。天文家多異說，是卷將恒星七政二道九行諸圖，條分縷晰，兼論歲差斗差里差，一切言天文之書，採其所可信，闕其所可疑，擇善而從，折衷至當。第二卷曰地理徵今（又分前、後卷）。古地不徵以今地，不能得其實，是卷歷圖〈禹貢〉、〈職方〉之九州，春秋七國之疆域，秦漢以後郡縣之變更，皆注今直省各府州縣於其下，則遠近可辨矣。第三卷曰井田計畝。分田起於畫井，可以興水利，可以稽夫家，自一井至萬井，其法不外開方，是卷分圖合圖，瞭如指掌。因井田而及朝市廛里計軍大閱諸圖，尤爲賅備。」其未刊者爲卷四「律呂定音」、卷五「宮室辨位」、卷六「器用考形」、卷七「禮儀指畫」、卷八「象數心詮」、卷九「衣服繪古」、卷十「飲食錯珍」，共七卷，均待續梓。此書卷一附有天包地圖、北極總圖、天體儀圖、月行九道圖、歷象授時圖、月令中星圖、閏月定時成歲圖等十九圖。卷二附有周禮職方地圖，上古地圖、禹貢九州地圖、商地圖、春秋地圖、七國地圖等十一圖。卷三附有十里爲成圖、百里爲同圖、千里爲畿圖、九畿萬里圖、鄉遂圖、丘甸圖、溝圖、洫圖、澮圖、朝市王城圖、全市圖、全肆圖、朝市廛里圖、伍兩卒旅師軍圖、三等諸侯計軍圖、天子六軍圖、甸賦一乘圖、周禮大閱圖，以及禹貢五服圖等十九圖。圖各有考，簡而得要，頗便學者。王鎏跋其書云：「毛盥三先生，碩學鴻才，凡天文、地理、樂律，以及名物、象數，無不兼綜條貫，遂爲《經圖彙考》十種，而又自爲之說，以考前人，嘉惠後學。不僅似任宏《兵器》、裴秀《禹貢》、聶崇義《三禮》，止爲專門之圖也。觀者歎其簡而該，明而確，抑豈知作者之苦心孤詣，非殫數十年之精力，讀破萬卷之書，不能成此編乎」，可謂推崇備至。有清道光十九年（1839）小園刊本。

〔註228〕見祁雋藻序。

附錄一：圖　表

【表一】儀禮十七篇諸家儀節圖總表

撰者書名／儀禮篇名	楊復《儀禮圖》205圖	《欽定儀禮義疏》201圖	張惠言《儀禮圖》197圖	王紹蘭《儀禮圖》200圖 悉據《儀禮義疏》	黃以周《禮書通故》165圖	吳之英《奭固禮事圖》402圖
士冠圖第一	6	8	10	8	8	19
士昏禮第二	12	12	12	12	13	21
士相見禮第三	1	1	1	1	1	7
鄉飲酒禮第四	15	15	9	15	10	19
鄉射禮第五	12	14	13	14	12	21
燕禮第六	11	14	17	14	15	17
大射第七	9	9	12	9	9	21
聘禮第八	13	13	30	13	19	37
公食大夫禮第九	5	6	12	6	9	7
覲禮第十	5	5	8	5	11	7
喪服第十一	31	21	4	21	圖表不在禮節圖內	14
士喪禮第十二	18	18	9	35	11	37
既夕禮第十三	7	7	11		9	29
士虞禮第十四	10	10	6		7	21
特牲饋食禮十五	19	19	17	19	14	41
少牢饋食禮十六	10	10	8	10	5	29
有司徹第十七	21	19	18	18	12	55

王紹蘭《儀禮圖》〈有司徹〉無「乃羞于尸侑主人主婦圖」，故少《儀禮義疏》圖一。
黃以周《禮書通故》喪服圖表不在禮節圖內，未計。

【表二】楊毛昌州本與胡賓信州本禮圖圖目參照表

楊 毛《周禮文物大全圖》68 圖	胡 賓《周禮圖全集》63 圖	楊 毛《禮記制度示掌圖》41 圖	胡 賓《禮經圖全集》43 圖
1 天官冢宰	1 天官之屬六十有四	1 四十九篇數	1 全經篇數
2 地官司徒	2 地官之屬七十有九	2 二十四氣圖	2 禮運總論禮圖
3 春官宗伯	3 春官之屬七十有一	3 七十二候圖	3 禮器總論禮圖
4 夏官司馬	4 夏官之屬六十有九	4 月令中星圖	4 明堂大饗帝圖
5 秋官司寇	5 秋官之屬六十有六	5 月令明堂	5 宗廟大饗圖
6 冬官考工記	6 冬官之屬二十有九	6 十二律還相爲宮圖	6 月令總圖
7 王宮制圖	7 朝位寢廟社稷圖	7 月令十二律管候氣圖	7 昏旦考中星圖
8 營國制圖	8 太宰掌治圖	8 月令所屬圖	8 律呂還爲宮圖
9 經涂九軌圖	9 司徒掌教圖	9 月令仲春昏星圖	9 五等禮文圖上、下
10 朝位寢廟社稷圖	10 宗伯掌禮圖	10 月令仲夏昏星圖	10 四代之制圖上、下
11 宗廟圖	11 司馬掌政圖	11 月令仲秋昏星圖	11 當體之禮
12 社稷圖	12 司寇掌刑圖	12 月令仲冬昏星圖	12 內心之禮
13 治國圖	13 司空掌事圖	13 五社制度圖	13 深衣圖
14 燕朝圖	14 王畿千里圖	14 五帝坐位圖	14 冠服圖
15 外朝圖	15 邦國畿服圖	15 王制商建國圖	15 養老圖
16 夏室圖	16 王國經緯涂軌圖	16 王制周建國圖	16 鄉飲圖
17 商重屋	17 王畿鄉遂采地圖	17 王制公卿大夫士圖	17 五宗圖
18 周明堂	18 井田之法圖	18 天子縣內圖	18 周公明堂圖
19 宮寢制圖	19 井邑丘甸縣都同圖	19 周公明堂圖	19 月令明堂圖
20 次廛制圖	20 燕朝圖	20 武舞表位圖	20 禮不忘初圖
21 几筵制圖	21 治朝圖	21 冠冕制圖	21 禮必祭先圖
22 王畿千里圖	22 外朝圖	22 器用制圖	22 郊祭圖
23 王畿鄉遂采地圖	23 大射圖	23 七廟制圖	23 冠冕制圖
24 井田之法圖	24 燕射圖	24 祫廟制圖	24 器用制圖
25 四井爲邑圖	25 賓射圖	25 五廟三廟圖	25 王制九命圖
26 四邑爲丘圖	26 任地之法	26 別子祖宗圖	26 王制開方圖
27 四丘爲甸圖	27 征稅之法	27 郊禘宗祖圖	27 天神之祀
28 四甸爲縣圖	28 六鄉之國	28 堂上昭穆圖	28 地示之祭
29 四縣爲都圖	29 六遂之圖	29 室中昭穆圖	29 人鬼之享
30 四都爲同圖	30 理財之官	30 燕禮圖	30 天子諸侯祫祭圖
31 六鄉圖	31 理財之法	31 投壺禮圖	31 天子諸侯時祭圖
32 六遂圖	32 賓興賢能國	32 鄉飲禮圖	32 天子習五戎圖
33 五等采地圖	33 教養國子圖	33 養老禮圖	33 天子大射圖
34 六鄉之地圖	34 宗廟樂圖	34 冠禮器圖	34 禮以義起
35 職方氏九服圖	35 圜丘樂圖	35 昏禮器圖	35 非古之禮
36 職方九州圖	36 方丘樂圖	36 習射禮圖	36 非禮之禮
37 行人六服朝貢圖	37 律呂相生圖	37 饗禮圖	37 名數圖上下
38 王公侯卿士冕服圖	38 廢置誅賞圖	38 內外用事之日圖	38 卿爵位
39 后服制圖	39 出入要會圖	39 祭祀用樽之數圖	39 士爵位

40 圭璧璋瓚繅藉制圖	40 民數校比圖	40 禮記名數圖	40 投壺圖
41 圓丘樂圖	41 刑法之圖	41 禮記傳授圖	41 燕禮圖
42 方丘樂圖	42 役法之圖		42 諸侯相朝大饗圖
43 宗廟樂圖	43 救荒之政圖		43 諸侯遣臣相聘圖
44 分舞樂圖	44 軍旅之法		
45 筍簴鍾磬制圖	45 馬政之法		
46 鳧氏為鍾	46 天子冕服制圖		
47 木鐸金鐸	（一、二、三）		
48 鼓人四金圖	47 后服制圖（一、二）		
49 舞師樂師舞制圖	48 臣冕服制圖（一、二）		
50 鼓制圖	49 九鼓制圖（一、二）		
51 樂器制圖	50 九旗制圖（一、二）		
52 祭器制圖	51 六幣圖		
53 六尊制圖	52 六節圖		
54 六彝制圖	53 圭璧璋瓚繅藉之制圖		
55 掌客器圖	54 射器圖		
56 㡇人制圖	55 樂器制圖		
57 巾車玉輅制圖	56 天子玉輅制圖		
58 墨車制度圖	57 墨車制圖		
59 厭翟車制圖	58 重翟制圖		
60 輪人為蓋圖	59 禮器圖		
61 九旗制圖	60 金聲圖		
62 射侯制圖	61 舞器圖		
63 馮相太歲圖	62 六尊圖		
64 龜人圖	63 六彝圖		
65 簭人圖			
66 土圭測日圖			
67 水地法圖			
68 傳授圖			

　　傳世六經圖，大致可別為兩大系統，一為宋紹興中楊甲所撰，嘗勒石於昌州郡學之「昌州本」，一為明胡賓之江西信州學石本，兩本圖目互有異同。明清經圖編撰，大抵不脫此兩系統之窠臼。據胡賓信州學石本而增損改定者，有明盧謙（《五經圖》）、清江為龍（《朱子六經圖》）、盧雲英（《重編五經圖》）、鄭之僑（《六經圖》）以及楊魁植（《九經圖》）諸家；一本楊、毛《六經圖》舊本，而稍加損益者，有明吳繼仕（《七經圖》）、清王皜（《六經圖》）。至若明陳仁錫之《六經圖》、清潘案鼎之《六經圖考》，實為翻刻舊本而已。

附錄二：著錄書目表

漢宋禮圖書目

001 《周官禮圖》	不著撰人	
002 《周禮禮器圖》	（宋）王洙	
003 《周禮圖》	（宋）龔原	
004 《周禮纂圖》	（宋）陳祥道	
005 《周禮本制圖論》	（宋）吳沆	
006 《禮經會元》	（宋）葉時	
007 《太平經國之書》	（宋）鄭伯謙	
008 《周禮十五圖》	（宋）王與之	
009 《纂圖互註周禮》	《圖》（宋）不著撰人	
010 《周禮圖說》	（宋）不著撰人	
029 《鬳齋考工記解》	（宋）林希逸	
047 《周官郊祀圖》	不著撰人	
048 《周禮井田譜》	（宋）夏休	
049 《周禮井田圖說》	（宋）魏了翁	
058 《周禮丘乘圖說》	（宋）項安世	
059 《周禮開方圖說》	（宋）鄭景炎	
060 《儀禮圖》	（宋）朱熹	
061 《儀禮圖》	（宋）楊復	
110 《喪服譜注》	（漢）鄭玄	
111 《喪服圖》	（蜀）譙周	
112 《喪服變除圖》	（吳）射慈	

113《喪服天子諸侯圖》　　　　　（吳）射慈

114《喪服圖》　　　　　　　　　（晉）崔遊

115《喪服譜》　　　　　　　　　（晉）賀循

116《喪服譜》　　　　　　　　　（晉）蔡謨

117《喪服圖》　　　　　　　　　（南齊）王儉

118《喪服圖》　　　　　　　　　（□）賀游

119《喪服圖》　　　　　　　　　（□）崔逸

120《戴氏喪服五家要記圖譜》　　不著撰人

121《喪服君臣圖儀》　　　　　　不著撰人

122《五服圖》　　　　　　　　　不著撰人

123《五服圖儀》　　　　　　　　不著撰人

124《喪服禮圖》　　　　　　　　不著撰人

125《冠服圖》　　　　　　　　　不著撰人

126《五服圖》　　　　　　　　　（唐）張薦

127《五服圖》　　　　　　　　　（唐）仲子陵

128《內外服制通釋》　　　　　　（宋）車垓

143《饋食禮圖》　　　　　　　　（宋）趙彥肅

144《冠婚喪祭圖》　　　　　　　（宋）楊明復

145《纂圖互註禮記》　　　　　　《圖》（宋）不著撰人

146《禮記舉要圖》　　　　　　　（宋）不著撰人

152《王制井田圖》　　　　　　　（宋）阮逸

153《王制井田圖》　　　　　　　（宋）余希文

155《梁月令圖》　　　　　　　　（梁）不著撰人

156《月令圖》　　　　　　　　　（唐）王涯

157《月令節候圖》　　　　　　　（宋）劉先之

161《明堂圖說》　　　　　　　　（北魏）封偉伯

162《明堂圖議》　　　　　　　　（隋）宇文愷

163《明堂定制圖》　　　　　　　（宋）李覯

164《明堂定制圖并序》　　　　　（宋）姚舜仁

165《明堂圖說》　　　　　　　　（宋）朱熹

174《深衣制度》　　　　　　　　（宋）朱熹

175《深衣圖辨》　　　　　　　　（宋）王幼孫

176《深衣圖說》　　　　　　　　（宋）舒岳祥

184《投壺格》　　　　　　　　　（宋）鍾唐卿

185《投壺新格》　　　　　　　　（宋）司馬光

186《投壺禮格》　　　　　　　　（宋）王趯

187《投壺圖》　　　　　　　　　（宋）方承贄

191《三禮圖》　　　　　　　　　（漢）鄭玄、阮諶

192《五宗圖》　　　　　　　　　（漢）鄭玄

193《周室王城明堂宗廟圖》　　　（漢）阮諶

194《三禮圖》　　　　　　　　　（隋）夏侯伏朗

195《三禮圖》　　　　　　　　　（□）梁正

196《三禮圖》　　　　　　　　　（唐）張鎰

197《三禮圖集注》　　　　　　　（宋）聶崇義

198《禮象》　　　　　　　　　　（宋）陸佃

199《補正三禮圖》　　　　　　　（宋）楊杰

200《三禮圖》　　　　　　　　　不著撰人

201《三禮圖駁議》　　　　　　　不著撰人

215《祭服圖》　　　　　　　　　（唐）劉孝孫

233《禮書》　　　　　　　　　　（宋）陳祥道

234《儀禮經傳通解》　　　　　　（宋）朱熹

234《儀禮經傳通解續編》　　　　（宋）黃榦、楊復

235《家禮》　　　　　　　　　　（宋）朱熹

237《六經圖》　　　　　　　　　（宋）楊甲

238《六經圖》　　　　　　　　　（宋）毛邦翰

239《六經圖》　　　　　　　　　（宋）葉仲堪

240《六經圖說》　　　　　　　　（宋）俞言

241《六經圖》　　　　　　　　　（宋）趙元輔

元明禮圖書目

011《周官禮圖》　　　　　　　　（元）俞言

012《讀禮疑圖》　　　　　　　　（明）季本

013《周禮傳》　　　　　　　　　（明）王應電

014《周禮文物大全圖》　　　　　　（明）陳林
015《周禮文物大全》　　　　　　　不著撰人
030《考工記述注》　　　　　　　　（明）林兆珂
031《考工記圖解》　　　　　　　　（明）張鼎思
032《批點考工記》　　　　　　　　（明）周夢暘
033《考工記通》　　　　　　　　　（明）徐昭慶
034《考工記纂註》　　　　　　　　（明）程明哲

062《儀禮會通圖》　　　　　　　　（明）陳林
063《禮經圖》　　　　　　　　　　（明）胡賓
064《儀禮節解》　　　　　　　　　（明）郝敬
065《儀禮圖解》　　　　　　　　　（明）欽楫
094《昏禮圖》　　　　　　　　　　（明）王廷相
096《鄉飲圖考》　　　　　　　　　（明）何棟如
097《鄉飲酒樂譜》　　　　　　　　（明）朱載堉
098《鄉飲序次圖說》　　　　　　　（明）駱問禮
099《鄉飲圖說》　　　　　　　　　（明）馮應京
100《射禮儀節》　　　　　　　　　（明）嚴永濬
101《鄉射禮集要圖說》　　　　　　（明）傅鼎
102《鄉射禮圖注》　　　　　　　　（明）王廷相
103《飲射圖解》　　　　　　　　　（明）聞人詮
104《鄉射禮儀節》　　　　　　　　（明）林烈
105《射禮儀節》　　　　　　　　　（明）楊道賓
106《射禮圖注易覽》　　　　　　　（明）林文奎
107《射史》　　　　　　　　　　　（明）程宗猷
129《五服圖解》　　　　　　　　　（元）龔端禮
130《五服圖》　　　　　　　　　　（明）周添瑞

147《禮記纂圖》　　　　　　　　　不著撰人
148《彭氏纂圖註義》　　　　　　　（元）彭廉夫
149《禮記日錄》　　　　　　　　　（明）黃乾行
177《深衣圖考》　　　　　　　　　（元）汪汝懋
178《深衣圖說》　　　　　　　　　（明）鄭瓘

179《深衣圖論》　　　　　　　　（明）王廷相
180《深衣圖說》　　　　　　　　（明）吳顯
188《投壺儀節》　　　　　　　　（明）汪禔
189《投壺譜》　　　　　　　　　（明）李孝元

202《韓氏三禮圖說》　　　　　　（元）韓信同
203《三禮圖》　　　　　　　　　（明）劉績
204《禮圖》　　　　　　　　　　（明）許判
205《廟制考議》　　　　　　　　（明）季本
216《昭穆圖》　　　　　　　　　（元）戚崇僧
236《文公家禮儀節》　　　　　　（明）邱濬

242《六經圖》　　　　　　　　　（明）不著撰人
243《九經圖注》　　　　　　　　（明）周安
244《五經圖全集》　　　　　　　（明）胡賓、伍偉
244《六經圖全集》　　　　　　　（明）胡賓
245《五經圖說》　　　　　　　　（明）王循吉
246《七經圖》　　　　　　　　　（明）吳繼仕
247《六經圖》　　　　　　　　　（明）趙元輔
248《五經圖》　　　　　　　　　（明）章達、盧謙
249《六經圖考》　　　　　　　　（明）陳仁錫
250《七經圖考》　　　　　　　　（明）吳蒼舒

清儒禮圖書目

016《周官義疏》　　　　　　　　（清）鄂爾泰
017《周官圖》　　　　　　　　　（清）王文清、吳廷華
018《周官記》　　　　　　　　　（清）莊存與
019《周官精義》　　　　　　　　（清）連斗山
020《周禮圖說》　　　　　　　　（清）齊世南
021《周禮指掌圖考》　　　　　　（清）陳兆熊
022《周禮敍數圖》　　　　　　　（清）陳兆熊
023《周禮學》　　　　　　　　　（清）沈夢蘭
024《周官圖說》　　　　　　　　（清）李錫書

025 《周禮圖説》　　　　　　　　　　（清）範勵

026 《周官五禮表》　　　　　　　　　（清）徐養原

027 《五官表》　　　　　　　　　　　（清）徐養原

028 《周官聯事譜》　　　　　　　　　（清）馬徵麐

035 《考工記圖釋》　　　　　　　　　（清）汪宜耀

036 《考工記圖》　　　　　　　　　　（清）戴震

037 《考工記考辨》　　　　　　　　　（清）王宗涑

038 《考工記考附圖》　　　　　　　　（清）呂調陽

039 《考工創物小記》　　　　　　　　（清）程瑤田

040 《考工記車制圖解》　　　　　　　（清）阮元

041 《輪輿私箋》　　　　　　　　　　（清）鄭珍

042 《戈戟圖説》　　　　　　　　　　（清）陳澧

043 《鳧氏爲鍾圖説》　　　　　　　　（清）鄭珍

044 《鳧氏爲鐘圖説補義》　　　　　　（清）陳矩

045 《磬折古義》　　　　　　　　　　（清）程瑤田

046 《考工記世室重屋明堂考》　　　　（清）俞樾

050 《周禮井田圖考》　　　　　　　　（清）胡匡衷

051 《井田圖説》　　　　　　　　　　（清）張校均

052 《周官義疏及井田宮室圖制》　　　（清）徐宣

053 《井田圖解》　　　　　　　　　　（清）徐興霖

054 《井田圖考》　　　　　　　　　　（清）朱克己

055 《井田溝洫圖説》　　　　　　　　（清）楊熹

056 《溝洫疆理小記》　　　　　　　　（清）程瑤田

057 《溝洫圖説》　　　　　　　　　　（清）何濟川

066 《儀禮鄭注句讀》　　　　　　　　（清）張爾岐

067 《儀禮商》　　　　　　　　　　　（清）萬斯大

068 《儀禮節略》　　　　　　　　　　（清）朱軾

069 《儀禮經傳内外編》　　　　　　　（清）姜兆錫

070 《欽定儀禮義疏》　　　　　　　　（清）鄂爾泰

071 《儀禮小疏》　　　　　　　　　　（清）沈彤

072 《儀禮管見》　　　　　　　　　　（清）褚寅亮

073 《儀禮集編》　　　　　　　　　　（清）盛世佐

074 《儀禮圖稿》　　　　　　　　　（清）王紹蘭

075 《儀禮圖》　　　　　　　　　　（清）張惠言

076 《儀禮圖說》　　　　　　　　　（清）夏逢芝

077 《儀禮圖註》　　　　　　　　　（清）毛名玐

078 《儀禮圖補》　　　　　　　　　（清）王翼周

079 《儀禮易讀》　　　　　　　　　（清）馬駉

080 《儀禮圖說》　　　　　　　　　（清）張校均

081 《儀禮正義》　　　　　　　　　（清）胡培翬

082 《儀禮先易》　　　　　　　　　（清）曾家模

083 《儀禮私箋》　　　　　　　　　（清）鄭珍

084 《儀禮表》　　　　　　　　　　（清）馬徵麐

085 《儀禮集解》　　　　　　　　　（清）劉發書

086 《儀禮奭固禮器圖》　　　　　　（清）吳之英

087 《儀禮奭固禮事圖》　　　　　　（清）吳之英

088 《禮經學》　　　　　　　　　　（清）曹元弼

089 《朝廟宮室考並圖》　　　　　　（清）任啓運

090 《古宮室圖》　　　　　　　　　（清）呂宣曾

091 《釋宮小記》　　　　　　　　　（清）程瑤田

092 《禮經宮室答問》　　　　　　　（清）洪頤煊

093 《儀禮釋官》　　　　　　　　　（清）胡匡衷

095 《士昏禮對席圖》　　　　　　　（清）俞樾

108 《射侯表》　　　　　　　　　　（清）胡彝

109 《弁服釋例》　　　　　　　　　（清）任大椿

131 《古今五服考異》　　　　　　　（清）汪琬

132 《讀禮通考》　　　　　　　　　（清）徐乾學

133 《喪服表》、《殤服表》　　　　　（清）孔繼汾

134 《儀禮喪服文足徵記》　　　　　（清）程瑤田

135 《儀禮喪服經傳分釋圖表》　　　（清）莊有可

136 《喪服會通說》　　　　　　　　（清）吳嘉賓

137 《喪服注衣衽裁布圖說》　　　　（清）陳澧

138 《喪服今制表》　　　　　　　　（清）張華理

139 《儀禮喪服表》　　　　　　　　（清）蔣彤

140 《制服表》　　　　　　　　　　（清）周保珪

141《喪服鄭氏學》　　　　　　　（清）張錫恭

142《喪服圖》　　　　　　　　　（清）陳天佑

150《繪圖禮記節本》　　　　　　（清）汪基

151《欽定禮記義疏》　　　　　　（清）鄂爾泰

154《王制井田演算法解》　　　　（清）談泰

158《月令氣候圖說》　　　　　　（清）李調元

159《七十二候表》　　　　　　　（清）羅以智

160《月令粹編》　　　　　　　　（清）秦嘉謨

166《明堂通釋》　　　　　　　　（清）汪中

167《明堂考》　　　　　　　　　（清）孫星衍

168《明堂圖說》　　　　　　　　（清）阮元

169《明堂圖說》　　　　　　　　（清）陳澧

170《明堂考》　　　　　　　　　（清）胡夤

171《明堂會通圖說》　　　　　　（清）鄒伯奇

172《明堂圖說》　　　　　　　　（清）熊羅宿

173《宗法小記》　　　　　　　　（清）程瑤田

181《深衣考》　　　　　　　　　（清）黃宗羲

182《深衣考誤》　　　　　　　　（清）江永

183《深衣圖說》　　　　　　　　（清）許克勤

190《投壺譜》　　　　　　　　　（清）周篔

206《大小宗通繹》　　　　　　　（清）毛奇齡

207《學禮質疑》　　　　　　　　（清）萬斯大

208《廟制圖考》　　　　　　　　（清）萬斯同

209《敬齋禮說》　　　　　　　　（清）蔡德晉

210《三禮圖》　　　　　　　　　（清）王文清

211《歷代宗廟圖考》　　　　　　（清）王原

212《三禮圖說》　　　　　　　　（清）杜長烆

213《三禮圖表》　　　　　　　　（清）郭啓悊

214《群經宮室圖簡明說》　　　　（清）寇鈁

217《五宗圖說》　　　　　　　　（清）萬光泰

218《禮箋》　　　　　　　　　　（清）金榜

219《三禮陳數求義》　　　　　（清）林喬蔭
220《說祼》　　　　　　　　　（清）龔景瀚
221《禮學卮言》　　　　　　　（清）孔廣森
222《三禮圖》　　　　　　　　（清）孫星衍、嚴可均
223《三禮圖考》　　　　　　　（清）龔麗正
224《三禮圖》　　　　　　　　（清）孫馮翼
225《宮室圖說》　　　　　　　（清）何濟川
226《禮表》　　　　　　　　　（清）鄭士範
227《三禮通釋》　　　　　　　（清）林昌彝
228《讀禮條考》　　　　　　　（清）王曜南
229《玉佩考》　　　　　　　　（清）俞樾
230《禮書通故》　　　　　　　（清）黃以周
231《三禮儀式圖解》　　　　　（清）鄒向魯
232《周政三圖》　　　　　　　（清）吳之英

251《朱子六經圖》　　　　　　（清）江為龍
252《六經圖考》　　　　　　　（清）潘宋鼎
253《六經圖》　　　　　　　　（清）王皝
254《九經圖》　　　　　　　　（清）楊魁植
255《七經圖考》　　　　　　　（清）陳嵐江
256《果堂集》　　　　　　　　（清）沈彤
257《重編五經圖》　　　　　　（清）盧雲英
258《六經圖》　　　　　　　　（清）鄭之僑
259《問字堂集》　　　　　　　（清）孫星衍
260《五經圖彙》　　　　　　　（日本）松本慎
261《頑石盧說經》　　　　　　（清）徐養原
262《經義叢鈔》　　　　　　　（清）嚴杰
263《群經宮室圖》　　　　　　（清）焦循
264《群經平議》　　　　　　　（清）俞樾
265《群經冠服圖考》　　　　　（清）黃世發
266《經義圖說》　　　　　　　（清）吳寶謨
267《經傳繹義》　　　　　　　（清）陳煒
268《經圖彙考》　　　　　　　（清）毛應觀

附錄三：書　影

錦官錄周官圖說序

首祥子見邵子經世圖云此加一倍法也使堯治天下一切制度必是犖犖為四塊今考周官制官之法天地二官則兩儀之位也春秋四官則四時分治之法也其戴用六以一官管六十官六六三百六亦加六倍之法也是以六起戴也故設官貴分六學也書軒轅六相舜用九官禹貝九牧舜用十二牧是舜之州加三官亦加三也王制三公九卿二十七大夫八十一元士以三起戴也故三夫人九嬪二十七世婦八十一御妻與王制之戴爭月令天子帥三公九卿……

周禮學

周官今存者五官均以體國經野設官分職爲篇首乃六典之要領也夢蘭束髮受經綜閱漢唐宋以來諸註說不下數十家言人人殊無可是正後讀司馬法逸周書管子呂覽伏傳藏記諸古書參互攷證然後邦國都鄙之數田廬官祿之制城郭宮室之度車乘貢賦之法瞭如指上螺敘倉之書詩禮記三傳孟子先儒所病其牴牾者無不得其會通謹爲圖若干弁取經傳文之與周官相發明者釋於篇始於乙卯之冬迄於甲子歲稿凡五易惟有道者就正焉壬申王正月烏程沈夢蘭識

所願學之齋書鈔

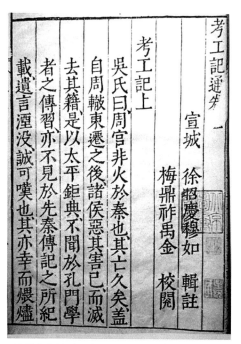

左：張鼎思《考工記補圖》 明萬曆刻本 中央圖書館藏書

右：徐昭慶《考工記通》 明萬曆刻本 北京圖書館藏書

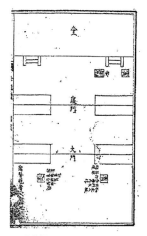

王應電《儀禮圖》不分卷 稿本 士冠禮宗廟圖據儀禮經傳的儀節能圖配 上海圖書館藏書

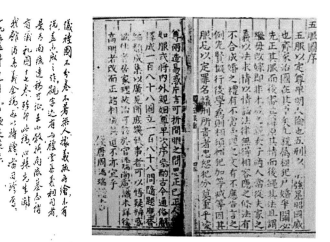

周添瑞《五服圖》 明刊本 中央圖書館藏書

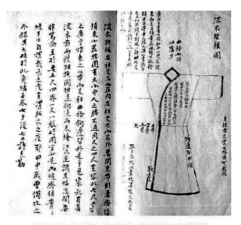

許克勳《深衣圖說》　清抄繪本　復旦大學圖書館藏書

傅遜《鄉射禮集要圖說》　明弘治刊本　南京圖書館藏書

彭龍夫《彭氏纂圖註義》　民國二十五年北京圖書館攝景本

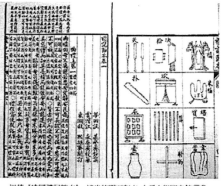

汪基《繪圖禮記節本》　清光緒間石印本　台灣大學圖書館藏書

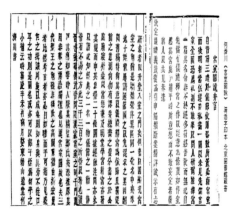

阿倫川《宮室圖遺彙言》　清光緒印本　北京圖書館藏書

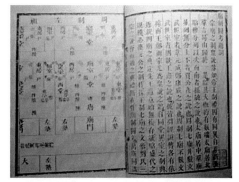

萬斯同《廟制圖考》　清辨志堂刻本　首都圖書館藏書

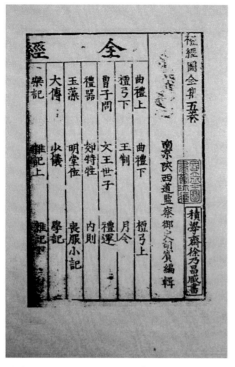

胡賓《六經圖全集》六卷 明刻本 北京圖書館分館藏書　　胡賓.伍偉《五經圖全集》 明建安刊本 中央圖書館藏書

參考書目

（論文篇目附）

1. 胡渭，《易圖明辨》，《皇清經解續編》，藝文印書館，1965。

2. 江聲，《尚書集注音疏》，《皇清經解》，復興書局，1972。

3. 毛傳，鄭箋，孔疏，《毛詩注疏》，清嘉慶江西南昌府學原刻本，藝文印書館。

4. 鄭玄注，賈公彥疏，《周禮注疏》，清嘉慶江西南昌府學原刻本，藝文印書館。

5. 鄭玄注，賈公彥疏，《儀禮注疏》，清嘉慶江西南昌府學原刻本，藝文印書館。

6. 鄭玄注，孔穎達疏，《禮記注疏》，清嘉慶江西南昌府學原刻本，藝文印書館。

7. 黃以周，《禮說》，清光緒二十年南菁講舍刻儆季雜著本，史語所藏書。

8. 王紹蘭，《禮堂集義》，清寫本，上海圖書館藏書。

9. 周一田，《禮學概論》，三民書局，1998。

10. 陸德明，《經典釋文》，《通志堂經解》，大通書局，1972。

11. 新校本，《漢書》，鼎文書局，1979。

12. 新校本，《後漢書》，鼎文書局，1979。

13. 新校本，《三國志》，鼎文書局，1979。

14. 新校本，《晉書》，鼎文書局，1979。

15. 新校本，《宋書》，鼎文書局，1979。

16. 新校本，《南齊書》，鼎文書局，1979。

17. 新校本，《梁書》，鼎文書局，1979。

18. 新校本，《魏書》，鼎文書局，1979。

19. 新校本，《南史》，鼎文書局，1979。

20. 新校本，《北史》，鼎文書局，1979。

21. 新校本，《隋書》，鼎文書局，1979。

22. 新校本，《舊唐書》，鼎文書局，1979。

23. 新校本，《新唐書》，鼎文書局，1979。

24. 新校本，《宋史》，鼎文書局，1979。

25. 新校本，《元史》，鼎文書局，1979。

26. 新校本，《明史》，鼎文書局，1979。

27. 新校本，《清史稿》，鼎文書局，1979。

28. 李燾，《續資治通鑑長編》，《四庫全書》，商務印書館。

29. 鄭樵，《通志》，中文出版社，1978。

30. 乾隆三十二年奉敕撰，《欽定續通志》，《四庫全書》，商務印書館。

31. 陸心源，《宋史翼》，鼎文書局，1980。

32. 萬斯同，《明史》，清鈔本，《續修四庫全書》，上海古籍出版社。

33. 不著編纂人，王鍾翰點校，《清史列傳》，北京中華書局，1987。

34. 黃宗羲原著，全祖望續修，王梓材校補，《宋元學案》，河洛圖書出版社，1975。

35. 王梓材、馮雲濠輯，《宋元學案補遺別附》，《叢書集成續編》，新文豐，1989。

36. 徐世昌，《清儒學案》，世界書局，1962。

37. 周駿富輯，《清儒學案小傳》，《明代傳記叢刊》，明文書局，1991。

38. 錢穆，《朱子新學案》，三民書局，1982。

39. 焦竑，《國朝獻徵錄》，《明代傳記叢刊》，明文書局，1991。

40. 李元度，《清朝先正事略》，明文書局，1985。

41. 李桓輯錄，《國朝耆獻類徵初編》，文海出版社，1966。

42. 支偉成，《清代樸學大師列傳》，藝文印書館，1970。

43. 劉聲木，《桐城文學淵源考》，明文書局，1985。

44. 楊家駱主編，《歷代人物年里通譜》，世界書局，1974。

45. 任一民主編，《四川近現代人物傳》，四川社會科學院出版社，1985。

46. 張撝之等主編，《中國歷代人名大辭典》，上海古籍出版社，1999。

47. 管林主編，《廣東歷史人物辭典》，廣東高等教育出版社，2001。

48. 江慶柏編著，《清代人物生卒年表》，人民文學出版社，2005。

49. 來新夏，《近三百年人物年譜知見錄》，北京中華書局，2010。

50. 王象之，《輿地記勝》，道光 29 年文選樓影宋鈔本。

51. 談鑰，《嘉泰吳興志》，宋嘉泰元年纂，民國三年刊，成文出版社，1983。

52. 李賢等撰，《大明一統志》，明天順五年（1461）刊本，中央圖書館藏書。

53. 林登虎等纂，《漳浦縣志》，康熙三十九年刊本，成文出版社，1968。

54. 傅王露纂修，《浙江通志》，乾隆元年重修本，華文書局，1967。

55. 唐執玉、李衛等監修，田易等纂，《畿輔通志》，《四庫全書》，商務印書館。

56. 黃廷桂等監修，《四川通志》，《四庫全書》，商務印書館。

57. 趙宏恩等監修，《江南通志》，《四庫全書》，商務印書館。

58. 嵇曾筠等監修，《浙江通志》，《四庫全書》，商務印書館。

59. 郝玉麟等監修，《福建通志》，《四庫全書》，商務印書館。

60. 平恕等修，《紹興府志》，乾隆五十七年刊本，成文出版社，1975。

61. 姚文田等修，《嘉慶重修揚州府志》，嘉慶十五年刊本，成文出版社，1974。

62. 孫星衍等纂，《松江府志》，嘉慶二十二年刊本，成文出版社，1970。

63. 應寶時等修，《上海縣志》，清同治十一年刊本，成文出版社，1975。

64. 宗源瀚等修，周學濬等纂，《湖州府志》，同治十三年本，成文出版社，1970。

65. 盧鈺等纂，《光緒廬江縣志》，光緒十一年刊本，中央圖書館攝製。

66. 曾國荃等纂，《湖南通志》，清光緒十一年重修本，華文書局，1967。

67. 李瑞鍾等纂修，《常山縣志》，光緒十二年重修刊本，成文出版社，1975。

68. 張濬等纂，《寧海縣志》，清光緒二十八年刊本，成文出版社，1975。

69. 孫葆田等纂，《山東通志》，宣統三年修本，華文書局，1969。

70. 李登雲修，《樂清縣志》，民元年補刊本，成文出版社，1983。

71. 朱之英等纂修，《懷寧縣志》，民國五年鉛印本，成文出版社，1985。

72. 楊承禧等纂修，《湖北通志》，民國十年重刊本，華文書局，1967。

73. 龔嘉儁等修，《杭州府志》，民國十一年鉛印本，成文出版社，1974。

74. 王榮商等纂，《鎮海縣志》，民國二十年鉛印本，成文出版社，1983。

75. 陳衍纂，《閩侯縣志》，民國二十二年刊本，成文出版社，1966。

76. 喻長霖等纂修，《台州府志》，民國二十五年鉛印本，成文出版社，1970。

77. 安徽通志館編，《安徽通志稿》，1934 年鉛印本，成文出版社，1985。

78. 杜佑，《通典》，大化書局，1978。

79. 馬端臨，《文獻通考》，商務印書館，1987。

80. 劉錦藻，《清朝續文獻通考》，新興書局，1963。

81. 王堯臣，《崇文總目》，《叢書集成簡編》，商務印書館，1965。

82. 晁公武，《郡齋讀書記》·景清王先謙刊本，中文出版社，1978。

83. 陳振孫，《直齋書錄解題》，中文出版社，1978。

84. 歐陽修，《集古錄》，《四庫全書》，商務印書館。

85. 朱彝尊，《經義考》，《四庫備要》本，中華書局，1979。

86. 姚振宗，《後漢藝文志》，《二十五史補編》，台灣開明書店，1974。

87. 姚振宗，《補後漢書藝文志》，《叢書集成續編》，新文豐出版公司，1991。

88. 侯康，《補三國藝文志》，《二十五史補編》，台灣開明書店，1974。

89. 丁國鈞，《補晉書藝文志》，《二十五史補編》，台灣開明書店，1974。

90. 文廷式，《補晉書藝文志》，《二十五史補編》，台灣開明書店，1974。

91. 秦榮光，《補晉書藝文志》，《二十五史補編》，台灣開明書店，1974。

92. 黃逢元，《補晉書藝文志》，《二十五史補編》，台灣開明書店，1974。

93. 姚振宗，《隋書經籍志考證》，《二十五史補編》，臺灣開明書店，1974。

94. 張鵬一，《隋書經籍志補》，《二十五史補編》，台灣開明書店，1974。

95. 倪燦撰，盧文弨校正，《宋史藝文志補》，《二十五史補編》本，中華書局，1998。

96. 成文出版社編纂，《仁壽本二十六史傳記引得》，成文出版社，1971。

97. 彭國棟，《重修清史藝文志》，商務印書館，1968。

98. 武作成，《清史稿藝文志補編》，北京中華書局，1982。

99. 王紹曾，《清史稿藝文志拾遺》，北京中華書局，2000。

100. 焦竑，《國史經籍志》，《明代書目題跋叢刊》，書目文獻出版社，1994。

101. 傅維麟，《明書經籍志》，成文出版社，1978。

102. 楊士奇，《文淵閣書目》，《明代書目題跋叢刊》，北京書目文獻出版社，1994。

103. 朱睦㮮，《授經圖》，《書目續編》，廣文書局，1968。

104. 祁承㸕，《澹生堂藏書目》，《明代書目題跋叢刊》，書目文獻出版社，1994。

105. 葉盛，《菉竹堂書目》，《叢書集成新編》，新文豐出版公司，1985。

106. 宋慈抱，《兩浙著述考》，浙江人民出版社，1985。

107. 蔣元卿，《皖人書錄》，黃山書社，1989。

108. 南京師大古文獻整理研究所，《江蘇藝文志·常州卷》，江蘇人民出版社，1994。

109. 南京師大古文獻整理研究所，《江蘇藝文志·揚州卷》，江蘇人民出版社，1995。

110. 尋霖、龔篤清，《湘人著述表》，岳麓書社，2010。

111. 于敏中，《天祿琳琅書目》，廣文書局，1968。

112. 鄭珍，《鄭學書目》，《叢書集成續編》，新文豐出版公司，1991。

113. 丁丙，《善本書室藏書志》，廣文書局，1967。

114. 陸心源，《儀顧堂續跋》，廣文書局，1968。

115. 范希曾補正，《書目答問補正》，新興書局，1963。

116. 項元勳，《台州經籍志》，《書目三編》，廣文書局，1969

117. 朱緒曾，《開卷有益齋讀書記》，廣文書局，1969。

118. 胡宗楙，《金華經籍志》，古亭書屋，1970。

119. 屈萬里，《普林斯敦大學葛思德東方圖書館善本書志》，藝文印書館，1975。

120. 孫殿起，《販書偶記》，中文出版社，1979。

121. 孫殿起，《販書偶記續編》，洪氏出版社，1982。

122. 傅增湘，《雙鑑樓藏書續記》，廣文書局，1983。

123. 孫啓治、陳建華編，《古佚書輯本目錄》，北京中華書局，1997。

124. 王欲祥等撰，《清人別集總目》，安徽教育出版社，2000。

125. 張維，《隴右著作錄》，《中國少數民族古籍集成》，四川民族出版社，2002。

126. 永瑢等，《四庫全書總目提要》，商務印書館，1971。

127. 胡玉縉，《四庫全書總目提要補正》，木鐸出版社，1981。

128. 關文瑛，《通志堂經解提要》，成文出版社，1978。

129. 中國科學院圖書館整理，《續修四庫全書總目提要》，北京中華書局，1993。

130. 王鍔，《三禮研究論著提要》，甘肅教育出版社，2001。

131. 柯愈春，《清人詩文集總目提要》，北京古籍出版社，2002。

132. 夏炘，《述朱質疑》，《景紫堂全書》，藝文印書館。

133. 張彥遠，《歷代名畫記》，《四庫全書》，商務印書館。

134. 沈括，《夢溪筆談》，《四庫全書》，商務印書館。

135. 洪邁，《容齋三筆》，《四庫全書》，商務印書館。

136. 趙彥衛，《雲麓漫鈔》，《四庫全書》。商務印書館。

137. 王懋竑，《白田雜著》，《四庫全書》，商務印書館。

138. 周中孚，《鄭堂讀書記》，《叢書集成續編》，新文豐出版公司，1969。

139. 陳澧，《東塾讀書記》，《皇清經解續編》，藝文印書館，1965。

140. 李慈銘，《越縵堂讀書記》，世界書局，1961。

141. 胡玉縉，《許廎學林》，世界書局，2009。

142. 梁啓超，《中國近三百年學術史》，中華書局，1969。

143. 王謨，《漢魏遺書鈔》，大化書局，1981。

144. 馬國翰，《玉函山房輯佚書》，文海出版社，1967。

145. 黃奭，《黃氏逸書考》，藝文印書館，1972。

146. 王應麟，《玉海》，《四庫全書》，商務印書館。

147. 陳夢雷，《古今圖書集成》，鼎文書局，1976。

148. 歐陽修，《歐陽修全集》，世界書局，1988。

149. 李覯，《李覯集》，北京中華書局，1981。

150. 林光朝，《艾軒集》，《四庫全書》，商務印書館。

151. 申時行，《賜閒堂集》，明萬曆末年申氏家刊本，莊嚴文化出版社，1997。

152. 於慎行，《穀城山館文集》，莊嚴文化出版社，1997。

153. 董誥，《欽定全唐文》，《續修四庫全書》，上海古籍出版社，2002。

154. 龔景翰，《澹靜齋文抄》，上海古籍出版社，2002。

155. 陳矩，《靈峰草堂集》，《叢書集成續編》，新文豐出版公司，1991。

156. 黃侃，《黃季剛論學雜著》，中華書局，1969。

157. 厲鶚，《宋詩紀事》，《四庫全書》本，商務印書館。

158. 陳田輯，《明詩紀事》，《續修四庫全書》，上海古籍出版社。2002。

159. 吳承仕，〈三禮名物略例〉，《國學論衡》第二期，1933.12。

160. 段熙仲，〈禮經十論〉，《文史》第一輯，北京中華書局，1962。

161. 高仲華，〈朱子的禮學〉，《輔仁學誌》第十一期，輔仁大學，1982。

162. 馬文大，〈六經圖版本及文獻價值〉，熙春樓宋刊《六經圖》，學苑出版社，1998。

163. 王大隆，〈吳縣曹先生行狀〉，《蘇州大學學報》，2000年，第二期。